마을목회 매뉴얼

총회한국교회연구원 편

한국장로교출판사

권두언

　본 교단 제102회 총회주제는 "거룩한 교회, 다시 세상 속으로"다. 교회의 거룩한 정체성을 유지함과 동시에 세상으로 들어가 지역사회를 새롭게 변화시키는 교회가 되는 것의 중요성을 강조한 주제다. '마을교회와 마을목회'를 실천목표로 정하고, '마을을 교회로, 주민을 교인으로'라는 자세로 총회주제를 실천하여 마을공동체에 깊숙이 참여하는 교회가 되고자 함이다.

　'마을목회'를 영어로 표현하면 'community ministry'가 될 것이다. 이것은 '지역사회 목회', 또는 '공동체 목회'로 번역할 수 있다. 마을목회는 작은 교회나 농어촌교회의 목회전략을 말하는 것이 아니다. 도시에서도 공동체성을 강조한 목회를 통해 개인화된 삶을 지양하고, 한 몸을 이뤄 지역사회를 섬기는 목회를 할 것을 마을목회는 강조한다. 지역을 섬기는 마을목회를 하는 데 있어 중요한 점은 연대와 네트워킹이다. 마을목회는 지역의 교회들이 연합하고, 그 교회들과 지역의 기관들이 소통하고 의논하여 지역의 문제를 함께 개선해 나감을 통해 지역을 건강하고 행복하며 안전한 하나님 나라에 가까운 마을로 만드는 것을 목적으로 한다.

　세상 밖에 있으면서 교회의 정체성과 거룩성을 지켜 나가는 것과 함께, 세상 속으로 뛰어들어 세상을 아름답게 변화시키는 교회가 되기 위해서는 세상으로부터 분리된 교회로 머물러 있어서는 안 되며, 마을 전체를 자신의 목회지로 생각하며 적극 참여하는 교회가 되어야 한다. 교회만이 아니라 교회를 포함한 마을 전체를 목회의 대상으로 삼아 마을을 행복하게 하기 위해 노력하는 교회야말로 진정 주님께서 기뻐하시는 교회일 것이다.

그동안 한국교회는 '세상으로부터 분리된 교회관'으로 인해 세상을 향해 열린 교회가 아닌 닫힌 교회의 구조를 갖게 되었다. 어느 사회학자의 말처럼 "한국교회는 지역사회에 전도는 하지만, 지역사회 자체에는 관심이 없다."라는 지적을 받아 왔다. 하지만 교회는 본질적으로 세상을 위해 파송된 선교적 존재다. 교회는 그 자체를 위해서 존재하는 것이 아니며, 세상을 구원함과 동시에 하나님 나라 구현을 위해 존재한다. 지역복음화는 교회들 간의 경쟁관계를 극복하고 연합하고 협력함을 통해 온전히 실천될 수 있다. 교회는 닫힌 공동체가 아닌 열린 공동체로서, 마을이 교회이며 마을 주민이 교인이라는 의식으로 마을목회를 전개해 나갈 필요가 있다. 교회는 마을 주민과 소통하면서 그들을 섬기는 공동체가 되어야 한다.

요한복음 3 : 16은 "하나님이 세상을 이처럼 사랑하사 독생자를 주셨으니"라고 언급한다. 하나님이 교회를 사랑하시기 전에 세상 곧 마을을 먼저 사랑하셨다는 것이다. 지역교회는 마을 주민들에 대해 열린 마음과 진정성을 가지고, 마을 주민을 대상화하지 않고 그들과 하나가 되는 것이 필요하다. 교회는 교회가 속한 마을의 다양한 특성을 연구하고 그들의 필요를 파악하여 지역사회와 끈끈한 접촉점을 마련해야 한다. 교회 구성원들이 마을공동체를 섬기는 데 앞장서게 하며, 교인들만 돌보는 목양이 아니라 마을을 향해 열려 있어 주민과 함께 소통하는 마을목회 리더십이 우리에게 요청되는 시점이다.

이 책은 그간의 실험적 실천들과 연구들을 매개로 하여 각 교회의 지도자들이 마을목회에 대해 잘 이해할 수 있도록 마을목회의 핵심 가치에 대해 설명하고 마을목회를 지역교회에서 실천하기 쉽도록 매뉴얼 형식으로 구성하였다. 본 총회주제 적용지침서「마을목회 매뉴얼」을 발간하기 위해서 연구와 집필로 많은 수고를 해 주신 총회한국교회연구원 이사장 채영남 목사와 연구원장 노영상 목사에게 감사를 드리며, 금번「마을목회 매뉴얼」을 통해 모든 교회들이 지역교회 목회 현장에서 총회주제를 실천하는 일에 적극 참여할 뿐 아니라, 주님의 복음과 사랑이 온누리에 널리 전파되길 기대한다.

2017년 9월
대한예수교장로회 총회장
허기학 목사

「마을목회 매뉴얼」을 출간하며

　본 교단은 제102회 총회를 맞으며 "거룩한 교회, 다시 세상 속으로"라는 주제를 정했다. 이 주제는 "다시 거룩한 교회로!"라는 제101회 총회의 주제와 연속성을 갖는 것으로, 사회와 구별되는 개별화된 교회의 거룩성을 말함과 동시에, 사회 밖에 있는 교회가 사회 속으로 참여하는 모습을 강조한다.

　"거룩한 교회, 다시 세상 속으로"라는 본 교단 제102회 총회의 주제는 거룩한 교회가 세속적 세상에 참여하는 방법이 무엇일까라는 질문을 낳는다. 교회공동체가 내부적인 친교만으로 만족할 때 교회는 세상 속으로 뛰어들지 못한다. 또한 사회와 구별된 거룩함이 없이 교회가 세상을 향해 뛰어든다면 그런 참여를 통해서는 세상을 전혀 변화시키지 못할 것이다. 어느 정도 세상과 거리를 두면서도, 세상을 향해 뛰어드는 참여적 교회가 되는 것이 바람직한 교회의 모습일 것이다.

　마을공동체는 우리가 적극 참여하여야 할 가장 구체적인 장이라 할 수 있다. 이에 교회는 마을의 문제와 아픔들을 마음속 깊이 살피면서 그들을 향해 다가갈 필요가 있다. 그리스도께서 이 세상에 성육신하신 것처럼, 우리의 삶도 마을공동체 속에 구체적으로 뿌리내리는 것이 필요하다. 이에 제102회 총회는 교단이 집중하여야 할 목회적 과제를 '마을목회'라는 개념으로 파악하며 이를 실천하고자 하는 결정을 내린 것이다.

　이런 마을목회가 구체적으로 무엇인지 정의하기 위해 우리는 몇 가지 사항들을 고려할 필요가 있다. 먼저 교회가 하는 모든 사회봉사가 다 마을목회는 아니라는 것이다. 마을목회는 인간의 삶의 공동체성을 전제하는 목회다. 다른 사람을 도울 때에도 그 사람에 대한 개인적 연민을 가지고 돕기보다는, 그와 내가 한 몸을 이루는 지체라는 생각에서 돕는 것이 마을목회다. 이와 같이 마을목회는 성령으로 하나 된 우리의 공동체성을 전제한다. 내가 그를 돕는다는 생각으로 돕는 것이 아니라, 내가 그와 함께하고 있다는 전제에서 그를 돕는 것이다.

이런 전제하에서 마을목회는 지역 내 교회 간의 공동적 연대를 중시한다. 지역 내의 각각의 교회들이 경쟁적 관계에 있는 것이 아니라, 그리스도의 몸을 이루는 보편적 교회 안에서 하나임을 확인하는 것이다. 그러므로 마을목회는 지역 내의 교회들의 에큐메니칼적 협력의 관계를 중시한다. 아울러 공동체적 마을목회는 교회가 지역 내의 관과 민과 협력하여 복음의 정신하에서 아름다운 마을을 이루는 일을 위해 네트워킹 해야 할 것을 강조한다.

마을목회는 복음 속에서 불신자를 신자와 구분하여 경원시하지 않는다. 비신자들도 그리스도만 믿으면 구원받을 수 있는 잠재적 구원의 가능성을 가지고 있는 존재들로서, 불신자라는 부정적인 말을 가지고 그들을 지칭하기보다는, 구도자나 예비 기독교인이란 용어로서 그들을 정의하려 한다. 이에 우리는 교회 내의 신자만을 목회의 대상으로 삼지 말아야 하며, 교회 밖의 사람들도 하나님의 사랑받는 존재들임을 인정하는 것이 필요하다. 우리의 목회 영역이 교회 내로 움츠러들어서는 안 되며, 온 세상을 향해 열려진 목회가 되어야 한다는 것이다.

대한예수교장로회 제102회 총회의 최기학 총회장께서 '마을목회'를 정책과제로 삼고 1년의 기간 동안에 이에 대한 기초를 놓게 된 것을 기쁘게 생각한다. 이에 본 연구원은 총회의 정책 방향에 따라 본 책을 출간하게 되었는바, 이 책이 총회의 정책추진에 보탬이 되길 바라는 마음이다. 부디 총회가 심사숙고하여 내놓은 '마을목회'라는 정책 주제가 한국교회를 새롭게 하고 건강하게 하는 데에 큰 힘이 되길 소망해 본다.

총회한국교회연구원 이사장

채영남 목사

차 례

권두언 / 총회장 최기학 목사 _ 3
「마을목회 매뉴얼」을 출간하며 / 총회한국교회연구원 이사장 채영남 목사 _ 5
서 문 : 무엇이 마을목회인가? / 총회한국교회연구원장 노영상 목사 _ 9

제1부 이론적 기초 _ 29

제1장   마을목회의 신학적 근거로서의 '유기체(organism) 교회론' _ 30
제2장   마을목회의 이론적 기초로서의 비기독교인에게 '열린 교회' _ 50
제3장   지역사회 개발과 마을목회 _ 59

제2부 실천적 사례 _ 79

제4장   마을과 교회가 함께 생명망을 짜는 온 마을 생명교회,
        부천 약대동 새롬교회 마을선교 이야기 _ 80
제5장   마을교육공동체를 가꾸는 하늘행복 가득한 더불어숲 과천교회 _ 93
제6장   마을을 두드리다 : 보령시 천북면 시온교회 사례 _ 111
제7장   지역목회와 마을공동체사업 : 서울 한남제일교회 사례 _ 127
제8장   '건강도시운동'(Healthy Cities Movement)과 마을공동체 만들기 _ 152

제3부 마을목회 매뉴얼 : 전략기획 방법 _ 171

제 9 장 희년법에 비춰 본 마을목회의 과제들 _ 172
제10장 미래교회와 전략기획(strategic planning) _ 209
제11장 마을목회 매뉴얼 만들기 _ 227
제12장 각 교회들이 실천한 '마을목회'에 대한 기록을 정리하는 일과
        '평가보고서' 작성법 _ 243

서문 :
무엇이 마을목회인가?

노영상 / 총회한국교회연구원장

1. 들어가는 말

최근 종로5가에 있는 한 출판사 사장과 대화를 나눈 적이 있다. 마을목회에 대한 책을 찾는 분들이 많아졌다는 것이다. 본 교단의 제102회기 총회의 최기학 총회장께서 '마을목회'를 본인 임기 시의 주요 정책과제로 정하신 이후 이에 대한 관심이 부쩍 늘어난 것이 분명하다. 오랜 기간 마을목회에 관심을 가져 왔던 필자에겐 이런 총회의 움직임이 큰 자극제가 되기도 하였다.

마을목회가 우리 한국교회를 비롯한 세계교회의 목회적 대안이 될 수 있는가에 대해 의문을 품으시는 분들도 없는 것은 아니다. 그저 하나의 트렌드로 잠시 나타났다 없어질 그런 유행과 같은 것이 아닌가 하는 생각들이다. 그러나 필자는 그렇게 생각하지 않는다. 이 마을목회 운동은 본 교단이 향후 몇 십 년 동안 밀고 나갈 주제로서, 세계교회에 한국적 목회의 대안으로 내놓을 수 있는 의미 있는 기획임을 말하고 싶다.

혹자는 마을목회 하면 농어촌 교회나 작은 교회 살리기 운동으로 생각하기도 한다. 이 같은 마을목회는 마을 만들기 운동과 깊은 연관이 있는데, 일본에서는 이 마을 만들기 운동을 처음에는 도시 만들기로 불렀음에 유의해야 할 것이다.[1] 마을목회는 농어촌에만 해당하는 목회가 아니며, 도시에서도 얼마든지 마을공동체를 형성하

---

1) 다무라 아키라, 강혜정 역, 「마을 만들기의 발상」(서울 : 도서출판소화, 2013), 25ff.

는 목회가 가능하다. 최근 서울시 및 산하 구청에서도 마을 만들기 사업이 활발한데, 이것 또한 도시에서의 마을목회 가능성을 보여 준다.

그러므로 마을목회에서 '마을'이란 작은 농어촌의 마을을 의미하는 것이 아니다. 도시에서는 동 정도의 테두리를 마을로 생각하면 좋을 것 같으며, 농촌에서는 면 정도의 단위를 마을로 보면 어떨까 싶다. 그 정도 크기의 지역을 하나의 생명공동체로 만들어 보고자 하는 목회가 마을목회이다.

오늘 우리 사회는 도시든, 농촌이든 공동체성이 상실된 곳이 되었다. 서로 자기 살기 바빠 남에게는 눈길 한 번 주기 어려운 각박한 삶이 된 것이다. 마을목회는 공동체성이 상실된 오늘의 삶을 전환하여 우리의 동네들을 정이 있고 살가운 공동체로 만들고자 한다. 도움이 필요할 때 서로 도움을 주고, 마을의 일들을 함께 의논하며, 공동으로 가지고 있는 이야기가 있는 마을로 만들고자 하는 것이다.

이 같은 정이 있는 마을을 만들기 위한 교회의 많은 실험들이 개 교회 차원에서 진행되어 왔다. 이미 그런 사례들이 총회 내에서 많이 회자되고 있는 바, 우리는 그 같은 사례들을 신학화하고 매뉴얼화하여 오늘의 시대를 향한 새로운 목회 틀로 제시하려는 것이다. 2015년 설립된 '예장마을 만들기 네트워크'는 이런 마을목회가 총회 차원에서 논의되고 있음을 보여 주는 실례이기도 하다.

2. 마을목회의 기초가 되는 생명망으로서의 기독교 삼위일체론

기독교의 구원은 주님의 말씀과 주님께서 세우신 교회를 통해 전달된다. 성령의 영감에 의해 쓰인 성경말씀과 교회의 전통으로서의 세례와 성만찬, 그리고 기도는 우리에게 하나님의 은혜가 전달되는 중요한 수단이다. 이와 같이 기독교의 구원은 교회라는 공동체성을 반영하고 있다. 공동체와 분리된 개인이 아닌 교회에 소속된 공동체의 일원들에게 주님의 은혜가 더욱 풍성히 전달된다. 교회라는 공동체의 분위기, 전통, 그것이 보유하고 있는 훈육의 내용들 모두가 한 개인이 구원받은 신자가 되게 하는 일에 많은 영향을 미친다. 공동체가 한 몸과 같이 긴밀히 유대하면 할수록 교회는 왕성하게 되고, 주님의 구원의 능력은 더욱 빛을 발하게 된다.

우리는 이 같은 공동체적 교제의 중요성을 기독교 신관인 삼위일체론을 통해 확인할 수 있다. 삼위일체론은 세 위격의 하나님이 본질에 있어 하나임을 강조하는 교리다. 셋이지만 동시에 전체로 하나라는 것이다. 이 삼위일체론은 세 인격의 독자성을 강조함과 동시에, 셋의 연합된 모습을 부각한다. 세 분 하나님께서 고유한 위격을 점유하고 계시지만, 핵심 본질로서는 서로 교류하며 순환되고 있음을 말하는 것이다. 다양성 속의 일치를 말하는 삼위일체론을 통해 우리는 공동체적 코이노니아의 의미를 깨닫게 된다. 요한복음 17 : 21의 말씀은 우리 인간이 삼위일체의 연합된 모습을 닮아 나갈 것을 강조한다. 하나님께서 삼위일체의 모습으로 하나 되어 있듯이, 우리 인간도 서로 하나 되어 사는 것이 주님의 뜻이라는 것이다.

기독교는 구원의 내용으로 영생을 말한다. 영생이란 '영원한 생명'의 준말로서, 우리는 주님의 구원을 통해 참 생명을 부여받게 되는 것이다. 생명체들이 가지는 생명의 본질에 대한 많은 탐구들이 있었다. 현대과학에 있어서도 생명에 대한 탐구가 끊이지 않았다. 생명의 본질에 대해 말하는 여러 말들이 있었지만, 관계적 통전성(related wholeness), 일즉다 다즉일(하나가 곧 많은 것이요, 많은 것이 곧 하나다.), 다양성 속의 일치 등의 말보다 생명현상을 더 잘 표현하는 말은 없는 것 같다. 모든 것 안에서 우리가 하나 되었을 때, 우리에게 더 큰 생명의 역동성이 주어지게 된다는 말이다. 모든 것의 모든 것 되시며, 이 세상을 품고 계시는 하나님과의 관계에서 우리는 진정한 생명을 부여받게 된다.

이 같은 관계적 통전성이나 일즉다 다즉일의 모습을 가장 잘 나타내는 것이 삼위일체로서, 우리는 이 삼위 간의 교제에 있는 하나님의 모습을 통해 생명의 참 의미를 깨닫게 된다. 고린도전서 12장의 말씀은 한 몸의 많은 지체라는 은유를 우리에게 전달하는데, 기독교가 말하는 생명의 온전함을 잘 드러내는 본문이다. 우리 몸의 각 부분들은 서로 나뉘어 생각될 수 없다. 한 지체가 아프면 모든 지체가 아프고, 한 지체가 즐거우면 다른 모든 지체도 즐겁다고 이 본문은 강조한다. 우리 생명체들은 상호의존적 존재들인 것이다.

김도일 교수는 이러한 삼위일체 하나님에게서 나타난 참 생명의 모습에서, 생명망 짜기 운동으로서의 공동체운동의 의미를 간추리고 있다. 우리가 마을을 이루려면 우리 한 개인이라는 개체 생명이 개 생명으로 고립 자폐되어 있어서는 안 된다. 삼위일체 하나님께서 상호내주, 상호침투, 상호의존하시는 것처럼, 각 개인과 가정과 교회와 마을이 깨어난 한 알의 씨알이 되어 서로 생명망으로 얽혀 있다는 온 생명망적 자각에 이를 때, 비로소 한 개인은 진정한 생명의 씨앗이 되며 '생명망을 짜는 온 마을 생명공동체'가 될 수 있다는 것이다.[2] 이에 있어 생명망을 짜는 온 마을 생명공동체의 정신을 부천 새롬교회의 이원돈 목사는 약대동에서의 마을목회로 전개하였던 것이다.

삼위일체적 생명에 나타나는 개인주의(individualism)와 집합주의(collectivism)를 넘어서는 공동체주의(communitarianism),[3] 다양성(diversity) 속의 일치(unity)의 양상, 배타적 유일신론에 바탕을 둔 전체주의에 대한 배격 등 삼위일체론의 생명논리를 사회문화적 해석으로 담아내는 일은 앞으로의 과제 중 하나라고 생각한다. 이같은 삼위일체의 개념은 정치경제적인 구조에 있어 자치공동체의 강한 연대를 전제하는 공동체주의의 입장을 강조하기도 한다.[4] 공동복리의 입장에서 공공선(common good)을 소중히 여기며, 모두가 공동의 의사결정에 적극 참여하는, 소읍과 같은 자치공동체가 오늘의 정치경제체제의 대안임을 삼위일체론은 나타내고 있다.

3. 마을목회와 공동체성의 회복

그러나 오늘 우리의 삶은 이런 삼위일체적 코이노니아의 모습과는 너무나 동떨어져 있다. 전체로 한 몸을 이루어 살기보다는 서로 경쟁하고 질시하며 서로에게서 분리되어 파편화된 삶을 사는 것이 우리들의 모습이다. 특히 신자유주의의 개인주의적 냉담성은 오늘 우리의 모습을 비인간화시키고 있는 바, 우리는 서로에게 분리될 수 없는 하나 된 존재임을 다시 살필 필요가 있다.

'남의 불행은 남의 불행이며, 남의 잘못은 남의 잘못인데, 내가 뭐하러 그런 일들에 관여할 필요가 있는가?'라는 생각들이 우리 속에 만연해 있다. 그러나 성경은 서로에 대한 사랑만이 이 세상을 하나님 나라로 바꾸는 길임을 말한다. 교인들과 상호교제하면서 교회 밖의 사람들에게도 주님의 사랑을 전달할 선교적 책임이 우리에게 있는 것이다.

서로가 서로의 행복에 관여하여 노력하는 아름다운 삶을 하나님께서 우리에게 소개하여 주셨음에도 불구하고, 우리는 우리의 욕심에 어두워 보다 행복한 삶을

---

2) 김도일, "가정, 교회, 마을의 생명망 조성을 통한 교육공동체 형성에 관한 연구," 「선교와 신학」 제41집.
3) Leonardo Boff, trans. by Paul Burns, *Trinity and Society*(New York : Orbis Books, 1992), 118-120.
4) 이지헌, 「개인, 공동체, 교육 Ⅱ : 자유주의, 공동체주의, 사회주의」(서울 : 교육과학사, 1997).

추구하지 못하고 있다. 남은 옆에서 굶고 있으며 병들어 죽고 있는데도, 나만 잘 살면 된다는 우리의 끈질긴 자기중심성이 그러한 불행들을 줄곧 외면하게 만드는 것이다.

결국 기독교의 구원이란 하나님의 인류에 대한 사랑의 전파를 통해 이루어지는 것을 알면서도, 우리는 남의 고통을 외면한 채 복음을 전할 수 있다고 생각하며 산다. 지식이 부족한 사람들의 말에 귀를 기울이려 하지 않으며 약한 자들의 말을 묵살하면서도, 우리는 주님의 사랑을 가지고 있다고 주장하며 민주적 사회를 추구하고 있다고 자위하는 것이다.

최근 이런 기독교의 구원과 생명의 본질을 잘 구현하기 위한 마을목회란 개념이 우리에게 소개되고 있다. 마을목회는 생명의 본질에 충실하는 목회다. 나와 남이 서로 분리되어 있는 존재들이 아니라, 주님 안에서 하나임을 알고 서로 연결된 공동체적 삶을 살아나가야 함을 마을목회는 강조한다. 내가 남을 도와주고 봉사하는 이유가 교회의 양적인 성장을 위한 것이거나, 내가 풍족함으로 남에게 시혜적인 입장에서 도움을 주는 그런 것이 되어서는 안 될 것이다. 오히려 마을목회는 우리 모두가 하나 된 존재들로서 본질적으로 서로 연합하며 살아가야 함을 강조한다. 우리가 공동체성을 상실하며 살면 살수록, 우리는 생명의 본질로부터 점점 멀어지게 된다는 것이다.

기독교는 성령을 통한 하나 됨, 곧 공동체 정신의 구현과 사랑을 통한 연합을 강조한다. 기독교가 말하는 성령은 하나 되게 하시는 영이며, 기독교의 사랑은 공동체를 하나로 묶는 힘이다. 고린도전서에 나타난 대로 한 공동체의 건강성은 그 공동체가 분열하여 있는지 하나 되어 있는지를 통해 가늠해 볼 수 있다. 이에 우리는 그리스도의 몸으로서 유기적 하나 됨을 이룰 필요가 있다. 그것은 가정, 사회, 회사, 국가도 마찬가지다. 모든 구성원들이 하나 되어 같은 목표를 세우고, 하는 일에 긴히 참여하고 있는 공동체가 건강한 공동체로서, 결국 분열하는 집단은 지리멸렬하고 마는 것이다.

마을목회는 세속의 마을 만들기 운동과 잘 연결되어 있는 개념으로 우리는 마을목회를 살피기 전에 마을 만들기 운동을 이해할 필요가 있다. 이에 있어 마을 만들기란 마을의 공동체성을 강조한다. 지역성으로 구성되어 있는 껍데기의 마을을 끈끈한 사랑으로 하나 된 공동체로 만들려는 것이 마을 만들기의 주안점이다. 이런 의미에서 마을 만들기와 마을목회는 하나의 영성(spirituality)적 접근을 강조한다. 성령의 하나 됨과 사랑을 통한 연합의 영성이 우리의 공동체성을 강화할 수 있어야만 우리는 보다 바른 마을목회를 할 수 있을 것이다.

오늘날 우리들은 행복을 너무 개인주의적으로 이해하며 산다. 남은 어떠하든 나만 행복하면 된다는 것이 우리들의 생각이다. 하지만 성경에서 말하는 행복은 오히려 공동체적이다. 아무도 자기의 유익을 위해 사는 자가 없다. 다 주님의 영광과 이웃의 평안을 위해 산다. 네가 있기 때문에 내가 있는 것으로, 우리는 이웃 사랑 때문에 오늘을 사는 것이다. 나 혼자로 이룰 수 있는 행복이 십, 이십이라면, 함께 만들 수 있는 행복은 백, 천이다. 우리는 공동체 속에서 이룰 수 있는 큰 행복을 보아야 한다. 마을목회는 이런 보다 큰 행복을 바라본다. 서로 분리되어 혼자가 된 우리의 삶을 변화시켜, 함께 의논하고 어우러져 사는 세상을 추구하는 것이 마을목회다.

4. 마을목회에서의 민주적 소통과 참여의 중요성

마을 만들기 운동은 참여적 운동이다. 성부, 성자, 성령께서 서로에게 참여하여 하나를 이루듯이, 마을목회는 인간이 상호 간에 하나 되어 교류할 때 행복이 점증함을 말한다. 한 사람이 모든 사람을 마음대로 좌지우지하고 독재적으로 모든 일을 처리하는 것을 마을목회는 지양한다.

아마 우리나라 사람들이 가장 잘 못하는 것이 회의일 것이다. 회의를 통해 합의를 이끌어 내는 것에 대한 경험들이 적어 회의를 하면 싸우고 끝날 때가 적지 않다. 또 그 문제를 잘 파악하고 있지도 않은 사람이 자기의 의견을 주장하며 우길 때에는 할 말을 잃게 된다. 한 집단의 장을 맡은 이들은 이런 회의를 하는 것이 귀찮고 번거롭게 생각될 때가 많으나, 훈련의 차원에서라도 열심히 회의하는 것이 유용할 것이라 생각한다.

특히 마을 만들기의 실천은 이런 참여적 회의를 중시한다. 마을 만들기 운동은 관 주도의 사업과 같이 어떤 사업을 몇 사람이 정하여 일방으로 수행하는 것이 아니라 무슨 일을 할 것인지, 어떻게 할 것인지를 지역 주민과 긴밀히 의논하는 과정을 강조한다. 마을 만들기 운동에서 가장 역점을 두어야 할 부분은 마을의 사업을 주민 스스로가 결정하고 주도하여 실천한다는 것이다. 동이나 구청이 마을의 사업을 미리 정하여 나오는 것이 아니라 주민들에게 지역의 발전을 위해 어떤 일을 하였으면 좋겠느냐는 질문을 먼저 한다. 주민 여러 명의 의견으로 제출된 사업에 대한 안건들을 경쟁시켜 가장 적절한 사업을 관이 지원하여 하도록 하는 것이 마을 만들기의 핵심이다. 물론 "그런 회의하고 의견을 모으는 일에 아까운 시간과 재정을 낭비하는 것은 비효율적인 일이 아닌가?" 하고 질문하는 이들도 있다. 그러나 주민들에게 자기 주변의 일을 스스로 결정하게 할 때, 그들은 더 큰 즐거움을 갖게 되는 것이다.

이런 마을 만들기 운동과 같이 마을목회도 참여와 소통을 강조한다. 자기의 일을 스스로 정하는 민주적 교회를 만드는 것이 마을목회의 핵심이다. 활력 있는 교회가 되는 첩경은 모두가 참여하는 교회를 만드는 것이다. 목회자 한 사람만 일하는 교회는 모두가 일하는 교회의 활력을 당할 수 없다.

이전 미국 애틀랜타에 있는 컬럼비아 신학교에서 온 학생들과 이야기를 나눈 적이 있다. 교회학교를 활성화하는 문제에 대해 이야기하였는데, 중고등부나 청년대학부를 자치화하는 것이 활성화에 가장 유리한 길임을 그들은 강조하였다. 교회학교의 모든 일들을 어른들이 정하는 교회가 있다. 재정도, 사업도, 예배 순서도, 교육도 모두 교사들이 하는 교회들이 있는데, 전혀 발전할 수 없는 구조라 생각한다.

각 교회학교들을 독립하여 운영하는 것이 발전의 지름길이다. 중고등부나 청년대학부의 재정 수입과 지출 등 모든 일들을 가능하면 독립시키는 것이 교회학교 발전을 위해 좋다. 그들 스스로 예산을 세워 보게 하고, 지출하게 하며, 회계장부도 정리하게 하고, 사업도 정하게 하며, 설교를 제외한 예배 순서들도 모두 스스로 맡게 하는 등 그들이 참여하고 의논하여 정하게 한다면 생기 넘치는 교회학교가 될 것이다.

어느 교회 중고등부는 예배 시에 교사들이 기도 순서도 맡고 광고도 하는데, 이것은 학생들을 점점 교회에서 멀어지게 하는 구도다. 가능하면 재정도 그들 스스로에게 맡겨 운영해 보도록 하면 더 열심히 모든 일을 하게 될 것이다. 중고등부가 그렇다면 청년대학부는 말할 필요도 없다. 미국의 이민교회들을 방문해 보면 이민 2세의 모임을 완전히 이민 1세대와 독립시켜 운영하는 모습들을 보게 되는데, 그런 교회일수록 2세 모임이 활성화되어 있음을 느낄 수 있었다. 일종의 한 지붕 두 교회 체제다.

가장 중요한 포인트는 그들 스스로 그들의 일을 결정하게 하는 것이다. 동이나 구청이 맞벌이 부부의 지원을 위해 이런저런 사업을 결정하여 하려 하지 말고, 그들 스스로에게 필요한 일을 만들어 오게 하여 그들에게 재정을 지출할 권한을 주도록 하라는 것이다. 이런 과정에서 중요한 것은 물론 회의다. 이런 일을 하며 또 어떤 사람이 대표가 되어 재정을 받아 쓰는 것을 주도하려 하면 그런 일의 장점은 상실되고 만다. 관이나 교회가 마을 개발 사업을 주도하는 것이 아니라 주민들에게 사업을 하게 하고, 구청이나 교회가 이를 지원하도록 하면 더욱 활성화된 마을이 될 수 있을 것이다.

최근 지자체들은 이런 일의 가치를 이전보다 더 잘 이해하고 있는 것 같다. 그들이 이런 주민 주도적 사업을 하면서 회의비가 많이 책정되도록 하는 것을 볼 수 있다. 그들은 일보다 더 중요한 것이 주민 스스로가 그들에게 필요한 것이 무엇인지를 정하게 하고, 의논하게 하는 것임을 알고 있다. 교회가 지역마을의 주민들과 마을의 발전에 대해서 그리고 그 지역의 행복에 대해 많은 이야기를 나누면 나눌수록, 교회는 그들의 삶에 가까이 접근하게 된다.

마을목회를 잘하려면 먼저 주민들과 만남의 기회를 확대하여 서로 소통하며 의논하는 시간을 늘릴 필요가 있다. 서로 만나 마을과 주민의 행복에 대해 이야기하고, 교회와 인생에 대해서 이야기하다 보면 결국 그들은 기독교가 가지고 있는 천국의 소망에 대해서도 관심을 갖게 될 것이라 생각한다.

대부분의 도시계획이나 개발사업이 관 주도적인 위로부터의 강제적 운동이라면, 마을 만들기는 지역민이 중심이 된 아래로부터의 자발적 운동이다. 우리는 마을 만들기를 위해 주민의 민주적 참여가 중요함을 알았다. 관 주도적인 마을 개발이나 도시 재생이 아니라, 마을 주민의 의견이 충분히 반영되어 마을의 모든 일들이 결정되는 구조가 마을 만들기의 요건이다. 이와 같이 마을 만들기는 자발적 주민 참여와 합의를 강조한다.

이런 주민의 참여가 강조되는 마을 만들기 운동이 가능해지려면, 주민들의 민주화된 참여역량이 전제되어야 한다. 기독교인으로서 하나님 나라의 백성 된 삶과 국가의 백성으로서의 자유로운 시민의 삶이 가능하려면, 성경의 내용을 잘 이해할 뿐 아니라 자유로운 시민으로서의 역량을 갖추어야 할 필요가 있으며, 그것은 교육과 훈련을 통해서 가능해진다. 하나님 나라의 제자교육과 세상 국가적인 시민교육의 두 가지 측면의 교육이 요청되는 바, 이러한 교육 훈련을 통해 교인과 시민들의 역량강화(empowerment)가 있어야만 우리는 참여적이며 민주적인 마을 만들기 운동을 해 나갈 수 있을 것이다. 이에 마을 만들기 운동 중에 필수적으로 포함되어야 할 사항이 있는데, 필자는 그것을 교육을 위한 프로그램이라고 생각한다.

이젠 관 주도적 사업을 하기보다는 주민 참여적 사업을 함으로써 지역민의 정치 참여의 기회를 늘릴 뿐만 아니라, 그런 사업을 통해 지자체의 정치지도자들도 육성해 내는 사회가 되었으면 한다. 앞으로 우리 한국 사회가 원하는 정치지도자는 국민과 소통하고 합의를 이끌어 낼 수 있는 지도자일 것이다. 아래로부터의 민주주의가 진정한 민주주의다.

위로부터의 행정과 목회의 시대가 종언을 고하고 있다. 아래로부터의 민주적 마을목회의 필요성이 곳곳에서 강조되는 상황이다. 교회의 일을 당회원 몇몇이 전부 정하여 하는 목회구조보다 불리한 구조는 없다. 모두가 함께 교회의 일에 참여하도록 하는 것이 마을목회의 대전제다. 이를 위해서는 한국교회 전반의 구조 개선이 필요한 바, 그 일은 당장 되는 것이 아니다. 사회의 민주화가 어려운 만큼, 교인 모두가 참여하는 교회를 만드는 일도 쉬운 것은 아니다.

국가를 잘 운영하려면 국민들에게 충분한 일자리가 공급되어야 하는 것과 마찬가지로, 교회의 모든 구성원들에게 일자리를 주는 교회가 건강한 교회라 할 수 있다. 우리 몸의 건강도 그렇다. 심장만 잘 움직인다고 하여 건강해질 수 있는 것은 아니다. 손과 발, 콩팥이나 눈 등 우리 몸의 모든 부분들이 잘 가동되어야만 우리는 건강한 삶을 영위할 수 있다.

한국의 성장한 교회들을 보면, 구역장의 역할을 활성화한 교회들이 많다. 순복음교회의 순제도가 이를 잘 말해 주는데, 활성화되어 있는 다른 교회들도 마찬가지다. 구역장에게 일종의 목회적 일을 위임하는 것으로, 이런 순복음의 순제도는 셀목회의 기원이 되기도 했다. 물론 셀목회가 여전도회나 남선교회를 약화시킨다는 비판도 있지만, 일종의 구역 조직으로 생각하면 마음이 편할 것이다.

당회가 모든 것을 결정하면 교회의 다른 구성원들은 일종의 구경꾼이 된다. 당회원 이외의 다른 교인들은 점점 손님이 되는 것이다. 이런 구조는 온 교인들이 교회 일에 강하게 참여하기 어려운 구조다. 모든 교인들이 즐거운 마음으로 교회의 일에 참여하게 하는 교회를 만드는 것이 마을목회의 또 다른 요체임을 말하고 싶다.

이에 가능한 대로 교회 내 각 자치단체에게 자기결정권을 많이 주는 것이 좋을 것이다. 여전도회가 일할 경우 자체 내에서 헌금한 재정을 내부에서 결정하여 가장 유용한 곳에 쓰라고 하면, 더욱 활성화된 모임이 될 수 있을 것이다. 재정 지출에 있어 어느 정도의 가이드라인을 만들어 각각의 지회에 위임하는 것이 교회의 동력을 강화하는 중요한 방편임을 말하고 싶다. 이렇게 할 경우 교회가 경상비를 충당하는 데 어려움이 생기지 않을까 하는 우려도 없는 것은 아니다. 그러나 더 중요한 것은 교회의 활력으로 교회가 성장하면 이런 문제는 자동 해소될 것이라 생각한다.

5. 마을목회와 네트워킹

다음으로 마을목회는 일종의 네트워크(network)를 강조한다. 오늘 우리 한국교회는 경쟁적 목회를 하고 있다. 한 지역 내 다른 교회들과 사이가 좋은 교회들이 많지 않다. 어떤 때는 지역 내의 다른 교단의 교회들을 서로 이단이라고 하며 대립하여 싸우기도 한다. 이런 갈등의 목회는 결국 서로 간의 이미지를 훼손하여, 지역 내에서 함께 어려움을 겪게 되기 마련이다. 마을목회는 이런 갈등의 목회를 지양한다. 마을의 행복이란 같은 목표를 위해 지역 내의 교회들이 서로 연대하는 목회방식이 마을목회다.

우리는 이런 목회의 예로 2000년에 발족한 후암동교동협의회를 들 수 있다. 후암동교동협의회는 9개 교회로 구성된 조직으로 마을목회를 위해 서로 다른 교파의 지역교회들이 연합한 대표적 사례다. 후암동교동협의회의 정관 제3조는 이 기구의 목적을 다음과 같이 천명한다. "본회는 후암동에 소재한 교회들이 서로 협력과 연합을 통하여 다 같이 발전하고, 지역의 복음화와 이웃을 섬기는 일을 함께 도모함으로써 빛과 소금의 역할을 감당하게 하는 것이다." 이 문장을 보면 후암동에 소재한 교회들이 서로 협력과 연합을 통하여 다 같이 발전하려는 뜻이 표현되어 있다. 이 조항은 마을목회가 금과옥조와 같이 받들어야 할 목적이다.

이 협의회는 사회봉사를 할 때에도 교회들이 개별적으로 하지 않고 함께 힘을 합쳐 한다. 그동안 이 협의회가 지역주민들을 위하여 벌인 봉사의 일들에는 다음과 같은 것들이 있다. 사랑의 쌀 나누기, 사랑의 결연 맺기, 이웃 사랑 나눔 바자회, 생일잔치, 경로잔치, 아버지 학교, 어머니 학교, 경로관광, 성탄축하연합음악회, 선교사 파송, 청년 연합활동 등이다. 봉사의 사업들을 경쟁적으로 하여 자기 교회에 교인들이 많이 오도록 하기보다는, 교회들이 서로 연합하여 상생의 길을 찾는 것이다. 이와 같이 마을목회는 교회들 사이의 네트워크를 강조한다.

이 후암동교동협의회가 한 일 중 우리에게 가장 큰 감동을 주는 것은 전도지를 공동으로 제작하였다는 것에 있다. 곧 연합전도지를 만든 것이다. 전도지를 공동 제작하여 사용함으로, 교회들이 경쟁적으로 교인을 확보하려는 모습들을 극복한 것이다. 전도가 지상의 과제임에도 불구하고 요즈음의 전도는 그 품격에 있어 교회의 모습을 훼손할 때도 적지 않은데, 후암동교동협의회의 전도방식은 정말 전도의 품격을 높였음이 확실하다. 경품을 통한 전도, 교회에 대한 지나친 홍보를 통한 전도들이 지역민들의 인상을 찌푸리게 할 때도 있는 바, 이러한 연합전도지를 만드는 방식의 전도는 우리에게 시사하는 바가 적지 않다.

마을목회는 교회들 간의 네트워크만 강조하는 것이 아니며, 교회와 관청, 교회와 학교, 교회와 기업들 사이의 네트워크도 강조한다. 지역의 발전을 위해 교회와 관청이 경쟁하는 것이 아니라 서로의 가치를 인정하며 머리를 맞대고, 지역의 발전에 대해 논의하며 실천하는 것이다. 중세 때 세워진 유럽의 마을들을 보면 동네의 중앙광장에 교회, 관공서, 오페라하우스, 그리고 시장, 곧 오늘로 말하면 백화점이 함께 있었음을 보게 된다. 이와 같이 이전의 교회들은 관공서 가까이에 있어 서로 협력하였던 바, 오늘의 시대에도 이런 긴밀한 연대가 요청된다. 물론 교회의 목사가 관청이나 기웃거리며 정치목사로 이미지를 갖는 것은 바람직하지 않은 것으로, 우리는 이런 단점을 마음에 두며 관과 바람직한 관계를 만들어 나가야 할 것이라 생각한다. 우리 한국교회는 지난 2015년의 인구 센서스를 통해 우리나라에서 가장 많은 인구를 가진 종교가 되었는데, 이에 교회도 그에 걸맞은 의무와 책임을 다해야 할 것이다.

마을 만들기 프로젝트는 관청과 교회의 협력적 관계를 모색한다. 교회가 지역주민들과 소통하여 지역을 위한 프로젝트를 제안할 것을 관도 바라고 있으며, 이런 일을 통해 지역을 발전시킨 예들이 적지 않게 축적되어 있다. 생명망 목회로서의 마을목회는 크게 보아 네트워크 사역으로서, 필자는 이러한 교회의 모습을 이 책의 제1장에서 '유기체 교회론'으로 전개하였다.

6. 마을목회와 열린 교회론

오늘 한국교회의 선교 구조는 실제 선교하기 어려운 모습으로 되어 있다. 교회들이 교회 밖의 주민들과의 접촉이 없는 상태에서 밖의 사람들이 교회로 올 것을 기다리는 구조다. 교회 밖에 있는 사람들과 접촉이 없는데, 전도가 일어날 리 만무하다. 이런 소극적 구조를 가지고는 선교의 일을 활성화할 수 없다. 이에 보다 적극적인 선교적 교회가 되는 것이 필요한데, 그러한 방안으로 마을목회가 제기되는 것이다.

마을목회는 교회 안의 사람들만 목회의 대상으로 삼는 것이 아니라 교회 밖의 사람들도 관심의 대상이며, 목회의 대상임을 강조한다. 교회 내에서 우리들만 행복한 공동체를 이루고 사는 것이 아니라 교회를 포함한 지역에 하나님의 나라가 건설될 수 있도록 교회 밖의 지역을 목회의 대상으로 삼는 것이 마을목회다. 교회가 교회 밖의 지역에 관심을 가지면 지역민들과의 소통이 늘어나게 되어, 지역주민들 또한 교회의 일들에 관심을 갖게 된다. 그들은 주님의 사랑을 경험하게 되고, 그러한 사랑의 근원이 하나님이며 성경임을 배우게 되는 것이다.

그러므로 마을목회는 교회 밖의 비기독교인들을 부정적 시각이나 국외자적 존재들로 보지 않는다. 그들 또한 주님의 사랑의 대상이며, 우리가 전도하여 주님의 백성으로 삼을 예비 기독교인인 것이다. 하나님께서 이 세상을 극진히 사랑하셔서 독생자를 주신 것같이, 하나님의 관심은 온통 세상에 있음을 우리는 알아야 한다. 이에 우리는 교회 밖의 사람들도 잠재적 교인으로 인정하고, 그들을 교회의 일에 적극 초청하는 것이 필요하다. 교회에서 하는 어떤 일이 교인만이 감당해야 할 교회 고유의 일이 아닌 지역사회와 연관된 일이라면, 그들에게 재정도 청원하고 함께 시간을 내어 봉사도 할 것을 요청할 필요가 있다. 교회 밖의 사람들과 접촉할 기회가 많아질수록 전도의 기회는 많아지게 된다. 이런 각도에서 마을목회는 일종의 열린 교회(open church)론을 강조한다.

7. 마을목회 차원에서 새롭게 하는 해외선교

마을목회 차원에서 새롭게 하는 국내선교의 예를 후암동교동협의회가 잘 보여 주었다면, 영등포노회가 추진한 베트남 선교는 국외선교로서의 마을목회의 모습을 잘 보여 준다. 영등포노회는 그들이 파송한 선교사들을 통하여 복음을 전할 뿐 아니라, 그 지역을 아름답게 개발하는 일에 많은 노력을 해 왔다. 또한 노회 차원에서 그 지역을 자주 방문하는 등 지역의 많은 교회들이 합심하여 베트남 선교를 도왔던 것이다. 개 교회가 선교사를 파송하여 선교를 하는 것보다 교회들이 연합하여 선교를 할 때 보다 건실한 선교가 될 수 있다.

선교사 한 명을 파송하여 생활비만 지원한다면 선교가 충분히 수행되기 어렵다. 그 선교 지역을 살리는 마을목회적 선교를 하려면, 선교센터를 만들어 여러 명의 선교사들이 힘을 합해 선교를 해 나가게 하는 것이 필요하다. 이 일을 위해서 많은 재정이 요청되는 바, 한 교회의 지원만으론 감당되기 어렵다. 한 지역을 정해 놓고 그 지역에 교회와 병원과 학교 등을 세워 나가며 복합적인 선교를 하는 것이 효율적인 바, 초기 한국교회 선교사들이 하였던 선교도 그와 같은 모델이었다.

해외선교에 있어 가장 중요한 점은 선택과 집중이다. 상당 기간 선교할 지역을 물색하고 그 지역에 대한 리서치를 하며, 그 선교지에 합당한 맞춤 선교가 무엇인지 연구하고, 이후 그에 적합한 선교사를 선발하여 훈련하며, 재정적 지원을 통해 그 선교지에서 마을목회를 수행하게 하는 등 일련의 일관성 있는 선교전략이 요청되는데, 그것은 한 교회의 역량으로 감당할 수 있는 일이 아니다. 선교지에 대한 리서치를 위해 신학교 교수들과 현지 선교사들의 조언을 듣고 지역의 목회자들과 함께 의논하는 등 선교를 위한 선택과 집중이 요청된다는 것이다. 한국교회가 선교의 양을 자랑하던 시대는 지나고 있다. 이젠 선교의 질을 강화하여야 하는데, 그러기 위해 가장 필요한 선교구조는 선택과 집중이며, 이를 위해 교회들이 연합하여 선교센터를 운영하는 방식이 유리할 것이라 생각한다. 마을목회는 오늘 우리의 해외선교의 확실한 대안이다.

세계적으로 가장 앞선 선교신학으로 무장한 선교단체는 월드비전이라고 생각한다. 월드비전의 선교신학은 그들이 가지고 있는 MARC출판사를 통해 우리에게 많이 소개되었는데, 아쉽게도 우리나라에서는 그 신학이 널리 소개되지 않았다. 월드비전에 대해서는 모두들 잘 알고 있는데, 그들의 선교에서 바탕이 되는 선교신학에 대해서는 생소한 것이 우리나라다. 월드비전의 중요한 프로그램 가운데 ADP(Area Development Program)가 있는데, '지역발전 프로그램'으로 번역할 수 있겠다. 지역을 돕는 마을목회의 사역을 언급하는 것이다.[5] 월드비전은 마을을 개발하는 일을 하며 자신들이 기독교인들임을 자랑스럽게 오픈하여 말하지만, 그들의 일을 하며 종교나 인종을 구별하지 않는다.

---

5) http://www.wvi.org/.

8. 선교적 교회론과 지역사회 복지론

21세기에 들어서 선교적 교회(Missional Church)론이 확산되었다. 이 선교적 교회론은 마을목회 신학의 기반이 되기도 했다. 선교적 교회론은 교회의 선교보다는 선교의 교회를 강조한다. 선교는 교회가 하는 일 중의 하나가 아니라 교회가 하는 모든 일이 선교에 초점이 맞추어져야 한다는 것이다. 이와 같이 선교적 교회론은 선교를 교회의 본질적인 구성으로 강조한다. 교회라면 마땅히 하여야 할 일이 선교며, 선교를 하지 않을 때 그 교회는 교회의 본질을 상실하게 된다는 것이다.

교회는 하나님께서 세상의 구원을 향해 보내시는 선교의 도구이다. 이 말은 교회보다는 세상에 방점이 있음을 나타낸다. 하나님 - 교회 - 세상의 순서가 아니라, 하나님 - 세상 - 교회의 순서라는 것이다. 이 신학은 보통 우리에게 '하나님의 선교'(Missio Dei)라는 개념으로 알려져 있다. 하나님의 선교는 우선순위를 교회에 두는 것이 아니라 먼저 세상에 둔다. 교회는 이 세상을 향해 하나님께서 보내신 선교의 도구다. 그러므로 교회가 교회 밖의 사람들을 구원하기 위한 선교의 일에 무관심한 채 자기 스스로의 일에만 착목한다면, 그런 교회는 교회의 역할을 바로 한다고 볼 수 없는 것이다. 하나님의 일차적 관심의 대상인 세상은 신자에게도 관심의 대상이어야 한다.

이러한 선교적 교회론은 우리 교회가 위치해 있는 지역사회에 대한 선교적 관심을 불러일으킨다. 그저 교회를 포함하고 있는 지역이 아니라, 선교의 대상으로서의 지역이라는 것이다. 우리의 지역사회는 교회 밖의 하나의 버려진 부분이 아니며, 교회 목회의 중심된 대상인 것이다.

생명체로서의 유기체는 밖으로부터 어떤 재료를 받아 그것을 자기의 것으로 동화하고, 밖을 향하여 자신의 것을 내어놓는 구조를 하고 있다. 유기체는 자기 밖의 환경에 영향을 받으며, 또한 자기 밖의 것에 대해 영향을 미치면서 생명을 유지한다. 투입, 전이 또는 소화, 산출의 세 체계가 그것의 과정이다. 이와 같이 생명체로서의 교회는 자기 밖의 세상과 서로 영향을 주고받으며 살 수밖에 없다. 만약에 한 생명체가 자기 밖의 영역과의 관계를 끊고 폐쇄적으로 될 경우에는, 그 생명을 멈추고 만다. 그러므로 생명을 담지한 교회는 지역과 연관을 이룰 수밖에 없는 것이다. 필자는 이런 선교적 교회론의 내용을 1장의 유기체 교회론을 통해 작은 부분이나마 언급하기도 하였다.

아울러 마을목회는 사회과학 분야의 사회복지학과 깊은 연결고리를 갖고 있다. 사회복지학에서 특히 지역사회 복지론과 많은 연관이 있는데, 앞으로 본 총회한국교회연구원에서는 지역사회 복지론과 마을목회를 연관하는 책들을 내놓을 예정이다. 이 지역사회 복지론을 교회와 연결하는 일에 월드비전의 전 회장이셨던 박종삼 박사께서 많은 공헌을 하셨는 바, 후학들이 이 이론을 더욱 발전시켜야 할 것으로 생각한다.

9. 사회봉사와 전도

기독교의 핵심 과제는 사람들로 하여금 예수 그리스도를 주로 믿어 구원받게 하는 것이다. 그들로 하여금 인간의 유한함과 죄 됨을 깨닫게 하여 회개함으로 주님을 구주로 받아들여 영생을 얻게 하는 것이 기독교 선교의 목적이다. 그러나 이들의 영혼이 죽어 천국에 들어가는 것과 함께 소중한 것이 있는데, 그것은 오늘의 삶 속에서 하나님의 나라를 구현하는 것이다. 하지만 이런 하나님의 나라를 이 땅에 선취하는 일도 주님에 대한 믿음을 통하지 않고는 가능하지 않음을 성경은 강조한다. 주님의 성령이 역사하지 않고는 우리는 진정한 회심을 할 수 없다.

문제의 핵심은 교회의 사회봉사가 영혼 구원을 위한 복음전도와 양립할 수 있는가 하는 것이다. 교회가 사회봉사의 일에 주력할 때 복음전도에 대한 열정은 식을 수밖에 없으며, 그들 영혼의 근본 문제에 대해서는 소원해질 수밖에 없다는 주장들이 있다. 복음을 우선적으로 전해야 한다고 말하는 사람들은 사회봉사가 진정 주님의 말씀을 받아들이는 데 방해가 된다고 말하며, 오히려 그들을 돕는 일보다 복음을 제시하는 일을 위해 전력해야 함을 주장한다. 사회봉사가 전도의 수단이 될 경우에는 오히려 역효과가 나기 쉽다는 것이다.

여기서 우리는 질문해 보게 된다. 사회봉사 등을 배제하고 복음전도만을 우선으로 하는 선교전략이 좋은가, 아니면 사회봉사를 통해 그들과 관계를 형성하여 교회로 그들을 불러들이는 것이 더 효과적인가 하는 것이다. 길거리에 있는 사람들에게 구원의 교리를 적은 전도지를 주고, 성경을 주어 그들로 하여금 예수님을 믿게 하는 길이 더 빠른 구원의 길인지, 아니면 먼저 그들에게 도움을 주면서 하나님의 사랑을 그들로 하여금 체험케 하는 것이 전도의 방법으로 더 효율적인지 하는 것이다.

　복음을 제시하여 비기독교인들을 교회로 나오게 하는 확률이 높은가, 아니면 그들을 진정으로 섬김으로 교회에 나오게 하는 확률이 더 높은가 하는 문제인 것이다. 물론 이 일을 잘 파악하기 위해서는 교회에 나오게 된 동기에 대한 설문조사가 필요할 것이나, 우선적으로 복음에 대한 제시를 받고 교리를 받아들여 교회에 나와 신자생활을 시작한 사람의 비율은 높지 않을 것이라 추측된다. 사실 오늘날 한국의 교회에 다니지 않는 많은 사람들도 교회의 교리에 대해 어느 정도 알고 있다고 보아야 할 것 같다. 워낙 주변에 예수 믿는 사람들이 많아 기독교 교리의 핵심 내용 정도는 많이 알고 있는 것이다. 그렇게 그들이 교리를 알고 있음에도 교회에 잘 나오지 않는 것은 그런 교리의 인지도가 그들을 교회 나오게 하는 데에 결정적인 영향을 미치지 않는 것임을 알게 된다. 그들은 이미 기독교의 교리를 들은 적이 있는 바, 그 교리가 그들에게 신빙성을 주지 못하고 있으며, 이에 교회 나갈 필요성을 느끼지 못하고 있는 것이다.

　비기독교인들로 하여금 교회에 다녀 예수를 믿게 하는 최선의 길은 무엇인가? 일단 그들에게 먼저 복음을 제시하여 복음에 관심을 갖게 하면 그들이 교회에 다니게 될 것이라는 주장과 그들을 하나님의 사랑으로 사랑하게 되면 그들이 감동을 받아 교회에 관심을 갖게 되며 이런 관심이 그들로 하여금 교회에 다니게 한다는 두 가지의 주장이 가능하다. 복음 제시의 교육을 먼저 하느냐, 아니면 주님의 사랑으로 그들을 섬겨 그들을 교회로 나오게 하는 것이 더 쉬운가 하는 질문이다.

　전도를 하려면 교회 밖의 사람들과 소통하고 교제해야 하는데, 필자는 이를 위한 우선적인 방법이 교리를 가르치는 것이라고 생각되지는 않는다. 교리를 가르치는 적기는 그들이 어느 정도 교회의 일원이 된 다음 양육의 단계에서라고 생각된다. 그들이 건성 기독교인이 되지 않도록 그들에게 복음을 제시하며 그들로 복음을 바로 믿게 하기 위해 교육이 필요하고, 그런 교육이 가능하려면 그들을 우선적으로 교회에 나오게 해야 한다는 것이다.

　그러면 사람들로 하여금 교회에 나오도록 하는 가장 큰 요인은 무엇인가? 필자는 그 이유를 일종의 관계 형성으로 말하고 싶다. 무언가 교회 내의 신자들과의 관계가 형성되어서 그들이 교회에 나오게 되는 경우가 많다는 것이다. 이에 중요한 것은 교회 밖의 사람들과 관계를 확대하는 것인데, 그러한 관계 확대를 위해 가장 효율적인 방법이 마을목회라고 필자는 생각하고 있다. 마을목회는 교회 밖의 사람들과의 접촉점을 많게 하는 목회 방식이며, 교회 밖의 사람들이 교회 안의 일에 많은 관심을 갖게 하는 전도 방식이다.

이런 마을목회로서의 사회봉사를 하며, 우리가 유념해야 할 일이 있다. 교회의 사회봉사를 말하는 학자들은 이구동성으로 기독교의 봉사의 진정성이 중요함을 강조한다. 교회의 봉사가 수혜자들을 교회로 인도하는 목적을 위한 수단이 될 때, 그 수혜자들은 봉사의 진정성을 의심하게 된다. 오히려 봉사자의 그런 의도는 그들로 하여금 교회로부터 멀어지게 하는 결과를 낳기 쉽다. 교회가 사회봉사를 하며 그 일을 교인을 만드는 일과 결부하지 않으면 않을수록 그들을 교인으로 만들 공산이 더 크다는 말이다. 이 말은 어느 정도 이율배반적인 면이 있다. 교회가 대놓고 교인들을 얻으려 하기보다는 그저 순수한 마음으로 봉사를 할 때, 사람들을 교회로 나오게 하기 더 쉽다는 것이다. 그들을 교회로 나오게 하면 우리에게는 그들을 향한 복음 제시의 가능성이 더 커지게 된다. 그들에게 천국의 영생을 전달할 기회가 많아지게 되는 것이다. 교회의 복음전도는 이렇게 하나님의 사랑에 따른 관계의 진정성으로부터 더 큰 가능성을 갖게 되는 것 같다.

아무튼 우리는 이 문제에 대해 더 냉정히 생각해 보아야 할 것이다. 교회는 교인의 숫자를 늘리고 재정을 채우기 위해 그들로 하여금 교회에 나오게 하려는 것이 아닌지, 그들의 영혼과 그들의 모든 것을 사랑해서 그들에게 복음을 전하려는 것인지 냉정히 평가해 보아야 한다. 우리는 지금 복음의 순수성을 지키고 있는가? 우리는 그들의 영혼과 그들의 모든 것을 진정 사랑하고 있는 것인가? 어떻게 하는 것이 그들을 위한 진정한 사랑인가? 정말 그들을 위한 전도인가, 아니면 나를 중심에 놓고 위장하여 하는 위선적 전도인가? 자기만족과 대리 만족, 현실도피에 사로잡힌 봉사인가? 아니면 그들이 진정 필요로 하는 것이 무엇인지를 냉철히 판단하고 하는 봉사인가? 정녕 우리는 그들을 사랑하고 있는 것인가? 우리의 봉사엔 순수성이 있는가? 그들의 영혼을 사랑하여 전도한다는 것은 무엇인가? 우리는 이러한 질문들에 대답해 가며 마을목회를 실천함과 동시에, 마을주민들을 향한 사랑의 사역과 함께 그에 이어지는 그들에게 효율적인 복음제시를 위한 후속방안들을 간구해 보아야 할 것이다. 하나님 사랑에 대한 관심에서 모인 주민들을 위해 교회는 구체적인 훈련 프로그램을 준비하고 있어야 하는 것이다. 그런 의미에서 마을목회는 선교의 완결된 방안은 아니다.

10. 이 책의 구성

이 책은 크게 세 부분으로 구성되어 있다. 이론적 기초, 실천적 사례, 전략기획 방법으로서의 마을목회 매뉴얼의 세 부분이다.

제1부 이론적 기초 부분에는 세 가지의 글이 포함되어 있다. 노영상 원장의 유기체 교회론과 열린 교회 이론이 마을목회의 이론적 전거로서 제시되었다. 다음으로 실천신학대학원대학교의 정재영 교수의 "지역사회 개발과 마을목회"라는 글이 있다. 마을목회는 지역사회 개발과 연관이 많으므로, 정재영 교수는 특히 공동체 정신의 함양이 마을목회의 핵심이라고 설명한다.

제2부 실천적 사례 편에는 다섯 개의 글이 실려 있다. 부천의 새롬교회, 과천교회, 보령시의 시온교회, 서울의 한남제일교회, 그리고 필자가 작성한 세계보건기구(WHO)가 전개한 '건강도시운동'(Healthy Cities Movement)의 사례들이다.

새롬교회 이야기를 쓴 이원돈 목사의 핵심 내용은 마을목회가 일종의 생명망을 짜는 운동이라는 것이다. 이 생명은 하나님을 통해 우리에게 주어졌는데, 그 생명의 전형을 이 목사는 삼위일체의 모습에서 간추려 냈다. 과천교회의 사례를 설명한 이성준 부목사는 다음과 같이 언급한다. "교회는 지역주민을 대상화하지 않고, 주민들이 주체적으로 함께 삶을 공유하면서 참여할 수 있는 활동과 프로그램을 개발해야 한다." 지역의 주민들을 교회의 시혜 대상으로 볼 것이 아니라 함께 살아가는 생명공동체 일원으로 보아야 한다고 말하며, 인간 존재의 공동체성을 강조하면서 마을목회 문제에 접근하고 있다. 세 번째로 시온교회의 김영진 목사는 말한다. "결국은 마을공동체의 회복만이 새로운 시대를 여는 대안이며, 지속가능한 문명의 뿌리를 내리는 일이다. …… 무엇인가를 이루는 일이 위대한 것이 아니라 사람이 생명에 대해 진지한 영성을 갖도록 만드는 일이 위대하다." 이 언급에서와 같이 김 목사도 마을공동체의 회복과 생명에 대한 묵상이 마을목회의 이론적 기초가 된다고 말하고 있다. 이어 한남제일교회의 최준 부목사는 "가장 중요한 것은 사람들과의 만남이다. 보편적 복지를 구현하는 것처럼 모든 마을 사람들을 대상으로 사업을 진행하기 때문에 우리 마을에 살고 있는 모든 사람들을 만나게 되고 그들과 함께 마을의 문제를 해결하기 위한 노력을 하게 된다. …… 이 모든 사람들의 관계망을 형성하고 문제해결을 위한 공동의 노력을 이끌어 내는 것이 바로 마을계획수립단의 역할이다."라고 한다. 최 목사는 마을 만들기가 마을자치로서의 민관 협력적 통치를 통해 마을의 문제를 해결하도록 하는 사업이라 하였다. 관 주도의 사업이 아니라 주민들로부터 곧 아래로부터의 의견을 수렴하여 이뤄 나가는 것이 마을 만들기의 핵심이다. 마지막으로 필자는 건강도시운동을 통하여 마을목회의 새로운 길을 모색하려 했다. 이 건강도시운동을 본 딴 선교로서 우리는 CHE(Community Health Evangelism, 지역사회 보건선교)를 들 수 있는데, 건강이라는 개념을 바탕으로 마을을 만들어 가면서 우리가 어떻게 선교를 할 수 있는가를 이 글을 통해 설명하려 했다.

마지막 제3부에서는 마을목회의 매뉴얼을 실제로 만들어 보았다. 필자는 이런 매뉴얼을 만드는 기본 틀로서 전략기획(Strategic Planning)의 방법을 활용했다. 이것은 교회의 다른 일들에도 적용해 볼 수 있는 방법론으로, 알아두면 여러 면에서 유용하게 쓰일 것이라 생각한다. 또한 성경 레위기에 나오는 희년법이 오늘의 마을목회의 여러 과제들을 상상하게 하는 바, 그 내용에 대해 자세하게 서술하였다.

교단의 마을목회를 기획하며 총회와 연구원은 하나의 큰 그림을 그리고 있다. 이에 대해 연구하는 책 십여 권을 만들어 낸 다음, 실제 지역을 선택하여 실천해 보려 하는 것이다. 일단은 총회 차원에서 3곳 정도를 정하여 이 매뉴얼에 따라 실천해 봄과 동시에 67개 노회의 한 시찰씩을 정해 마을목회를 이행하는 것을 기획하고 있다. 총회 백여 년 역사에서 한 번 장기적인 큰 프로젝트를 교단적으로 해 보자는 것이다. 앞에서도 언급하였듯 마을목회는 한 교회가 하는 목회라기보다는 지역의 교회들이 힘을 합해 하는 목회 방식이다. 지역의 큰 교회와 중형교회 그리고 작은 교회들이 힘을 합쳐 마을목회의 일을 이뤄 나가는 것이다. 물론 도시의 유형과 농어촌의 마을목회 유형이 같지는 않겠지만, 교회가 연합하여 이 일을 이뤄 나간다는 기본 입장을 잊어버려서는 안 될 것이다.

일단 마을목회를 각 노회들이 시작하면서 그중 서기부서가 그 진행내용에 대해 상세히 기록하고 사진도 찍어, 사업을 마친 후 보고서를 작성할 수 있도록 준비하면 좋을 것 같다. 과제를 마친 후 본 총회는 마을목회의 실천내용에 대한 평가보고서를 전 노회로부터 수합하려 하는데, 그 평가보고서의 작성 요령은 마지막 12장에 상세히 설명되어 있다. 총회 산하의 본 연구원은 이 피드백 자료들을 모아 하나의 전체적인 평가서를 만들려고 하며, 이를 통해 기존에 만들어진 매뉴얼을 새롭게 하고 세밀화하고자 한다. 이런 매뉴얼의 개정 작업이 끝나면 교동협의회를 전국적인 단위로 조직하여 마을목회의 내용을 다시 실천하려 한다. 그 후 다시 평가보고서가 작성될 것이며, 총회는 이 자료들을 모아 편찬할 예정이다. 마지막으로 신학자들이 중심이 되어 이 실천사항들에 대한 전체적인 숙고를 할 것이며, 그 내용을 종합적인 하나의 책으로 만든 다음, 이후 영문으로 번역하여 세계에 내놓으려고 하는 것이다.

필자가 예상하기로는 이런 작업이 전체적으로 마쳐지려면 10여 년 정도의 기간이 소요될 것인 바, 총회가 지난 기간 해 왔던 '생명 살리기 10년 운동'(2002 – 2012년), '치유와 화해의 생명공동체 10년 운동'(2012 – 2022년)이 자연스럽게 '마을목회 10년 운동'(2022 – 2032년)으로 발전하면 좋을 것이라 생각한다. 향후 15년이 한국교회의 운명을 정하게 되는 기간이라고 모두들 생각하고 있다. 핵심 역량들을 갖추고 있을 때 우리 교단은 새로운 도약을 하여야 하며, 그런 방안 중 하나를 마을목회로 생각하는 것이다. 물론 아직도 마을목회는 이론과 실천 여러 면에서 완벽하지 못한 점들이 많다. 그렇기 때문에 교단의 목회자들과 학자들의 집중적인 연구와 실천을 기대해 보는 것이다. 그간 우리들이 추진하여 온 이러한 비전에 하나님의 큰 은혜가 함께하시길 기도해 본다.

제1부

이론적 기초

제1장
마을목회의 신학적 근거로서의 '유기체(organism) 교회론'

노영상 / 총회한국교회연구원장

1. 21세기에 다시 강조되는 교회론[1]

21세기 들어 선교 및 교회 성장 이론에 변화가 생기고 있다. 이전에는 교회를 성장시키는 방법론에 치중하였던 반면, 21세기 들어 교회의 양적인 성장보다도 질적인 성장에 치중하는 경향이 뚜렷해지기 시작했다. 성장하는(growing) 교회보다는 건강한(healthy) 교회라는 주제가 부각되고 있다.[2] 교회가 생명력이 넘치는 건강한 교회가 되면, 자연히 성장한다는 주장이다. 이러한 것들 중에 주목받는 것이 NCD(자연적 교회 성장) 이론이다.[3]

---

1) 본 장의 글은 노영상, 「미래교회와 미래신학」(서울 : 장로회신학대학교출판부, 2009), 제5장의 내용을 수정 게재한 것이다.
2) 김연택, 「21세기 건강한 교회 : 새들백 교회와 윌로크릭 교회를 중심으로」(서울 : 도서출판 제자, 1997).
3) 크리스티안 A. 슈바르츠, 윤수인 역, 「자연적 교회성장」(서울 : 도서출판 NCD, 1999). 슈바르츠(Christian A. Schwarz)는 성장하는 수많은 교회들을 연구한 후, 그 성장하는 교회의 질적 특징을 8가지로 정리했다. 교육을 통해 사람을 세우는 지도력(empowering leadership), 은사 중심적 사역(gift-oriented ministry), 열정적 영성(passionate spirituality), 기능적 구조(functional structures), 영감 있는 예배(inspiring worship service), 전인적 소그룹(holistic small group), 필요 중심적 전도(need-oriented evangelism), 성도 간의 사랑의 관계(loving

이에 따라 교회의 목적을 분명히 하는 것이 교회 성장의 첩경이라고 주장하며, 스스로 성장의 모범을 보인 교회들이 미국에서 생겨났다. 새들백 교회(Saddleback Valley Community Church)와 윌로크릭 교회(Willow Creek Community Church)가 그들 중 대표적인 교회일 것이다. 이러한 교회들의 이름에 공동체(community)라는 단어가 들어간 것이 이채롭다. 이들은 이전의 마을 중심에 있었던 교회들과 같은 역할을 강조한다. 특히 공동체 교회에서는 신자들의 '소속감'(belongingness)과 참여가 중시되고 있다.[4]

소위 말하는 '목적이 이끌어 가는 교회'(the purpose driven church)라는 모토를 앞세우며, 새로운 세기의 교회적 대안으로 떠오른 이들 교회들이 시사하는 점은 적지 않다. 설계 없이 작은 집은 지을 수 있다. 그러나 빌딩과 같은 큰 건물을 지으려면, 먼저 철저한 설계가 있어야 한다. 교회도 마찬가지이다. 설계 없이 미약한 성장은 가능할 것이나, 건실한 성장을 위해서는 사전에 교회의 목적과 방향을 확실히 정하고 나가야 할 것이다. 교회는 먼저 나름의 목적과 사명(mission)을 분명히 하여야 한다. 다음에는 이러한 목적을 성취하는 구체적 단계로서의 전략(strategies)이 필요하다. 교회의 세워진 목적은 단숨에 이루어질 수 없다. 그것을 위해서는 여러 단계의 실천전략이 요청된다. 성숙한 그리스도인으로 교인들을 성장시키는 것은 한 번에 될 수 있는 것이 아니다.

위의 새들백이나 윌로크릭 교회들은 교회의 목적을 대체적으로 다섯 가지로 구분한다. 복음전도 또는 말씀 선포(kerygma), 교육(didache), 교제(koinonia), 봉사(diakonia), 예배(leitourgia) 또는 성례전이다. 교회는 위와 같은 다섯 가지의 일을 위해 세워진 하나님의 기관이라는 것이다. 그러나 그러한 교회의 목적을 분명히 하기 위해서 먼저 전제되어야 할 것이 있는 바, 그것은 기독교가 말하는 구원론을 확실히 하는 것이다. 교회는 하나님의 구원의 기관으로서, 교회의 목적은 이 같은 하나님의 인간을 향하신 구원의 의미에 의해 조율되어야 한다.

위에서와 같이 성장하는 교회가 되기 위해서는 교회의 기능적인 목적을 분명히 하여야 한다는 것이 새들백 교회나 윌로크릭 교회의 입장이다. 그러나 교회 성장을 위해 교회의 기능적 목적을 분명히 하는 것만으로 충분하지 않다. 교회의 본질적인 목적을 분명히 하는 것이 또한 요청된다. 교회의 기능성은 교회의 본질성에서 도출

---

relationship)의 8가지다.
4) Alister E. McGrath, *The Future of Christianity*(Malden : Blackwell, 2002), 58ff.

되어야 하는 것으로, 우리는 교회의 기능적 목적에 앞서 교회의 본질적인 목적을 검토하는 것이 필요할 것이라 생각한다. 교회의 본질적인 모습은 과연 무엇일까? 그러한 교회의 본질을 찾기 위해 성경에 나타나는 교회에 대한 은유(메타포)들을 살피는 것이 유용할 것이라 여겨진다. 성경에는 여러 가지의 교회를 상징하는 메타포들이 있다. 교회를 성령의 전이라 보기도 하고, 방주나 배, 신자의 어머니, 반석, 하나님의 집, 기도하는 집, 예수 그리스도를 머리로 한 몸 등으로 언급하기도 한다. 여러 가지의 메타포들이 있지만, 그중 교회의 본질을 나타내는 가장 중요한 메타포는 그리스도의 몸이란 상징일 것이다.

2. 성경적 교회론에 대한 반성 : 그리스도의 몸 된 유기체 교회

은준관 교수는 유기적 교회론(organic ecclesiology)이 신학적 교회론 중에 가장 오랜 역사를 가지고 있는 이론이라 말한다. 유기적 교회론은 이레네우스, 아우구스티누스 등에 의해 주장되었으며, 토마스 아퀴나스에 이르러 하나의 완성된 모습으로 나타났다. 그는 교회는 그리스도의 신비적인 몸(mystical body)으로, 그것은 성례전에 의한 성화의 은총을 통해 하나님과 연합된 몸을 이루는 것이라고 하였다. 가톨릭은 교회에 하나님의 은총을 흐르게 하는 능력이 그러한 성례전을 집행하는 성직자 곧 사제직에 있다고 해석함으로써, 가톨릭교회의 성직주의, 성례전주의, 계급주의, 제도주의에 머무는 유기적 교회론의 한계를 벗어나지 못하고 있다. 물론 가톨릭은 1960년대에 있었던 제2차 바티칸 공의회를 통하여 이러한 그리스도의 몸에 평신도가 동참하고 있음을 강조하는 '평신도 사도직'(lay apostolate)을 강조하였으나, 성직의 계급적 모습을 탈피한 것으로 보기 어렵다. 또한 교회를 그리스도의 몸으로 보는 가톨릭교회의 유기적 교회론은 보이지 않는 하나님의 나라를 보이는 교회로 대치하는 위험을 안고 있으며, 나아가 보이는 제도적 교회를 신비화하고 절대화할 위험을 안고 있다. 교회는 하나님 나라 자체가 아니며, 하나님의 통치 안에 있는 특별한 공동체일 뿐이다.[5]

이에 있어 오늘 개신교에서 주장되는 유기체 교회 이론은 이와 같은 가톨릭의 유

---

5) 은준관, 「신학적 교회론」(서울 : 대한기독교서회, 1995)과 은준관, 「실천적 교회론」(서울 : 대한기독교서회, 1999) 등의 책들이 오늘의 교회론을 잘 설명하고 있다.

기적 교회 이론을 그대로 계승한 것이 아니며, 오히려 성경이 말하는 본래 교회의 의미로 다시 돌아가 그리스도의 몸을 이룬 교회를 다시 성찰함으로써 그 입장을 세우고 있다. 이 같은 유기체(organism)로서의 교회의 모습을 잘 표현하여 주는 성경의 본문이 있다. 고린도전서 12장은 유기체로서의 교회를 그리스도의 몸이라는 메타포를 사용하여 설명한다. 고린도전서 12 : 12은 다음과 같이 말한다. "몸은 하나인데 많은 지체가 있고 몸의 지체가 많으나 한 몸임과 같이 그리스도도 그러하니라".

    NCD는 유기체를 생명체(biotics)로 표현한다. 교회는 조직체(organization)가 아니라 유기체(organism)라는 것이다. 조직체와 유기체를 구별하려면 시계와 몸을 생각하면 된다. 시계의 부속은 문제가 생기면 교체할 수 있으나, 몸의 지체들은 그렇지 않다. 몸은 여러 기관들이 일체가 되어서 한 생명체를 구성한다. 시계와 몸의 또 다른 중요한 차이점이 있다. 시계는 생명이 없지만, 몸은 생명을 가지고 있다는 것이다. 시계는 새끼를 칠 수 없으나, 생명체는 자기를 분화시켜 새 생명을 창출할 수 있다. 슈바르츠는 「자연적 교회성장」이란 책에서 교회를 하나의 '생명체'(biotics)로 보아야지, 기계와 같은 조직체로 보아서는 안 된다고 하였다. 교회가 기계와 같은 조직체가 될 때, 교회는 생명력을 잃게 되고 성장하지도 못한다는 것이 그의 이론의 중심이다. 그러므로 발전하는 성숙한 교회가 되려면 생명력 있는 교회로 만드는 것이 필요한데, 이 같은 한 몸의 많은 지체의 모습을 하고 있는 생명체로서의 교회의 모습을 우리는 고린도전서 12장의 말씀을 통해 파악할 수 있다. 고린도전서 12장은 그리스도를 머리로 하여 네트워크 체제를 구성하고 있는 교회의 하나 된 모습을 다음과 같이 설명한다.

1) 예수 그리스도를 머리로 한 몸 된 교회

    고린도전서 12 : 12은 건강한 교회의 모습을 예수 그리스도를 머리(head)로 하여 하나 되는 것으로 말한다(엡 4 : 15). 예수 그리스도가 머리이시며, 우리는 몸의 각 부분이다. 그리스도를 머리로 하여 잘 연결되어 있는 교회가 건강한 교회다. 교회의 주인은 그리스도이시다. 인간이 교회의 주인이 되어 교회를 주장하려 할 때, 교회는 병들게 된다. 예수 그리스도께서 교회를 주장하시도록 하여야 한다. 초대교회는 예수를 생사의 주관자이시며, 교회의 주님으로 고백하였다(롬 10 : 9, 빌 2 : 11). 교회는 신자의 가입으로 유래되는 것이 아니며, 예수 그리스도에 그 기원을 갖고 있다. 그리스도의 교회는 예수 그리스도에 의해 설립되었고, 그러므로 교회의 본질은 그 교회가 선포하도록 부름을 받은 그리스도의 삶과 복음, 죽음과 부활로서 결정된다. 육체적으로 보면 몸과 머리는 전 조직체의 통일을 위하여 분리될 수 없는 것이다. 머리는 몸에 있어 가장 중요한 부분으로 다른 부분들을 지배하며 통치하는 위치에 있다. 몸의 모든 힘은 머리에 집결되어 있는 것이다. 머리는 몸의 다른 지체들에게 생명과 의지를 부여해 주며, 모든 조직체들을 연합하는 역할을 한다. 교회는 그리스도의 몸이지, 그리스도 자체가 아니기 때문에 우리는 교회를 그리스도로 오인하거나 절대화해서는 안 된다. 에베소서에서 바울은 교회의 통일성을 머리 되시는 그리스도에게서 나오는 것으로 말하고 있으며, 그리스도에 의해 연합되고 통일되는 것을 만물의 회복 또는 성취로서 말하였다(엡 1 : 10). 교회는 하나님의 것이며, 하나님께서는 예수 그리스도를 통하여 교회의 본질과 사명을 결정하셨다. 즉, 교회는 그리스도의 몸이요, 그리스도는 교회의 머리이시다.

2) 다양성 속의 일치

교회는 그리스도 안에서 하나 된 공교회(a catholic church)여야 한다. 그리스도의 몸으로서의 교회의 비유는 공동적 일치(corporate unity)의 모습을 강조한다. 물론 이러한 일치는 획일성을 말하지 않으며, 다양성 속의 일치(unity in diversity)가 유지되는 공동체를 지향한다. 그리스도의 몸 된 교회는 개별성(individuality)과 함께 다양성(diversity)이 강조되는 공동체이다. 획일적인 공동체는 창조성을 상실한 공동체이다. 하나의 지체만을 가진 유기체를 생각할 수 없다. 우리 각각에는 나름의 특징이 있고, 나름의 장점과 과업이 있다. 우리는 서로 지체 간의 다양성을 인정하여야 한다. 모두 나와 같아야 한다거나 나의 생각과 같아야 한다고 말하는 것은 위험하다. 서로의 특징과 다양성 및 개별성을 인정할 줄 아는 성숙한 공동체가 되는 것이 중요하다. 남의 의견을 자기의 의견보다 낫게 여기고, 상대의 의견을 존중하는 공동체를 이루어야 할 것이다. 교회의 일치를 위해 각 지체의 다양성이 무시되어서는 안 되며, 다양성의 강조가 교회의 분리를 가져와서는 안 된다(고전 12 : 12, 20). 우리의 다양성은 그리스도 안에서의 다양성으로, 전체적 일치를 무시하는 개별성으로 가서는 안 되겠다. 필자는 이 같은 '다양성 속의 일치'가 삼위일체에 나타난 생명의 전형을 잘 설명하는 것임을 앞에서 언급한 바 있다.

3) 각 지체 간의 상호의존

그리스도의 몸으로서의 유기체적 교회는 상호의존(interdependence) 의식을 강조한다(고전 12 : 17). 발은 손에 의지하고 있으며, 또한 손은 발에 의지하고 있다. 혼자만의 힘으로 굳게 설 수 없다. 서로서로를 필요로 한다. 오히려 우리 몸 중의 약한 것이라도 요긴하지 않은 것이 없다(고전 12 : 22). 약한 지체일수록 우리 몸에 더 귀한 부분임을 알게 된다. 강하다고 하여 홀로 설 수 있는 것이 아니다. 우리는 서로에게 의지할 수밖에 없는 상호의존적인 존재들이다.

4) 지체 간의 동고동락

그리스도의 몸 된 교회는 동고동락하는 모습을 강조한다. 한 지체가 영광을 받으면 다 영광을 받고, 그 반대도 그렇다. 영광스러운 일이 있다면 그것은 우리 모두의 영광이다. 또한 고통당하는 사람이 있다면 그의 고통에 참여하려 하여야 한다. 함께 웃고 함께 우는 자세가 중요하다. 고린도전서 12 : 26은 "만일 한 지체가 고통을 받으면 모든 지체가 함께 고통을 받고 한 지체가 영광을 얻으면 모든 지체가 함께 즐거워하느니라"라고 말한다. 강자만이 영광 받고 약자는 아무것도 아닌, 힘 있는 자만이 즐겁고 약자는 즐겁지 않은 그런 사회가 되어서는 곤란하다. 또한 강자만 살아남고, 약자는 비참해지는 그런 약육강식의 동물의 세계가 되어서는 안 될 것이다. 서로 위로하고, 서로 격려하며, 서로에게 힘이 되는 그런 공동체가 건강한 공동체다. 강하다면 약한 사람의 일을 감당하고, 그러면서도 겸손한 자세가 요청된다. 나만 혼자 잘하는 사회가 아니라 모두가 잘하는 사회, 나만 혼자 즐거운 사회가 아니라 모두가 즐거운 사회, 나만 혼자 모든 일을 책임지는 사회가 아니라 모두에게 책임이 주어지는 사회, 그런 더불어 사는 정신이 요청된다. 그저 우리는 이 세상에 살면서 작은 한 몫을 담당하고 있을 뿐이다.

5) 서로 용납하는 공동체

잘못한 것이 있을지라도 서로 용납하는 공동체를 만드는 것이 중요하다. 우리의 몸은 여러 세포로 구성되어 있는 유기체이다. 이 유기체가 생명을 유지하기 위해서는 세포 사이의 관계가 서로 배타적이어서는 안 된다. 세포 사이에 커뮤니케이션이 일어나고, 한 세포가 여타의 세포의 정보와 내용물을 받아들일 때, 생명이 돌게 되는 것이다. 이런 살아 있는 유기체가 되기 위해 우리는 서로 용납하고 받아들이는 자세가 요청된다(고전 12 : 21).

6) 유기체의 생명성

그리스도의 몸으로서의 유기체 교회를 말할 때 중시하여야 할 사항은 그 교회가 살아 있는 유기체이지 죽어 있는 또는 굳어 있는 조직체가 아니라는 것이다. 교회는 정적으로 고정되어 있는 조직체가 아니며, 살아 움직여 변화하는 유기체다. 교회가 살아 있는 유기체란 말은 두 가지의 내용을 의미한다. 먼저 유기체란 말은 그리스도를 몸으로 하는 하나의 조직된 기구임을 의미한다. 몸이 하나의 체계를 갖고 있듯, 교회도 그리스도를 머리로 하는 하나의 조직적 기구임에 확실하다. 그러므로 우리는 교회를 기구적으로 조직하는 일에 소홀히 해서는 안 된다. 그러나 교회는 그런 눈에 보이는(visible) 기구적 조직을 넘어서는 유기체다. 교회는 하나의 고착된 조직이 아니라 생명 있는 머리로부터 명령받는 보이지 않는(invisible) 통일성을 갖는 조직이라는 것이다. 교회의 기구는 그 기구 자체를 목적으로 하지 않는다. 교회의 구조는 필요한 것이긴 하지만 이차적인 것이다. 교회의 구조는 교회로 하여금 그 맡은 바의 핵심적 사명, 즉 선교의 사명을 감당하기 위한 방편으로서 의의가 있을 뿐이다. 조직이 그리스도를 명령하는 것이 아니라 그 조직을 이용하여 그리스도가 자신의 일을 하도록 하여야 한다. 그러므로 조직은 변하지 않는 불변의 것이 아니며, 그리스도의 명령에 의해 바뀔 수 있는 가변의 것이다. 살아 있는 유기체는 항상 자신의 모습을 변화한다. 그것은 정적(static)이고 경직화된 조직체가 아니며, 살아 계신 그리스도와 연결된 다이내믹한 유기체이다.

7) 그리스도의 선교적 몸

유기체는 자신과 세상이라는 두 가지의 중심을 가진다. 하나는 내부적인 자체적 중심이며, 다른 하나는 외부를 향한 외부와 상호 연관된 중심이다. 먼저 모든 유기체는 자신의 생명을 유지하기 위한 내부적인 그 자체의 생리구조를 가지고 있다.

또한 모든 유기체는 그 자체만으로는 살지 못하고 외부적인 환경과 연관되어야만 유기체의 생명력을 유지할 수 있다. 이에 살아 있는 그리스도의 몸으로서의 교회의 상징은 두 가지의 측면을 갖는다. 교회 자체를 유지하기 위한 자기 지향적인 (self-oriented) 유기체로서의 몸(organic body)이라는 개념과 세상을 향한 그리스도의 선교적 몸(missionary body of Christ)이라는 개념의 두 측면이다. 내면적인 몸의 건강함이 없이 외향적인 건강함을 유지함이 불가능하다. 이렇게 교회의 내향성과 외향성은 상호 교환적이다.

교회는 예수 그리스도 안에서 시작된 하나님의 일과 목적을 이 세상에서 계속 수행하고 있다. 그러므로 선교는 교회의 하나의 프로그램이 아니며, 교회의 본질 자체를 말하는 교회의 자기표현이라 할 수 있다. 따라서 교회가 교회로서 존재할 수 있는 것은 그의 선교적 사명을 실행할 때만이다. 예수 그리스도의 몸 된 교회의 과제는 하나님의 백성으로 이 세상에서 사는 것이다. 유기체는 밖으로부터 어떤 재료를 받아 그것을 자기의 것으로 동화하고, 밖을 향하여 자신의 것을 내어놓는 구조를 가지고 있다. 유기체는 자기 밖의 환경에 영향을 받으며, 또한 자기 밖의 것에 대해 영향을 미치면서 생명을 유지하는 것이다. 투입, 전이 또는 소화, 산출의 세 체계가 그것의 과정이다. 유기체는 이질적인 것을 자기화하여 밖의 이질적 환경을 향해 자신이 산출한 것을 내어놓는다. 밖의 재료를 자기의 것으로 동화하고, 밖에 자기의 영향력을 행사함에 있어 그것의 방향을 결정하여 주는 것을 위한 몇 가지의 요소가 존재한다. 유기체의 목적, 유기체의 조직과 구조, 유기체 내의 각 지체 간의 상호관계 등이다.

8) 생명의 원리

유기체를 이해할 때 중요한 점은 그 유기체의 껍데기로서의 이해가 아니라, 그 유기체를 움직이는 내적인 생명의 논리다. 예수 그리스도는 이런 생명을 하나의 정태적인 존재의 측면으로 이해하기보다는 관계성에서 발산되는 역동적인 생성의 측면으로 이해하였다. 생명은 그릇에 담아 저장할 수 있는 성질의 것이 아니며, 일종의 흐름으로 관계에서 생성되는 것이다. 한 알의 밀알이 땅에 떨어져 죽으면 생명력이 더욱 왕성하여지고, 자기의 생명을 보존하려고만 하면 아무 열매를 맺지 못하게 된다고 성경은 말한다. 생명은 줌으로써 얻는 것이지, 담아 두어 크게 할 수 있는 것이 아니다. 그러므로 유기체가 그의 생명력을 증강시키기 위해서는 자신과 타자를 바른 관계에 놓이게 하여야 한다. 우리는 그리스도에게 우리의 생명을 내어 줌을 통해 더욱 풍성한 생명에 들어가게 된다. 또한 우리가 받은 생명을 우리의 주변을 향해 분여할 때, 우리는 더 큰 생명에 이를 수 있게 된다.

9) 유기체의 자기증식과 성장

유기체의 중요한 특징 중 하나는 자기증식으로서의 성장이다. 살아 있는 그리스도의 몸은 변화하고, 성장하며, 증식하기를 그치지 않는다. 모든 생명체는 자기의 분신을 그의 주변 환경 내에 계속적으로 증식시킨다. 살아 있는 교회는 신자를 계속 양산하여 하나님의 백성의 수를 점증시킨다. 또한 사회를 하나님의 교회의 모습으로 변형하여 참다운 사랑과 샬롬의 공동체가 되게 한다.

이상과 같이 고린도전서 12장을 바탕으로 하여 생명망 공동체를 이루는 교회의 이상적 모습에 대해 설명했다. 공동체성은 생명현상을 바로 이해하는 것으로부터 비롯되는 것으로, 필자는 앞에서 생명의 모습을 갖는 교회의 모습을 어느 정도 설명한 것 같다. 이에 있어 마을목회는 이런 생명을 담지하는 교회를 이루는 것을 목표로 한다.

죽은 교회가 아니라 그 속에 생명을 담고 있는 살아 있는 교회를 만드는 것이 목표인 것이다. 일반의 무기체적 사물들과 생명을 가진 동물들의 차이점은 그 속의 혼의 유무이다. 혼이 있는 존재는 살아 움직이게 되고, 혼이 없는 존재는 일종의 떠다니는 부유물과 같다. 이에 교회가 참 생명을 갖기 위해선 그 속에 하나님의 영이 역사하여야 하는데, 그 하나님이 역사하는 모습은 생명망 공동체의 모습과 다르지 않다. 이와 같이 교회의 참 생명력은 그 안에 성령이 역사하느냐 역사하지 않느냐에 따른 것으로, 성령께서 역사하는 교회가 되는 것이 성장하는 교회를 만드는 첩경임을 우리는 파악하게 된다. 필자는 성령이 역사하는 생명이 있는 교회와 그렇지 않는 교회의 외적인 차이를 그 공동체 구성원의 소속감 또는 참여도를 통해 알 수 있다고 생각한다. 성도들의 참여도가 높아 활동이 왕성한 교회는 발전하는 살아 있는 교회가 될 것이며, 그렇지 못한 교회는 후퇴하는 교회가 될 것이다. 그리스도 안에서의 사랑의 교제와 성령의 하나 되게 하심이 역사하는 교회의 성도들은 주님을 머리로 하여 하나 되게 되며, 교회의 모든 일에 소속감을 갖고 참여하게 된다는 것이다.

3. 예수 그리스도의 몸으로서의 유기체 교회관에 기초한 네트워크 된 교회의 비전

필자는 앞에서 생명을 담지하고 있는 활기 있는 교회의 모습에 대해 서술하였다. 몸의 각 부분이 유기적으로 연결된 교회가 건강한 교회라는 것이다. 이런 주님의 영으로 하나 된 교회는 그 외형적인 모습에서 네트워크적인 사역을 하게 된다. 교회 내적으로도 개체 상호 간의 유기적인 네트워크 구조를 하고 있을 뿐 아니라, 교회 밖에 대해서도 서로 연결된 네트워크 구조를 갖는 교회가 생명력 있는 건강한 교회의 모습임을 서술하려는 것이다. 마을목회는 이와 같은 네트워크 구조를 가지고 생명력 있게 추진되어야 하는 것으로, 필자는 한국교회의 미래 구조를 이런 네트워크 사역으로 강조하고 싶다.

1) 내향적인 유기체 구조

교회는 내적인 면에서 먼저 유기체적 구조를 가져야 한다. 필자는 이런 내적인 교회의 유기체적 모습을 오늘의 교회 구조에 있어 논의되는 몇 가지의 개념을 가지고 설명하려 한다.

(1) 평신도의 역량을 활성화하는 세포교회(cell church) : 구역 활동의 강화
한국의 순복음교회, 명성교회, 미국의 새 희망 공동체 교회(New Hope Community Church) 등은 세포교회의 형태로 큰 성장을 이루었다. 교회를 구역 조직이나 순 조직, 또는 세포 단위로 쪼개어 평신도로 하여금 각 구역을 관리하게 하고, 이러한 세포들을 양산함을 통해 교회의 성장을 이루어 나가는 구조다. 이러한 세포교회의 저변에는 평신도를 깨워 일하게 한다는 사고가 깔려 있다. 각 구역을 관리하는 일은 몇몇의 목회자의 손으로는 부족하다. 결국 많은 구역의 관리를 위해서는 평신도의 일손을 빌릴 수밖에 없는 것으로, 평신도 목회(lay ministry)의 문제가 대두된

다. 몇몇의 목회자만 일하는 교회는 성장할 수 없다. 모든 교회의 구성원들이 교회의 일을 위해 활성화되어야 한다. 목회자가 목회 일선에서 일하기보다는, 평신도를 목회의 전면에 내세우는 것이 필요하다.[6] 교인들은 일하기를 원한다. 목회자가 평신도가 할 일을 모두 맡아 하면서 탈진되는 목회를 지양하여야 한다. 평신도가 전면에서 일하는 교회가 성장을 위해 더욱 역동적임을 많은 신학자들이 강조하고 있다.

교회는 일종의 유기체로서 각 지체들이 나름의 역할을 충분히 할 때, 건강하게 성장할 수 있다. 우리의 몸 중에 하나가 기능을 하지 않게 되면, 온몸이 고통을 당하고 병들게 된다. 예를 들어 우리의 폐가 기능을 하지 않는다면, 우리는 우리의 생명을 계속 유지해 나가기 힘들 것이다. 우리의 몸의 전 부분이 나름의 기능을 유지할 때 우리가 건강한 것처럼, 교회도 그렇다. 하나님의 교회는 유기체적 조직으로서 목회자 몇 명이 일한다고 세워지지 않는다. 성경은 그리스도께서 믿는 신자 모두에게 은사를 주셨음을 말한다. 모든 신자에게 나름의 달란트를 주어 교회의 사역을 감당케 하였다는 말이다. 각 사람에게 전도의 은사, 교육의 은사, 봉사의 은사, 상담의 은사, 다스림의 은사 등을 주어 교회의 일을 하게 하셨다는 것이다(고전 12 : 4 - 11). 모두가 살아 움직여 일하는 유기체적 교회가 건강한 교회다. 오늘의 사회는 이전의 계층구조의 사회에서 전환되어 상당히 민주화된 사회로 나아가고 있다. 신분의 차이 및 인간 사이의 불평등이 이전보다 점점 개선되고 있다. 이러한 민주화된 사회에선 계층적 교회 구조로는 성장하기 힘들다. 목회자와 평신도가 동등한 입장에 서서 교회를 봉사하는 평신도 목회가 앞으로의 교회에서 더욱 바람직한 구조가 될 것이다. 미래 교회의 구조를 예견하는 신학자들 중 많은 사람이 이러한 메타 교회(meta church)로서의 세포교회의 양태를 적극 추천하고 있다. 특히 윌로크릭 교회는 이런 내적인 네트워크 교회(network church)의 모습을 강하게 부각하였다. 그 교회는 평신도들의 은사를 연결하여 교회의 성장을 도모하는 내적인 네트워크로 연결된 교회의 모습을 강조한다.[7]

---

6) Elmer Towns and Warren Bird, *Into the Future : Turning Today's Church Trends into Tomorrow's Opportunities*(Grand Rapids : Fleming H. Revell)의 책은 미래 교회의 경향에 대해 설명하는 바, 이 책 제6장은 평신도 리더십(lay leadership)을 증강하는 것이 미래 교회에 있어 중요함을 설명한다.
7) 네트워크 은사사역 배치에 대해서는 빌 하이벨스 저, 백순 역, 「네트워크 은사배치 사역」(서울 : 도서출판 프리셉트, 1996)을 참조하시오.

세포교회는 기존의 한국교회의 구역 조직과 같은 형태로 보는 것이 좋다. 한 명의 평신도 지도자가 10명 정도의 그룹을 인도하는 형식으로, 이러한 조직을 통해 평신도의 역량을 극대화할 수 있는 것이다. 그러나 오늘날에는 이러한 구역 조직 대신 소그룹(small group)이란 말이 더 자주 사용된다. 소그룹은 구역 조직과 같이 10명 정도의 단위로 평신도가 지도자가 된 조직이다. 그러나 구역 조직이 지역에 의해 조직을 나누는 반면, 소그룹은 지역적 분할보다는 직능적인 분할을 강화하고 있다. 예배 찬양팀, 교도소 봉사 그룹, 성경공부 그룹, 기도모임, 전도 그룹 등 교인들을 직능적으로 분할하여 자신이 활동하고 싶은 일을 하게 하는 것이 소그룹의 특징이라 할 수 있겠다. 이러한 평신도의 활성화를 위해 각 교회는 평신도 지도력을 양성하기 위한 교육을 체계적으로 시킬 필요가 있을 것이다. 먼저 초신자들에게 기본적인 복음(evangelism)을 소개하는 성경공부를 한 다음, 다음으로 양육(follow up)을 위한 제자훈련(discipleship)을 시키고, 마지막으로 지도자(leadership)로서 훈련하는 과정을 만들어 순차적인 교육을 실시하면 좋을 것이라 생각한다.

(2) 팀목회(team ministry)

유기체적 교회의 모습을 지향하는 목회 구조로 팀목회의 모습이 언급된다. 예수 그리스도가 교회의 머리이며, 목회자는 그 머리에 순종하는 하나의 지체다. 그러므로 목회자는 교회의 머리가 될 수 없으며, 목회자 상호 간 연결된 팀사역을 통해 그리스도의 몸을 세워 나가는 것이다. 오늘의 우리 한국교회의 목회 스타일은 여전히 권위주의적인 형태에 머물러 있다. 당회장을 꼭짓점으로 해서 계층적인 구조를 하고 있는 것이 우리 교회의 조직체계이다. 당회장이 모든 것에 결정권을 갖고 모든 일에 신경을 써야 하는 구조인 것이다. 슈퍼맨도 아닌데 목사이면 모든 일을 다 해야 하는 구조가 목회자를 쉽게 탈진하게 한다. 특히 한국 목회자들의 건강이 쉽게 상하는 이유도 이런 과중한 업무 때문이라고 할 수 있다. 목회자가 모든 일에 다 관여하여야만 교회 일이 된다는 생각을 크게 수정할 필요가 있다고 본다.

이런 획일적 목회 체제가 유기체적인 팀목회 체제로 전환될 필요가 있다. 여러 부목사들을 둔 교회들도 업무의 분담을 통한 팀목회가 이루어지지 않는 경우가 허다하다. 모든 목회자들이 교회의 모든 일에 관여되어 있으면서 모두 동일한 일을 하고 있다. 이런 목회 구조는 능률적 구조라 할 수 없을 것이다. 여러 목회자들이 동일한 일을 하는 것이 아니라 일을 직능별로 나누어 분담하여 전문화하는 것이

앞으로의 교회의 발전을 위해 유용하리라 생각한다. 주일예배 시 설교를 담당하는 당회장, 교육 담당 목사, 음악 목사, 심방 및 상담 담당 목회자, 교회의 행정을 담당하는 부목사, 전도의 일에 전념하는 교역자, 사회봉사 담당 교역자 등 교회의 일을 나누어 분담하는 팀목회의 구조가 요청되는 것이다. 이러한 팀의 형성은 목회자 사이에서만 필요한 것은 아니다. 교회는 평신도 지도자들을 개발하여 그들에게 교회의 중요한 업무들을 분담시키는 것이 좋다고 본다. 큰 교회가 아니고서는 많은 부교역자들을 채용할 수 없다. 이런 경우에는 역량 있는 평신도들을 양육하여 그들과 목회자가 팀사역 시스템을 구성하는 것이 좋다고 본다.[8]

(3) 교회 간의 네트워크

요즈음 부천 지역에 다음과 같은 형태의 교회가 설립되어 상당한 성장세를 나타내고 있다. 중동에 있는 '참된교회'인데, 최근 목회자가 개별적으로 개척하는 교회들보다 이런 유형의 개척교회들이 성장하는 경우들이 많다. 자신의 재산을 바쳐 개척된 교회보다 교회의 지원을 받아 개척된 교회가 사람들로부터 신임을 받기 용이할 것이다.

오늘날 교회를 개척하는 일이 쉽지 않다고 말한다. 특히 목회자 개인이 은행으로부터 융자를 받아 교회를 개척하는 것에는 많은 어려움이 따른다. 먼저 은행으로부터 개척을 위해 융자받는 일 자체가 쉽지 않다. 또한 융자를 받아 개척한 경우에도 개척한 목회자의 부채에 대한 부담은 작은 것이 아니다. 목회자가 영적인 일에 몰두하여야 함에도 불구하고, 그러한 부채 탕감에 우선적으로 신경을 써야 할 일이 생긴다. 그러나 이미 안정된 중심적 교회가 재정을 지원하여 개척할 교회의 건물을 마련하고, 상당 기간 목회자의 생활비를 보조하면 개척을 하는 목회자가 편안한 마음으로 영적인 일에 전념할 수 있게 된다.

그러므로 바람직한 교회의 개척을 위해 시내의 중심적 교회들과 노회들의 지속적인 교회 개척을 위한 기획이 필요하다고 본다. 이를 위해 노회 차원의 세밀하며

---

8) 오늘의 교회에 있어 세대 간의 갈등은 결코 무시될 만한 것이 아니다. 이 세대 간의 차이와 독자성을 인정하면서 세대들 사이의 창조적 연관관계를 설정하는 것이 미래 교회 사역에 있어 또한 중요할 것이라 생각한다. 세대 간의 간격을 이해하기 위해서는 Lyle E. Schaller, *Discontinuity and Hope : Radical Change and the Path to the Future*(Nashville : Abingdon Press, 1999), 93ff의 "3장 새로운 세대는 새로운 상황을 만든다"(New Generations Bring a New Context)를 참조하시오.

전체적인 기획이 요청되는 것이다. 중심적 교회와 개척교회 사이의 보다 면밀한 유대도 필요하다. 이전의 연관성은 보통 재정 지원을 통한 유대였으나, 보다 여러 면에서의 유기체적 유대를 강화할 필요가 있을 것이다. 중심적 교회들은 새로 태어난 개척교회들에 행정적인 지원, 프로그램에 대한 지원, 기타 목회 노하우에 대한 지원을 할 수 있을 것이다.

이런 관계성 속에서 양자의 교회는 더 나은 성장을 도모할 수 있을 것이며, 네트워크 교회(network church)로서의 관계로 발전될 수 있다고 본다. 네트워크 교회는 중심과 주변의 관계가 아니며, 서로 대등한 입장에서 도움을 주고받는 관계의 교회를 말한다. 오늘의 교회들은 너무 고립된 목회를 하고 있으며, 이런 개교회주의는 한국교회 발전에 큰 장애가 되고 있다.

새로운 천년을 맞이하여 우리 교회는 홀로 서 있는 교회의 모습에서 탈피하여 서로 연결된 네트워크 교회 및 지역별로 블록화된 교회로 전이할 필요가 있다. 같은 지역 내의 옆의 교회가 경쟁의 관계에 있는 것이 아니라 함께 성장해 나가는 파트너십의 관계에 있는 교회로 발전해야 한다. 이미 이런 지역교회의 유대 강화의 모습이 여러 면으로 나타나고 있다. 연합부흥성회, 부활절 연합예배, 노회와 시찰 단위의 공동계획, 수련회를 같이 하는 교회들의 증가, 연합성가제 등 교회의 연결 구조의 여러 모습들이 나타나고 있다.

21세기를 맞아 교회는 이런 연합활동에 더 많은 노력을 기울여야 할 것으로 생각된다. 사회봉사에 있어서의 유대, 전도와 선교를 위한 공동의 기획, 공동으로 개최되는 세미나의 확대, 기타 교회 프로그램의 공동개발 등, 이전의 경쟁적 관계에서의 폐해를 극복하는 많은 방안들이 있을 것이라 여긴다. 큰 교회가 작은 교회를 도와주며 지역의 교회들이 서로 유대하여 하나의 유기체적 네트워크를 형성하는 것은 우리 교회의 성장에 크게 도움이 될 것이라고 필자는 생각하고 있다. 지역 내의 어려운 교회들을 큰 교회들이 지원하면서 상호 협력을 해 나간다면 교회들이 전체적으로 더욱 성장할 수 있을 것이라 생각한다. 이러한 교회 간의 네트워크 사역에 대한 전형적인 예로 필자는 '후암동 교동협의회'를 앞에서 언급하였다. 앞으로 학자들의 연구를 통해 이렇게 지역 간의 교회들이 연대하였을 때, 어떤 변화가 생기는지에 대해 과학적인 연구를 하면 미래 한국교회 발전을 위한 좋은 자료가 될 것이라 생각한다.

(4) 교회의 범세계적 연대

교회의 유기체성은 국내적 범위로 머물러서는 안 되며, 범세계적 교회들의 네트워크로 발전되는 것이 필요하다. 한국교회가 성장하려면 좁은 한반도 내로만 움츠러들어서는 안 된다. 밖을 향해 열려 있으며, 밖을 향한 창구의 역할을 하는 교회가 되는 것이 중요하다. 그러기 위해 교회는 나름의 국제적 네트워크를 구축하여 자신의 세계화를 위해 노력할 필요가 있다. 교회의 세계화를 위한 다음의 일들을 제안할 수 있다. 첫째, 기존의 세계교회연합체들과의 연대는 교회의 발전을 위해 중요하다. 둘째, 교회의 해외선교는 국제화에 크게 도움이 된다. 해외에 있는 선교사들을 대외 창구로 활용하는 여러 방안들에 대한 검토가 필요하다. 그들을 해외에 파송했다는 자체가 중요한 것이 아니라, 그들로 하여금 주간 보고를 하게 하여, 선교지의 종교·사회·문화·정치 등의 동향을 파악하고, 그를 그곳의 선교를 위한 자료로 다시 활용하는 구조를 구축하여야 할 것이다. 셋째, 해외 동포들에 의해 세워진 교회들과의 적극적인 유대관계도 교회의 국제적인 네트워크 구성에 일조할 것이다. 외국인 교회들과 자매교회를 맺는 것도 중요하지만, 말이 잘 통하는 해외 동포들의 교회와 연대하는 것은 더욱 중요하다. 요즈음 미국의 주요 신학교들에 가 보면 한국인 학생들이 5퍼센트 이상을 점하고 있는 것을 알 수 있다. 그들을 한국교회의 활성화를 위해 적극 활용하는 것이 좋을 것이라 본다. 국내 신학교를 졸업한 사람들을 해외의 동포교회들에 파송하고, 이민 2세들로서 외국의 신학교들을 졸업한 사람들을 국내의 교회들이 많이 고용하는 것이 우리 교회의 장래를 위해 유리할 것이다. 넷째, 교회가 세계화를 위해 노력하여야 할 것 중 빠뜨릴 수 없는 것 하나는 세계의 정의와 가난의 문제에 우리 교회들이 관심을 갖는 것이다. 기아에 허덕이는 세계의 많은 민족들에 도움을 주며, 그들의 정치경제적 발전에 지속적 관심을 갖는 것은 교회의 세계화에 도움을 준다.

오늘의 정보화 사회의 모습을 우리는 거미가 쳐 놓은 거미줄에 비유할 수 있다. 거미가 거미줄을 넓게 튼튼하게 쳐 놓아야만 많은 먹이를 잡을 수 있는 것과 같이, 오늘의 시대에 많은 정보를 얻기 위해서는 먼저 그 정보의 인프라가 되는 네트워크를 충분히 구축하는 것이 요청되는 것이다. 정보는 네트워크를 통해 얻어진다. 자신이 관계를 맺는 범위가 좁은 사람은 그 좁은 범위 내의 정보만 얻을 수 있는 반면, 자신의 쳐 놓은 관계의 그물이 넓은 사람은 그 폭이 넓은 만큼 많은 정보를 얻을 수 있게 된다. 세계화는 세계적인 네트워크 속에서 이루어진다.

2) 외향적인 네트워크 구조

교회는 내향적인 유기체 구조를 형성하여야 할 뿐 아니라, 외적인 면에서의 네트워크 구조를 함께 이루어 나가야 한다. 교회 내의 신자 및 교회 간의 유기체성은 또한 교회 밖을 향한 네트워크 구조로 전개되어야 할 것이다. 교회 밖과의 네트워크 구조는 크게 세 가지의 면으로 구분된다. 먼저는 비기독교인에 대한 교회의 자세이다. 다음은 교회 밖의 사회에 대한 교회의 참여 문제에 관한 것이다. 마지막으로는 자연과 교회와의 관계에서의 네트워크다.

(1) 기독교인과 비기독교인 사이의 네트워크

기독교인과 비기독교인 사이의 관계를 어떻게 정립하여야 할 것인가에 대한 답변을 우리는 바울의 로마서로부터 찾을 수 있다. 바울은 로마서에서 유대인과 이방인이 하나님 안에서 하나임을 강조하였다. 그는 다음과 같이 반문하고 있다. "하나님은 다만 유대인의 하나님이시냐 또한 이방인의 하나님은 아니시냐 진실로 이방인의 하나님도 되시느니라"(롬 3 : 29). 더 나아가 그는 에베소서 2장에서 예수 그리스도의 십자가가 유대인과 이방인 사이의 담을 허물고 둘이 하나로 화목하게 하셨음을 말하였다. 그 말씀은 유대인과 이방인이 십자가를 통해 그리스도 안에서 한 몸을 이루게 되었다고 말한다. 곧 유기체적 관계가 있음을 언급하는 것이다.

기독교인과 비기독교인의 관계를 적대적인 것으로 보면, 선교에 많은 문제점을 야기하게 된다. 이전 사도시대의 교회들을 사도교회(Apostles' Church)라고 부르는 바, 그 시대에는 기독교인의 수가 많지 않았다. 그리하여 사도교회는 비기독교인을 기독교인으로 만드는 선교에 힘을 모았으며, 이에 이방인에 대한 포용적 접근을 하게 되었던 것이다. 오늘에 있어 전도를 강조하는 미국교회들은 비기독교인을 적극적인 전망으로 바라본다. 그들은 비기독교인을 불신자 등의 적대적인 말로 부르지 않으며, 오히려 '예비 기독교인'(prechristian) 또는 '구도자'(seeker) 등의 용어를 사용하여 부르고 있다. 비기독교인은 기독교인을 향한 예비적이며 잠재적인 단계에 있는 사람들로서, 그들도 전도를 통해 하나님의 백성이 될 수 있음을 언급하는 용어들이다. 비기독교인이라고 하여 하나님의 구원에 전혀 관심이 없는 사람들이 아니며, 그들 나름대로의 구원 찾기에 노력하고 있다는 생각이다.

이방인과 비기독교인에 대해 배타적인 교회가 아니라, 그들을 적극적으로 교회로 인도하려는 교회의 모습은 오늘에 있어 열린 교회(open church)의 개념으로 제시되고 있다. 열린 교회란 전통적 예배를 변형하여, 청소년에 맞는 열린 예배를 드리는 그런 좁은 의미의 교회를 말하는 것이 아니다. 열린 교회란 비기독교인들에게 열린 교회를 말하는 것으로, 적극적인 자세를 가지고 선교하려는 교회를 말한다. 열린 교회는 비기독교인들에게 배타적인 교회가 아니며, 그들에게 관심을 가지고 그들을 교회로 적극 인도하려는 교회를 말한다. 이러한 열린 교회에 대한 비판도 있다. 사람들에게 편안하게 기독교를 소개하는 것도 좋지만, 그렇게 하는 것이 기독교를 인스턴트화한다는 것이다. 이런 교회는 맥도날드 햄버거와 같은 용이함을 주는 맥처치(McChurch)라고 불리는 바, 경박할 수 있다는 것이 그들의 비판이다.[9]

두 가지의 교회의 형태가 있다. 하나는 비기독교인들에게 담을 쌓고 있는 교회이며, 다른 하나는 비기독교인을 적극적으로 수용하려는 교회이다. 교회가 비기독교인에게 담을 쌓고 있으면 그들이 교회에 쉽게 접근하기가 어렵다. 그런 교회일수록 기독교인과 비기독교인 사이의 연속성보다는 비연속성을 더욱 부각한다. 사도들의 초대교회는 강력한 선교적 교회였으며, 그들은 이방인들에게 열린 교회의 모습으로 이러한 사명을 성취하려 하였던 것이다.[10]

마을목회는 교회의 울타리를 교회로만 한정하지 않는다. 그것을 열어 교회 밖의 사람들도 포용하는 목회를 지향하는 것이다. 교회의 안과 밖을 지나치게 구분 짓기보다는 어느 정도 삼투막같이 유연한 경계막으로서 양자를 구별하는 것이다. 교회가 교회 밖의 사람들과 소통하며 관계를 가질 때 교회는 교회 밖의 사람들을 교회로 전도할 수 있을 것이며, 교회 밖의 사람들에게 더 친밀하며 신뢰받는 공동체로 인정받게 될 것이라 생각한다.

(2) 사회에 대한 교회의 책임 : 교회와 사회의 네트워크
생명이 있다는 말은 자기 주변의 것들과 커뮤니케이션의 관계에 있음을 말한다. 죽어 있는 존재는 외부의 것을 받아들여 자기의 것으로 소화할 능력을 상실한다.

---

9) A. E. McGrath, *The Future of Christianity*, 50ff의 "기독교의 맥도날드 가게화"(the McDonaldization of Christianity)를 참고하시오.
10) 노영상, 「예배와 인간행동」(서울 : 성광문화사, 1996), "제14장 유대인과 이방인의 하나 됨"을 참고하시오.

그러나 살아 있는 존재는 외부와 자신의 내용물을 교환함을 통해 생명현상을 지속한다. 생명이란 자신과 외부 세계와의 네트워크 관계에서 일어나는 현상으로, 내부와 외부의 단절은 죽음을 가져올 뿐이다. 폐쇄적이며 배타적인 단체는 생명을 오래 유지할 수 없다. 외부와의 관계에 있어서의 유연성과 포용성이 자신이 가지고 있는 생명력을 반증한다. 지난 20세기에 들어 개발된 '하나님의 선교' 이론은 이 같은 교회와 사회의 연관성에 대해 강조한다. 하나님 – 교회 – 세상이라는 구조에서 하나님 – 세상 – 교회라는 세상에 우선성을 둔 입장은 세상이 교회를 위해 있는 것이 아니라, 교회가 세상을 위한 존재임을 명백히 하였다. 하나님이 세상을 이처럼 사랑하사 독생자를 주신 것이다. 하나님께서는 교회만을 위해 예수 그리스도를 주신 것이 아니라, 세상 모든 사람들이 그를 믿기만 하면 구원을 얻을 수 있게 하기 위하여 그의 독생자를 보낸 것이다. 교회는 세상을 위해 하나님에 의해 보내진 선교적 사명을 지니는 기관으로, 교회와 세상은 분리될 수 없는 관계에 있다.

   교회의 세상에 대한 관심은 크게 세 가지로 구분될 수 있다. 세계 평화의 진작, 가난한 나라와 가난한 자들을 위한 정의의 구현, 생태계의 위기에 대한 관심이다. 평화(peace), 정의(justice), 지속 가능성(sustainability), 여기에 한 가지를 더 추가할 수 있다면 대중적인 참여(participation)로서의 민주화일 것이다. 교회의 이러한 노력들은 너무 협소한 것이 되어서는 안 된다. 교회는 전 지구적이며, 우주적인 전망 안에서 이러한 문제들을 다룰 수 있어야겠다. 오늘의 경제, 정치 등의 문제는 자국의 좁은 범위만을 고려함으로는 충분하지 않다. 한 나라의 경제는 세계 경제 구조와 깊이 연관되어 있는 바, 이에 교회는 전 지구적 경제와 정치의 틀이 어떠한 방향으로 나가야 할 것인가에 대해 신앙의 입장에서 깊은 연구를 하여야 한다. 아직 세계는 정치, 경제 문제에 있어서의 도덕적이며 합리적인 범세계적 틀을 갖고 있지 못하다. 이에 교회는 전 인류가 서로 기대며 살아갈 수 있는 전 지구적인 정치, 경제의 틀을 만드는 일에 앞장서야 할 것이다.

   더 나아가 우리의 교회 밖에 대한 선교적 책임은 우리로 하여금 교회 밖의 기관들과 긴밀한 네트워크를 가질 필요를 일깨워 준다. 교회 밖의 구청, 동주민센터, 학교, 기업들과의 관계성을 확대하면 확대할수록 우리는 이 땅에 하나님의 나라를 성취하는 일을 더 효율적으로 할 수 있을 것이다. 이와 같이 마을목회는 교회 내적인 목회에만 관심을 갖는 것이 아니며, 세상을 변혁하여 새롭게 하는 공적인 사역에도 관심이 많다. 이러한 교회 밖의 사역을 신학화하는 것을 위해 최근 신학자들이 공공신학(public theology)의 내용을 제기한 바 있는데, 그 입장은 추후 다시 설명할 기회가 있을 것이다.

(3) 교회와 자연과의 네트워크

우리의 교회밖에 대한 관심은 사회에 대한 유기적 관계로만 마무리되지 않는다. 기독교의 구원은 개인의 구원, 사회 구원과 함께 이 자연에 대한 보전을 포괄한다. 골로새서 1 : 15~20에는 다음의 말씀이 있다. "그는 보이지 아니하는 하나님의 형상이시요 모든 피조물보다 먼저 나신 이시니 만물이 그에게서 창조되되 하늘과 땅에서 보이는 것들과 보이지 않는 것들과 혹은 왕권들이나 주권들이나 통치자들이나 권세들이나 만물이 다 그로 말미암고 그를 위하여 창조되었고 또한 그가 만물보다 먼저 계시고 만물이 그 안에 함께 섰느니라 그는 몸인 교회의 머리시라 그가 근본이시요 죽은 자들 가운데서 먼저 나신 이시니 이는 친히 만물의 으뜸이 되려 하심이요 아버지께서는 모든 충만으로 예수 안에 거하게 하시고 그의 십자가의 피로 화평을 이루사 만물 곧 땅에 있는 것들이나 하늘에 있는 것들이 그로 말미암아 자기와 화목하게 되기를 기뻐하심이라". 이 본문은 그리스도의 십자가의 피가 인간 뿐 아니라 모든 창조물들을 하나님과 화해케(reconcile) 하셨다고 강조한다. 예수 그리스도의 죽음은 사람에게 화해의 구원을 가져다줌과 동시에 자연 만물에게도 하나님과 화평을 이루게 하셨음을 언급하는 것이다. 예수 그리스도는 모든 인간을 대표하는 새로운 인간상의 머리일 뿐 아니라, 모든 창조물의 새로운 으뜸과 머리가 되셔서 그들을 새롭게 하시는 것이다.

또한 에베소서는 이런 만물의 새로워짐에 대한 골로새서의 입장을 말하면서, 그러한 만물의 새로워짐이 만물 자체 내에 있는 진화의 능력에 의거하여 이루어지는 것이 아니라 예수 그리스도의 중재를 통해 이루어지는 것임을 강조하고 있다. 에베소서는 예수 그리스도께서 우주와 교회의 머리(head)라고 하면서도, 교회만이 예수 그리스도의 몸(body)이라고 언급한다. 이방의 헬라사상에서는 종종 우주가 신의 몸이라고 말하는 데 비하여, 성경은 교회만이 그리스도의 몸임을 언급한다. 그러므로 만물의 충만은 예수 그리스도와 교회에 의해 중재된 의미에서의 충만이지, 하나님의 충만 자체로서의 충만이라고는 볼 수 없겠다. 예수 그리스도께서 승천하여 하늘에 오르신 오늘에 있어 그러한 신적인 충만을 직접적으로 매개하시는 분은 성령님으로서, 성령은 우주 만물에 하나님의 충만을 충만케 하시는 분이다. 그러나 그렇게 하나님이 충만의 형태로 우주 만물에 내재하여 있다고 해서 하나님의 초월성이 배제된다고 할 수는 없다. 에베소서는 만물의 충만의 개념을 피력하기에 앞서 그 만물을 충만케 하는 주체로서의 예수 그리스도께서 승천하여 하늘에 오르신 분, 곧 이 세계를 초월하여 계시는 분으로서 강조하고 있는 것이다.

성경은 영지주의의 주장과 같이 영과 육이, 정신과 물질이, 머리와 몸이 서로 분리되어 있는 이원론적인 실체로 보지 않으며, 머리와 몸이 상합하여 하나의 유기체를 이루는 것으로 말한다(엡 4 : 15 - 16). 만물에 충만하여 내재하면서도 만물을 초월하여 있는 실체, 성경은 그러한 가능성이 예수 그리스도와 성령 및 그것이 충만해 있는 교회에 있다고 말한다. 만물은 그 자체로 하나님의 충만이 아니며, 하나님의 충만한 분량까지 성장하는 것이 아니다. 만물은 자체의 진화에 의해 충만한 단계에 이르는 것이 아니며, 오히려 하나님의 충만을 위로부터 덧입음을 통하여 완성되는 것이다. 이에 에베소서 2 : 8은 "너희는 그 은혜에 의하여 믿음으로 말미암아 구원을 받았으니 이것은 너희에게서 난 것이 아니요 하나님의 선물이라"고 하였다.[11]

교회는 외부의 세계와 유기적 관계를 이루고 있어야 한다. 비기독교 세계 및 일반 사회, 그리고 더 나아가서는 자연과의 유기적인 연관성 속에서 그의 본질을 구현해 나갈 필요가 있다. 교회가 그 자체만으로 폐쇄될 때 교회는 그 생명을 잃게 되며, 외부와의 활발한 상호 교류를 통해 그의 생명의 본질을 키워 나갈 수 있게 된다. 내적인 유기체적 활성화와 외적인 유기체적 활동을 통해 미래 교회는 주님 안에서 더욱 든든히 세워져 나갈 것이라고 확신한다.

이상과 같이 필자는 마을목회의 근간이 되는 신학적 기반에 대해 언급하였다. 그것을 설명하면서 필자는 핵심적 용어들을 제시하였는데, 생명체, 삼위일체, 공동체, 유기체, 네트워크, 성령 등의 단어들이다. 우리는 마을목회를 하며 이러한 중심 단어들을 언제나 염두에 두어야 할 것이다.

---

11) 노영상, 「기독교와 미래사회」(서울 : 대한기독교서회, 2000), "제5장 미래신학으로서의 생태신학"을 참조하시오.

제2장
마을목회의 이론적 기초로서의 비기독교인에게 '열린 교회'

노영상 / 총회한국교회연구원장

1. 들어가는 말

로마서는 '열린 교회'의 기초가 되는 성경이다. 사도 바울은 민족적 종교로서의 기독교를 지구상의 모든 민족에게 열린 종교가 되게 한 장본인이다. 바울 당시 여호와 곧 야훼 하나님은 일종의 민족신으로서 이스라엘 백성만을 사랑하시는 분이라고 유대인들은 생각했다. 이런 시대에 바울은 그 유대교 곧 기독교가 이스라엘의 구원만을 위한 종교가 아니며, 온 민족들의 구원을 위한 종교임을 강조하였다. 오늘과 같이 민족과 민족 간에 싸우며 전쟁하고, 민족주의적인 생각이 만연하여 자민족만의 번영을 추구하는 시대에 이런 사도 바울의 생각은 시사하는 바가 적지 않다. 바울은 2천 년 전에 벌써 민족이라는 굴레가 우리 인류에게 거추장스러운 것임을 말하였던 사상가였다. 그는 우리 인류가 보다 보편적인 번영을 이루려면 민족의 경계를 깨고 나가야 한다고 생각하였던 것이다.

2. 로마서 전체 요절 – 로마서 3 : 29

로마서 3 : 29은 하나님은 유대인의 하나님이 되실 뿐 아니라, 이방인의 하나님도 되신다고 말한다. 오늘로 말하면 기독교인의 하나님일 뿐 아니라, 비기독교인의 하나님도 되신다는 말로 이해할 수 있을 것이다. 당시 사람들은 야훼 하나님을 일종의 민족신으로 생각하였다. 그러나 바울은 그 하나님이 이스라엘의 하나님이실 뿐 아니라 모든 민족의 하나님이 되심을 깨닫고, 선교의 일에 전력하였다. 이런 바울의 신학적 사고가 없었다면, 오늘과 같은 기독교의 확산은 불가능하였을 것이라 생각한다. 무엇보다 바울은 스스로를 이방인의 사도로 자처하던 자로서, 예수 그리스도의 복음을 이방인과 연결하려고 노력하였다.

"이 은혜는 곧 나로 이방인을 위하여 그리스도 예수의 일꾼이 되어 하나님의 복음의 제사장 직분을 하게 하사 이방인을 제물로 드리는 것이 성령 안에서 거룩하게 되어 받으실 만하게 하려 하심이라"(롬 15 : 16).

그는 이와 같이 이방인의 사도라는 자신의 정체성을 성경 곳곳에서 분명히 하고 있다. 이러한 이방인의 사도로서의 바울에게는 유대인과 이방인의 하나 됨, 율법과 복음, 하나님과 예수 그리스도의 관계 규명이 커다란 문제였다. 아무튼 바울은 그리스도의 복음이 유대인이나 이방인에게 공평하게 주어진 것임을 강조하였던 것이다.

3. 로마서의 핵심주제 : 이방인과 유대인의 하나 됨

로마서는 이와 같이 유대인과 이방인이 동일한 하나님의 사랑의 대상임을 강조한다. 이런 각도에서 로마서는 유대인과 이방인이 차별이 없으며 서로 하나임을 강조한다. 로마서는 유대인과 이방인이 하나님의 구원에 있어 동일한 대상임을 강조하였던 것이다. 하나님은 유대인뿐만 아니라 이방인도 구원하시는 분임을 사도 바울은 강조한다.

1) 로마서 1장~3 : 20 - 유대인이나 이방인이나 모두가 다 하나님 앞에서 동일한 죄인

(1) 로마서 3 : 2 - 유대인은 하나님으로부터 율법을 받은 백성이다(롬 2 : 17 - 20).
(2) 로마서 2 : 13 - 그러나 율법을 받고 듣는 것이 중요한 것이 아니라 행하는 것이 중요하다. 율법을 받은 유대인이라는 것이 중요한 것이 아니라는 것이다.
(3) 로마서 2 : 28~29 - 겉으로의 유대인이 유대인이 아니요, 속으로의 유대인이 참다운 유대인이다(마 3 : 9).
(4) 유대인이나 이방인이나 하나님 앞에서는 모두가 다 동일한 죄인일 뿐이라는 것이다. 로마서 3 : 9~12은 다음과 같이 언급한다.

"그러면 어떠하냐 우리는 나으냐 결코 아니라 유대인이나 헬라인이나 다 죄 아래에 있다고 우리가 이미 선언하였느니라 기록된 바 의인은 없나니 하나도 없으며 깨닫는 자도 없고 하나님을 찾는 자도 없고 다 치우쳐 함께 무익하게 되고 선을 행하는 자는 없나니 하나도 없도다"(롬 3 : 9 - 12).

2) 로마서 3 : 21~4장 - 행위가 아니라 믿음에 의한 구원

(1) 로마서 4 : 1~3 - 아브라함도 믿음으로 구원을 받았다.
(2) 로마서 3 : 24~26, 29~30 - 우리는 행위나 자신의 의로 구원을 받는 것이 아니다. 하나님의 은혜와 의에 의해 믿음으로 구원을 받는 것이다(롬 10 : 3).

"할례자도 믿음으로 말미암아 또한 무할례자도 믿음으로 말미암아 의롭다 하실 하나님은 한 분이시니라"(롬 3 : 30).

"곧 예수 그리스도를 믿음으로 말미암아 모든 믿는 자에게 미치는 하나님의 의니 차별이 없느니라"(롬 3 : 22). 믿음으로, 곧 예수 그리스도에 대한 믿음으로 우리가 구원되는 것임을 사도 바울은 말하였다.

로마서에서 바울은 기독교의 특징 되는 교리를 두 가지로 강조한다. 첫째는 기독교는 모든 인간들을 다 죄인으로 생각한다는 것이며, 둘째는 예수 그리스도에 대한 믿음을 통하여만 구원을 얻는다는 것이다. 우리는 이러한 기독교인과 비기독교인 모두가 죄인 됨과 이신칭의로서의 공통된 구원의 원리하에 있음을 인식하고, 그리스도의 복음전파에 힘써야 한다는 것이다.

이와 같이 사도 바울은 기독교인과 비기독교인 사이에 차이를 두려고 하기보다는 연속성이 있음을 강조했다. 기독교인은 하나님의 자녀이고, 비기독교인은 멸망의 자식이라고 하며 양자 사이에 간극을 넓히는 것은 우리의 선교에 도움이 되지 않는다. 하나님의 구원의 원칙은 유대인이나 이방인에게 동일하게 적용되는 것으로, 주 예수 그리스도를 믿기만 하면 구원받는다는 바울의 교리는 마을목회를 실천함에 있어 상기하여야 할 주요 교리다.

비기독교인들을 환대하여 초청하는 교회, 그들에게 교회의 문턱을 낮추는 교회가 되는 것이 우리의 마을목회의 시작인 것이다. 우리나라 선교 초기 선교사들은 교회만 세운 것이 아니라, 학교와 병원도 동시에 세웠다. 선교사들은 천국의 복음을 전함과 동시에, 그 마을에 사는 사람들의 현실적 삶을 돕기 위해 노력하였다. 이와 같이 마을 주민들의 삶에 관심을 갖는 목회, 주민들과 함께 새로운 마을을 일구기 위해 노력하는 목회가 마을목회인 것이다.

4. 로마서 9~11장 : 유대인에 대한 재고

이에 있어 바울은 유대인에게나 이방인에게 공평하신 하나님을 강조한다. 하나님께서 인류를 구원하시기 위해 먼저 유대인을 선택하셨지만, 그것이 불공평한 것이 아님을 바울은 말하였다. 하나님께서는 먼저 유대인을 선택하셨으나, 인류 전체를 구원하시기 위해 또한 유대인을 일시적으로 버리신 것임을 말씀하시면서, 하나님의 구원하심에 있어서는 이방인에 대한 차별이 있는 것이 아님을 로마서 9~11장에서 설명하고 있다. 바울은 일시적으로 버림을 받은 자신의 동족 유대인의 상황에 대해 다음과 같이 마음 아파하면서도, 그것은 전 인류 구원을 향한 하나님의 섭리임을 강조하였던 것이다. 바울은 유대인이 예수 그리스도를 믿지 않고 배척한 이유가 이방인을 구원하시고자 하는 하나님의 계획 때문이었다고 설명한다.

"형제들아 너희가 스스로 지혜 있다 하면서 이 신비를 너희가 모르기를 내가 원하지 아니하노니 이 신비는 이방인의 충만한 수가 들어오기까지 이스라엘의 더러는 우둔하게 된 것이라"(롬 11 : 25).

"그러므로 내가 말하노니 하나님이 자기 백성을 버리셨느냐 그럴 수 없느니라 나도 이스라엘인이요 아브라함의 씨에서 난 자요 베냐민 지파라"(롬 11 : 1).

하나님의 사랑은 공평한 사랑이다. 일시적으로 보면 유대인을 선택하여 이방인을 배척하신 것 같지만, 전체적으로 볼 때에는 그렇지 않다. 하나님은 또한 이방인을 선택하시기 위해 유대인을 버리셨음을 바울은 말하고 있다.

5. 로마서를 오늘의 시대에 다시 적용해 봄

에베소서 2 : 12~20은 이 같은 이방인에 대한 사도 바울의 태도를 잘 설명하고 있다.

"그때에 너희는 그리스도 밖에 있었고 이스라엘 나라 밖의 사람이라 약속의 언약들에 대하여는 외인이요 세상에서 소망이 없고 하나님도 없는 자이더니 이제는 전에 멀리 있던 너희가 그리스도 예수 안에서 그리스도의 피로 가까워졌느니라 그는 우리의 화평이신지라 둘로 하나를 만드사 원수 된 것 곧 중간에 막힌 담을 자기 육체로 허시고 법조문으로 된 계명의 율법을 폐하셨으니 이는 이 둘로 자기 안에서 한 새 사람을 지어 화평하게 하시고 또 십자가로 이 둘을 한 몸으로 하나님과 화목하게 하려 하심이라 원수 된 것을 십자가로 소멸하시고 또 오셔서 먼 데 있는 너희에게 평안을 전하시고 가까운 데 있는 자들에게 평안을 전하셨으니 이는 그로 말미암아 우리 둘이 한 성령 안에서 아버지께 나아감을 얻게 하려 하심이라 그러므로 이제부터 너희는 외인도 아니요 나그네도 아니요 오직 성도들과 동일한 시민이요 하나님의 권속이라 너희는 사도들과 선지자들의 터 위에 세우심을 입은 자라 그리스도 예수께서 친히 모퉁잇돌이 되셨느니라".

우리는 이 같은 바울의 입장을 오늘의 시대에서 어떻게 바라볼 수 있을까? 로마서에 나타나는 유대인과 이방인의 하나 됨의 사상은 오늘의 시대에 기독교인과 비기독교인의 관계를 다시 생각해 보게 한다. 우리는 보통 하나님이 기독교인의 하나님만 되시고 이방인 곧 비기독교인의 하나님은 되시지 않는다고 생각하기 쉬우나, 그러한 생각은 너무 이기적이며 배타적인 생각으로 반성해 보게 된다. 하나님은 기독교인만 사랑하고 비기독교인은 미워하시는 분인가? 오히려 성경은 하나님께서 양 무리를 떠난 양 한 마리를 찾기 위해 99마리의 양들을 우리에 남겨 두고 잃어버린 양을 찾아 나섰음을 강조한다.

하나님은 믿는 신자를 사랑하시는 분이지만, 길을 잃고 헤매는 교회 밖의 사람들에게도 관심이 있으신 분이다. 그런 의미에서 오늘의 우리 교회는 교회 안의 신자에게 관심을 둘 뿐만 아니라, 교회 밖의 비기독교인에게도 관심을 가져야 한다. 그러한 교회 밖의 사람들에 대해 관심이 없다면 우리 교회의 선교는 약화될 수밖에 없을 것이다. 이에 우리는 교회 밖의 사람들을 구원하기 위한 노력을 게을리 해서는 안 될 것이라 생각한다.

바울은 당시 이방인들을 선교의 대상으로 보며, 그들과 하나 됨의 입장을 취하려고 하였다. 오늘 우리도 비기독교인을 멸망의 백성으로 보기보다는 그들도 예수 그리스도를 믿기만 하면 구원을 받을 수 있는 하나님의 은혜의 대상으로 보아야 할 것이다. 우리는 보통 이런 입장의 교회를 열린 교회라 부른다. '열린 교회'(open church)란 개념은 미국에서 나온 개념인데, 열린 교회의 주요 모습을 간추리면 다음과 같다.

1) 불신자(unbeliever)나 멸망의 백성이라는 칭호 대신 예비 기독교인(prechristians)이나 구도자(seekers)라는 칭호 사용

우리는 오늘 로마서를 읽으며 우리가 비기독교인들에 대해 어떤 태도를 가지고 접근하여야 하는가를 배우게 된다. 앞에서 언급한 바 그들을 불신자라고 말하기보다는 예비 기독교인이나 구도자로 표현하는 것도 하나의 적극적 선교적 방안이 될 것이라 생각된다. 그와 같이 친근하게 비기독교인에 접근함으로써 우리는 우리의 선교를 보다 활성화할 수 있을 것이다. 오늘 한국의 교회에 가장 필요한 것은 기독교인과 비기독교인 사이의 막힌 담을 헐어 내는 일이다.

2) 비기독교인을 향해 교회의 문턱을 낮추기

(1) 새 신자를 환대하는 교회가 되는 것이 중요하다.
- 주차장에 새 신자의 자리를 마련한다.
- 예배 시 새 신자를 위한 좌석을 앞자리에 마련한다.
- 새 신자들에게 적절한 교회의 일감을 적극 주도록 노력한다.

(2) 새 신자들에게 부담이 되는 짐을 덜어 주려는 노력이 필요하다.
- 처음부터 헌금에 대해 강조하지 않는다.
- 술, 담배 문제로 너무 힘들게 하지 않는다. 신앙생활을 열심히 하다 보면 자연스레 끊게 될 것이다.
- 오랜 신자들에 대한 의무를 새 신자 때부터 부과하려 해서는 안 된다.

3) 비기독교인들에게 열린 교회

새로운 신자들이 보다 편하게 다닐 수 있는 교회 분위기를 만드는 것이 중요하다. 비기독교인에게 열린 교회를 만들기 위해, 교회는 가능한 한 비기독교인과의 접촉의 가능성을 넓혀야 할 것이다. 교회 밖의 주민들에게도 장학금과 경제적 지원의 혜택을 고루 주는 것, 비기독교인을 문화센터에 초청하기, 지역주민들과 함께하는 추수감사제, 교회의 장례식장 운영, 동네의 행사를 위해 교회의 시설을 쓰도록 하는 등의 노력을 교회들이 할 수 있을 것이다. 이같이 비기독교인과의 접촉의 기회가 많아야 성장하는 교회가 될 수 있다.

기독교인들이 그들끼리만 교제하고 그들만의 공동체를 이루어 살면 전도가 되지 않는다. 비기독교인과도 교류가 있어야 하며, 그들의 친구가 되어야 한다. 그렇게 서로 친하게 지내게 되면 그들을 교회로 인도하는 것이 더 용이해질 것이다.

우리는 보통 비기독교인과 사귀면 교회로부터 멀어지게 될 것이라 생각하기도 한다. 구원의 백성이 멸망의 백성과 멍에를 같이할 수 없다는 주장도 있다. 그러나 우리는 죄인들의 친구가 되셨던 예수 그리스도의 삶의 자취를 생각해 보아야 할 것이다. 더 죄악에 물들어 있고, 더 세속적일 수 있으나, 그러나 비기독교인도 주님의 사랑을 받는 인간들이며 우리의 친구들임을 잊어서는 안 될 것이다. 우리 주변에는 예수를 믿지 않는 수많은 우리의 친척들도 있다. 정말 친한 친구가 교회에 안

다닐 때도 있다. 비록 여러 환경에 의해 교회를 다니지 못하지만, 그들도 천국의 백성이 되어야 할 것이라 생각한다. 그들에게도 주님의 사랑이 전달되어야 할 것이다.

오늘의 시대에 있어 한국교회는 무엇보다 비기독교인들에게 열린 교회가 되는 것이 중요하며, 그것이 주님의 뜻임을 로마서를 통해 다시 배우게 된다. 하나님은 기독교인과 함께 비기독교인도 사랑하셔서 그들도 예수를 믿음으로 구원받기를 원하신다는 것을 깨닫고, 비기독교인의 선교에 박차를 가하는 교회가 되어야겠다.

우리는 기독교의 복음을 교회 안에 있는 사람들에게만 제한하려 해서는 안 된다. 교회 밖에 있는 사람들도 믿기만 하면 구원을 얻을 것이라는 포용적 생각을 하는 것이 필요하다. 교인의 기득권을 강조하려 하기보다는, 비기독교인들에게 열려 있는 교회를 만들어야 할 것이다. 기독교인이라는 굴레를 깨고 모든 민족을 예수님의 이름으로 포용하는, 교회를 위한 기독교인이 아니라 하나님을 위한 기독교인이 되어야겠다. 나 자신과 우리 스스로를 극복하지 않고는 세상을 구원할 수 없다. 사도 바울은 지금도 우리에게 다음의 말씀을 외치고 계신다.

"하나님은 다만 유대인의 하나님이시냐 또한 이방인의 하나님은 아니시냐 진실로 이방인의 하나님도 되시느니라"(롬 3 : 29).

6. 열린 교회와 마을목회

이상과 같이 로마서는 교회 밖의 사람들을 교회 안으로 초대하는 강한 선교적 동기를 가진 책이다. 마을목회는 이런 열린 교회론을 신학적 기반으로 갖고 있다. 교회의 문을 열어 교회 밖에 있는 사람들이 쉽게 접근할 수 있게 하는 교회가 열린 교회다. 오늘날 교회들은 겉모습에서도 문을 항상 여는 교회들이 되어야 할 것이다. 어떤 교회들은 주일에만 교회당 문을 열고 다른 날에는 문을 굳게 닫아 놓곤 하는데, 열린 교회의 모습으로는 적절하지 않은 것 같다. 교인뿐 아니라 교인이 아닌 주민들도 교회에 쉽게 접근할 수 있도록 교회가 카페를 운영하며, 교회 마당을 주민들의 휴식처로 제공하고, 평일에는 주민들이 주차장을 사용하게 하며, 주민들의 모임을 본당 이외의 교회의 장소들을 사용하여 할 수 있도록 배려하는 등 주민을 향해 열린 교회가 되는 것이 마을목회의 기본 정신 가운데 하나다.

교회에서 나오는 간행물들에도 교인들의 글만 싣는 것이 아니라 교회 밖의 주민들의 글과 이야기도 싣고, 그 마을의 필요에 따라 헌금을 하며, 교회 밖의 어려운 학생들에게도 장학금을 주는 등 교회 안과 밖의 경계를 너무 나누지 않는 교회가 될 때, 주변의 사람들로부터 호응을 받는 교회가 되리라고 확신한다.

물론 우리는 이단들과 소통하며 그릇된 사람들과 멍에를 같이할 수는 없다. 그러나 그 사람이 건전한 시민이라면 함께 소통하고 마을의 일도 함께하는 그런 관계를 유지하는 것이 필요하다. 2천여 년 전 사도 바울이 유대인의 벽을 넘어 기독교를 세계를 위해 열어 놓았듯, 오늘의 우리도 교회 밖의 사람들을 사랑으로 포용하는 '마을목회'의 방안에 주목해야 할 것이라 생각한다.

제3장
지역사회 개발과 마을목회

정재영 / 실천신학대학원대학교 종교사회학 교수

1. 들어가는 말

전통적으로 한국교회는 교회의 본질을 이루는 사명을 예배와 전도로 이해해 왔다. 특히 전통종교의 저항을 받으며 복음을 전파한 우리나라에서 기독교가 뿌리내리기 위해서는 무엇보다 전도에 힘써 기독교인의 숫자를 늘려야 했기 때문에 전도가 가장 우선적인 교회의 과제가 되어 왔다.[1] 그 결과 한국교회는 선교 1세기 만에 전체 국민의 20%에 육박하는 인구를 기독교 신자로 만들었고, 전국에 6만 개에 달하는 교회당을 세우게 되었다. 그러나 양적으로는 이렇게 성장한 한국교회가 교회의 유지나 확장을 넘어서 사회를 위한 봉사에 얼마만큼의 노력을 기울였는가를 살펴보면 매우 부끄러울 정도다.

작년 말에 발표된 인구센서스 결과에서 개신교는 우리나라 1위 종교로 등극하였다. 그러나 이 결과는 장로교, 감리교, 성결교 등 주요 교단 통계에서 교인 수는 최근 지속적인 감소세로 보고되었기 때문에 매우 의외로 받아들여지고 있다. 따라

---

1) 이삼열, "사회봉사의 신학과 과제," 「사회봉사의 신학과 실천」(서울 : 한울, 1992), 9.

서 정부의 통계조사에서 개신교가 대표 종교로 나온 것은 기뻐할 일이나, 단순히 교인 수에 따라 일희일비할 것이 아니라 교회가 우리 사회에서 마땅히 감당해야 할 역할을 다하고 있느냐는 측면에서 평가해야 할 것이다. 전래 초기 한국교회는 비록 그 세가 약하고 교인 수도 적었지만, 남녀차별과 신분차별을 철폐하며 사회를 앞서나가면서 선구자적인 역할을 감당하였다. 그러나 오늘날 한국교회는 성스러운 종교의 영역마저도 세속가치에 매몰되어 교회에 대한 평가를 양과 수의 측면에서만 하려고 하는 것이 문제다.

사회신뢰도 조사를 포함하여 많은 개신교 관련 조사에서 개신교가 공신력을 잃고 있다는 결과가 나온 것은 잘 알려진 사실이다. 그 원인은 개신교 지도자들을 포함하여 개신교인들의 신앙과 삶이 일치되지 못하고 있으며, 조직으로서의 한국교회도 사회에서 기대하는 올바른 역할을 감당하지 못했기 때문이다. 교계에서 실시된 여러 조사에 의하면, 개교회들의 예산에서 사회봉사비가 차지하는 비율은 10%에도 훨씬 미치지 못하고 있으며, 대부분의 교회는 5% 수준에 머물러 있는 실정이다. 또한 교회에 대한 국민들의 의식조사 결과에서는 항상 교회가 사회봉사에 더 많은 노력을 기울여야 한다는 의견을 나타내고 있다. 실제로 전국에 있는 사회복지 시설 중에 가장 많은 비중을 차지하는 것이 개신교 계열이고, 헌혈이나 장기 기증 등 활동도 개신교가 가장 적극적으로 참여하고 있음에도 불구하고, 국민들은 여전히 개신교가 더 많은 사회봉사에 참여하기를 요구하고 있는 것이다.

그 이유는 한국교회가 사회봉사 활동을 많이 펼쳐 왔음에도 그 진정성이 전달되지 못했기 때문이고, 그렇게 진정성이 전달되지 못한 이유는 교회가 벌이는 사회봉사가 대부분 일회성 활동이고, 자기만족 중심이며, 시혜의 성격이 강하기 때문이다. 그리고 보다 근본적으로는 대부분의 사회봉사가 복음 전도의 수단으로 이루어져 왔기 때문이다. 사회봉사는 단순한 시혜 행위도 아니고 복음전도의 수단이 아니라 진정한 이웃사랑의 실천이고, 인격과 인격의 만남을 통해 서로의 변화를 추구하는 것이어야 함에도 한국교회는 이 부분에서 진정성을 담보하지 못한 것이다.

이러한 점에서 현재 한국교회가 펼치고 있는 사회봉사 및 사회복지 활동은 개선될 필요가 있다. 단순히 우리가 가진 것이 많이 있기 때문에 베풀어 준다는 의식보다는 지역사회 구성원으로서의 교회가 지역을 공동체화하기 위한 활동에 참여하는 방식으로 전환될 필요가 있다. 이러한 지역공동체 운동의 한 가지는 지역사회 개발 활동을 하는 것이다. 이 글에서는 지역공동체 운동의 필요성에 대하여 살펴보고,

지역공동체 운동의 일환으로 지역사회 개발의 의미에 대하여 논의한 후에 이를 바탕으로 한 마을목회와 지역공동체 운동에 대하여 알아보도록 하겠다.

2. 지역공동체 운동의 필요성

최근에 논란이 되었던 일련의 일들에서 볼 때 개신교의 모습은 우리 사회의 책임 있는 일원이라기보다는 오로지 자신들의 이익만을 추구하는 하나의 이익집단과 같이 여겨지고 있다. 그동안 한국교회는 사회와 소통하려 하기보다는 일방적으로 진리를 선포하고, 상대방을 단순히 전도대상자로 여기는 태도를 보여 왔다. 절대 진리를 수호하는 입장에서는 전도대상자와 타협하기 어려우며, 도덕적 우월감으로 상대를 얕잡아보기 쉽다. 이렇게 자신의 집단 안에 매몰된 사람은 더 넓은 사회의 지평을 바라보지 못한다. 그리하여 한국의 기독교인들은 교회생활에 열심일수록 사회에 대한 의식수준은 더 떨어지는 기현상을 보이고 있다.

결국 이것은 한국 개신교가 더 이상 기존의 성장주의 패러다임으로 교회를 운영하고 신앙생활을 영위하는 데 한계가 있음을 보여 준다. 기존의 성장주의식 패러다임의 전환을 심각하게 요청받고 있는 것이다. 이제는 단순히 교회 성장이 아니라 교회에 내실을 기하며 교회가 속한 지역사회에서 공적인 역할을 감당해야 할 때이다. 성장주의 패러다임에서는 전국 어디에서든지 심지어는 다른 교회 교인이라도 우리 교회에 들어오기만 하면 된다고 생각했다. 그러나 이제는 교회가 속한 지역사회에서 책임 있는 구성원으로서의 역할을 감당하는 일에 대해 더 큰 비중을 두어야 한다고 생각한다.

전래 초기 한국 개신교는 사회 부조리를 혁파하고 새로운 가치 질서를 제시하는 선구자의 역할을 감당했지만, 오늘날의 개신교는 자신들의 이해관계에 따라 움직일 뿐, 공공의 선이나 선한 사회를 이루고자 하는 노력은 거의 찾아보기 힘든 실정이다. 교회가 우리 사회의 책임 있는 구성원이 되기 위해서는 사회 공공의 문제에 관심을 갖고 이의 해결을 위한 노력에 동참하여야 한다. 성숙한 기독교인의 관심은 마땅히 공공으로 확장되고 공동체의 삶은 다른 사람들을 위한 삶이 되어야 한다. 성숙한 공동체는 자신의 존재를 두고 있는 더 큰 사회를 변혁할 수 있는 영향력을 발휘할 수 있어야 하는 것이다. 그리고 이러한 공동체 의식은 닫힌 공동체가 아니라 지역사회를 향해 열린 공동체여야 한다. 교회는 기독교인들만의 공동체가 아니라 지역사회와 소통하며, 지역사회에 기여하는 공동체가 되어야 한다.

현재 우리 사회에서 전통적인 촌락공동체는 붕괴되었고, 현대 산업사회에서 조직 구조의 거대화와 관료주의화는 사회 구성원 사이에서 서로에 대한 친숙성을 어렵게 하며 비인격의 인간관계를 초래하고 있다. 이런 상황에서는 구성원들 사이의 신뢰성과 인격의 상호성 또한 약해지고, 인간은 결국 소외감을 느끼게 된다. 이에 따라 사람들 사이에는 예전의 공동체를 그리워하고 공동체 안에 안주하려는 욕구가 심화되고 있는 바, 이것이 바로 오늘날 '새로운' 지역공동체를 필요로 하는 이유다.

이 '새로운' 지역공동체는 교회와 시민사회가 만나는 지점을 제공한다. 현대사회에서 국가가 감당해야 하는 사회적 요구는 증대하는 대신에 정부의 예산에는 한계가 있으므로, 결국 기대어야 할 곳은 시민사회의 자발적 부문뿐이라는 기대가 점차 커지고 있다. 이러한 상황에서 볼 때, 교회 역시 시민 사회에 속하고 있을 뿐만 아니라 많은 인적, 물적, 제도적 자원을 가지고 있으므로 교회가 한 축을 감당하는 것은 자연스러운 귀결이다. 교회는 종래 시민사회를 하나로 묶어 주던 사회적 제도(학교, 가족, 정부, 회사, 근린집단, 전근대적 교회 등)가 제대로 제구실을 하지 못하게 됨으로써 생긴 사회적 공백을 메우고 지역공동체를 재조직하는 일에 앞장서야 할 당위성을 지니게 되었을 뿐더러 현실적으로 그 기능을 할 수 있게 되었다는 것이다.[2]

여기서 오늘날의 사회는 중앙 중심이 아니라 여러 다양한 지역으로 권력이 분산되고 풀뿌리로부터의 참여가 중시되는 사회로 변화하고 있다는 점을 고려해야 한다. 우리 사회 역시 절차상의 민주주의를 이룩한 이후에 실질적인 민주주의를 이루기 위해 시민사회와 관련된 의제들이 활발하게 논의되고 있다. 한국교회 또한 시민사회에 관한 의제들을 제기하는 노력에 참여해 왔으나, 이러한 한국교회의 활동은 교회 안에 있는 일반 교인들의 활동이라기보다는 주로 목회자를 비롯한 교회지도자들과 명망가들을 중심으로 한 활동이었던 것이 사실이다.

이제는 목회자 중심이 아닌 목회자와 평신도가 함께 참여하는 기독교 운동이 전개될 필요가 있다. 특히 시민사회는 시민의 참여를 바탕으로 하는 사회이고, 풀뿌리로부터의 실제적인 참여가 있어야만 진정한 의미에서 시민들이 주인이 되고, 주

---

[2] 교회와 시민사회에 대한 글로는 굿미션네트워크 엮음, 「시민사회 속의 기독교회」(서울 : 예영, 2008)를 볼 것.

체가 되는 사회라고 할 수 있다. 따라서 한국교회가 교회라는 울타리 안에 머물지 않고, 울타리 밖의 사회와 의사소통하며 참다운 시민사회의 구성원으로서의 역할을 다할 수 있기 위해서 교회 안에 조용히 머물러 있거나 기껏해야 교회 안에서의 활동에 몰두하고 있는 대다수의 한국교회 구성원들이 한국 사회에서 의미 있는 참여자가 될 수 있도록 동기를 부여하는 것이 매우 중요하다.

개 교회 구성원들이 시민사회에 참여한다고 하는 것은 결국 교회가 속한 지역사회의 의제와 현안에 관심을 가지고 활동한다는 것을 의미한다. 이러한 점에서 최근 시민사회에서 활발하게 전개되고 있는 지역공동체 운동에 주목할 필요가 있다. 이전에는 주로 지역사회 개발운동으로 지역사회 주민들의 자주적인 참여와 주도적 노력으로 지역사회의 경제·정치·사회적 조건의 향상을 추구해 왔다. 그러나 최근에는 단순히 경제 발전이나 개발을 지향하는 것이 아니라, 한 걸음 더 나아가 '지역공동체 세우기'(community building)에 관심을 모으고 있다.

이와 관련하여 '한국기독교목회자협의회'에서 조사한 결과를 살펴보면 흥미로운 내용이 나타난다. 바로 다양한 항목에서 교회 봉사활동의 필요가 드러난다는 것이다. 적지 않은 목회자들이 여전히 '교회는 봉사단체가 아니다', '봉사는 교회의 본질적 요소가 아니다'라고 이야기를 하지만, 교회 밖의 사람들은 이런 모습을 보고 교회가 교회다운지를 평가한다. 이번 조사에서 개신교를 신뢰한다고 응답한 사람들에게 신뢰 이유를 물어보았더니 가장 많은 44.8%가 교회가 사회봉사를 잘하기 때문이라고 응답한 것이다.

또한 흥미로운 것은 목회자들 스스로 자신의 목회하는 교회를 '성장하는 교회', '정체하는 교회', '감소하는 교회'로 평가하게 한 후에 목회하는 교회의 가장 큰 강점을 물어보았더니 감소하는 교회에 속하는 목회자들은 81.8%가 예배라고 응답하였고, 다음으로 12.0%가 전도라고 응답하였고, 봉사라는 응답은 0%였으나 성장하는 교회에 속하는 목회자들은 62.7%만이 예배라고 응답하였고, 다음으로 12.7%는 봉사라고 응답하였고, 전도라는 응답은 4.8%에 불과하였다. 감소하는 교회는 감소하기 때문에 더 전도에 열심을 낸다고 할 수 있지만 이것이 선순환 구조를 이루지 못하는 반면, 성장하는 교회는 봉사와 친교 등 사역에 균형을 이루고 있다는 것이다.

그리고 복음에 대한 인지도를 보면 2008년에 16.6%였던 것이 이번 조사에서는 31.5%로 두 배 가까이 증가했음에도 개신교 인구는 늘지 않았다는 것이다. 대개 사회 여론조사에서는 상품의 인지도가 상품 구매에 직접적인 영향을 미치며, 선거에서도 후보 인지도가 당락에 가장 큰 영향을 미치는 것을 감안한다면 복음에 대한 인지도가 크게 늘었음에도 교회 출석자가 늘지 않는다는 것은 다른 식의 전략이 필요하다는 것을 의미하고 있다. 앞에서도 말한 바와 같이 교회의 봉사활동을 보고 교회를 신뢰한다고 응답한 것에서 그 실마리를 찾을 수 있다.

또한 미국의 윌로크릭 교회를 중심으로 1,000여 개의 교회를 조사하여 영적인 성장에 대한 보고서를 펴낸 「무브」에는 지역공동체 활동과 관련하여 흥미로운 내용이 나오는데, 이 책은 윌로크릭 교회에 대한 3년간의 조사와 분석 결과로 출판된 「발견」(국제제자훈련원, 2008)에서 시작된 발견 프로젝트를 통해 약 25만 명의 사람들을 설문조사한 내용을 바탕으로 그리스도인들의 영적 성장 과정을 측정하고 영적 성장 단계의 중요 요소를 설명하고 있다. 이 책에서는 교인들의 영적 성숙을 가장 성공적으로 이끌어 낸 최상위 5% 교회들의 특징을 열거하고 있는데, 이 중에 하나가 지역공동체 목회를 한다는 것이었다. 그리고 최고의 모범교회들의 사역은 단순히 지역사회를 섬기는 것이 아니라 지역공동체의 목자가 되어 해당 지역의 쟁점들에 더 깊숙이 관여하고 있고, 시민단체에서 중요한 자리를 맡아 공공을 위해 일하고 있다고 제시하고 있는 것은 한국교회에도 시사하는 바가 매우 크다.[3]

3. 지역사회 개발과 지역공동체 운동

산업사회, 사실상 자본주의의 역사는 전통적인 지역공동체의 붕괴의 역사라고 할 만하다. 마을, 대가족, 교회를 불문하고 전통적인 지역공동체의 해체는 노동력의 유입, 개인과 가계 소비 수준의 증가, 유동인구의 증가, 개인주의의 확산을 요구하는 산업자본주의의 발달을 위해 필수불가결한 과정이자 귀결이었다. 농촌 지역에 일부 전통적인 지역사회가 남아 있고, 어떤 지역사회는 기능적인 역할을 통해 통합되고 유지되고 있기는 하지만, 전통적인 의미에서 지역사회가 현대 산업사회의 주요 구성부분을 이룬다고는 할 수 없다. 따라서 지역사회 기반 서비스 전략은 지역공동체에 대한 파괴 경향을 역전시키는 것과 함께 진행되지 않는다면 효율적이지 못할 것이다. 이런 점에서 지역사회 기반 서비스는 지역공동체를 재형성하는

---

[3] 이에 대하여는 그렉 호킨스·캘리 파킨슨, 박소혜 역, 「MOVE 무브 : 영적 성장에 대한 1,000개 교회들의 증언」(서울 : 국제제자훈련원, 2013), 특히 3장과 15장을 볼 것.

지역사회 개발 프로그램과 결합될 필요가 있다.[4]

이러한 지역사회 개발의 목적은 지역사회를 소중한 인간 경험의 장이자 인간 욕구 충족의 장으로 재건설하기 위함이다. 그러나 상당수의 지역사회개발 프로그램들은 인간 존재의 측정 측면에만 기초하여 보다 강력한 지역사회 기반을 건설하고자 하며, 그 밖의 다른 측면은 무시하는 경향이 있다. 전통적인 사회복지 실천에 뿌리를 두고 있는 지역사회 개발은 지역사회 기반의 휴먼서비스 공급에 치중하는 반면, 지역사회의 경제적 기초는 무시하는 경향이 있다. 반면에 지역경제개발 프로젝트들은 경제가 개발되면 다른 모든 것은 그에 뒤따르게 된다는 가설에 기초하고 있으며 따라서 당연히 근본적인 사회적 욕구를 무시하는 경향을 눈에 띈다.

지역사회 개발의 목적이 지역사회 단위를 좀 더 체계적으로 발전시켜서 주민들이 보다 인간다운 삶을 영위하도록 하는 데 있다는 점을 고려한다면, 지역사회 개발은 외형적 또는 물질적 개선에서 접근하기보다 지역사회 구성원들의 의식 변화를 통해서 나타나는 주민 주도가 가장 바람직한 유형이다. 이러한 방법은 곧 그 지역사회를 구성하고 있는 주민들의 협력과 개발하고자 하는 의식이 따르지 않으면 전개하기 어렵게 되는 제한점을 가지고 있다. 그리고 지역사회 개발은 지역사회 구성원들 간의 협동의식의 고취에서 출발하여 궁극적으로 그 지역사회의 공동체를 형성해 나가는 것이 지역사회 개발의 중요한 이념인 것이다. 따라서 지역사회 개발 전략은 지역공동체에 대한 파괴 경향을 역전시키는 것과 함께 진행되지 않는다면 효율적이지 못하게 된다.

이러한 측면에서 지역사회 개발은 현대사회에 들어서 쇠퇴하고 있는 시민사회와 사회자본을 회복시키기 위한 시도로서 이해된다. 사회자본이란 협력 행위를 촉진해 사회 효율성을 향상시킬 수 있는 사회 조직의 속성을 가리키는 말로, 사회학자인 퍼트남은 사회자본은 생산성이 있기 때문에 특정 목표를 달성하는 것을 가능하도록 해 준다고 말한다.[5] 곧 구성원들이 서로 신뢰하고 다른 사람들에 대한 믿음을 보이는 집단은 그렇지 않은 집단보다 많은 것을 성취해 낼 수 있다는 것이다. 퍼트남은 「나홀로 볼링」(Bowling Alone)이라는 책에서 미국에서 볼링리그의 감소가 자발적 시민 결사체를 통한 공동체의 참여가 급감하고 있는 현실을 상징적으로 보여 주고 있다고 말한다. 볼링장에서 맥주와 피자를 들면서 사회적 교류를 하고 공

---

4) 짐 아이프, 류혜정 역, 「지역사회개발」(서울 : 인간과복지, 2005), 50-51.
5) 로버트 퍼트남, 안청시 외 역, 「사회자본과 민주주의」(서울 : 박영사, 2000), 281.

동체의 문제에 관해 이야기하는 사람들은 줄어들고 자기만의 여가를 즐기려는 나홀로 볼링족만 북적대고 있다는 사실은 미국의 사회자본의 감소를 상징적으로 보여 주고 있다는 것이다. 이러한 사회자본의 쇠퇴는 삶의 질을 떨어뜨리기 때문에 큰 문제로 여겨지고 있다. 그런데 지역사회 개발은 이러한 경향을 역전시키기 위한 시도로서 시민사회 구조와 사회자본 모두에 작용할 수 있는 것으로 받아들여지고 있고, 이것이 바로 최근 지역사회 개발에 대한 관심이 급증하게 된 이유이다.[6]

퍼트남은 시민의 참여가 세 가지 측면에서 사회자본의 주축 형태라는 것을 인식한다. 첫째로, 시민의 참여는 자발적인 것이기 때문에 개인적인 헌신에 의존하고 공공생활에 도덕적인 덕목의 중요성을 들여온다는 것이다. 둘째로, 시민의 참여는 지역적인 것이기 때문에 개인들에게 그들의 공동체에서 영향력이 있게 할 수 있다는 의식을 부여한다. 그리고 셋째로, 시민의 참여는 사회적이기 때문에 개인적인 필요조차도 다른 사람과의 교제 속에서 가장 잘 추구될 수 있다는 것이다. 종교활동은 이러한 시민의 참여를 촉진하는 사회자본의 한 형태이다. 종교 모임은 다른 시민 조직에 참여하는 데 필요한 대인기술을 얻고, 직업, 후원 집단, 공공 행사에 절대 필요한 정보가 의존하는 연결망을 발전시키면서 사람들이 서로 교섭하고 신뢰하는 것을 배우는 장소가 되기 때문이다.[7] 원자화된 개인들이 운동경기를 보듯이 모여 있는 교회 구성원들이 공공의 문제를 토론하는 사회관계로 발전하게 된다면, 시민 사회를 지탱할 수 있는 하나의 사회자본으로 형성될 수 있는 것이다.

이러한 점에서 중요한 것은, 일면적 지역사회 개발은 실패할 확률이 높다는 것이다. 그것은 통합적인 접근법을 채택하지 않고 단선적 사고를 함으로써 오는 결과이다. 지역사회 개발은 사회, 경제, 정치, 문화, 환경, 정신적 측면을 모두 고려해야 한다. 이 모두에 동등한 우선순위를 부여할 수 없는 상황도 있고, 지역의 특성에 따라 어느 한쪽에 치중해야 할 경우도 있으나 중요한 것은 여섯 가지 측면이 모두 중요하고 이들 사이에 균형 개발이 이루어져야 한다는 점이다. 특히 최근에는 무분별한 개발로 인한 폐해가 심각해짐으로써 환경문제를 해결하기 위해 지속 가능한 발전의 개념에 주목을 하게 된다. 지속 가능성이란 물리적 환경친화성만이 아니라 정치, 경제, 사회의 모든 측면에서 통합적인 지속 가능성을 의미한다. 근대 서구

---

6) 짐 아이프, 「지역사회개발」, 54.
7) 이에 대하여는 Robert D. Putnam, *Bowling Alone : The Collapse and Revival of American Community*(New York : Simon & Schuster : 2000), 4장을 볼 것.

학문의 발달과정에서 인간과 환경은 서로 다른 영역에 속하는 것으로 간주되어 왔다. 곧 환경은 주체인 인간의 인식과 활동을 규정하는 외적 조건이며, 이러한 활동을 위한 대상이 되는 객체로 인식되는 것이다. 그러나 이러한 사고방식으로 인해 인류는 엄청난 환경의 재앙과 위기 상황에 놓이게 됨으로써 패러다임의 전환이 요구되고 있다.[8]

이러한 지속 가능한 사회의 모습은 다음과 같은 것이다. 첫째로, 지속 가능한 사회의 이념은 경제 발전과 자연환경, 그리고 사회복지를 포함한 개념이다. 둘째로, 지속 가능한 사회는 의사결정에서 구성원의 참여를 중시하는 협의적인 참여민주주의가 실천되는 사회이다. 셋째로, 지속 가능한 사회는 지속 가능한 농업을 기반으로 유지되는 사회이다. 넷째로, 지속 가능한 사회에 적합한 기술과 생산방법은 지역 생태계와 공동체에 적합해야 한다. 마지막으로, 지속 가능한 사회는 경제활동과 생활 자체가 환경오염을 최소화하는 자원순환형 사회여야 한다. 이를 위해 생태공원, 생태도시, 생태마을 등 자연친화적인 마을 만들기에 노력해야 한다. 도시나 마을 전체를 자연친화적으로 만드는 것은 주민의 역량만으로 하는 데 한계가 있으나 다양한 주민주도형 살기 좋은 마을 만들기 운동에 관심을 갖고 지역공동체 운동에 참여할 필요가 있다.

4. 마을목회와 지역공동체 세우기

1) 교회와 마을 만들기

최근에 활발하게 논의되고 있는 공동체라는 개념은 물리적인 공간에 한정된 개념은 아니다. 이렇게 장소의 의미는 내포되어 있지 않은 커뮤니티와 구별하여 지역공동체는 일정한 지역을 공유하는 인간집단이라는 면에서 굳이 영어로 표현하자면 'local community'의 개념에 가깝다고 할 수 있다. 산업화의 결과로 전통적 공동체들이 와해된 상황에서 삶의 기반을 공유하는 지역사회에 공동의식에 터한 공동체를 형성한다는 의미의 '지역공동체 세우기'를 하는 것은 매우 의미 있는 작업이

---

8) 김대희, 정지웅 외, "지역사회생태와 환경," 「지역사회 종합연구」(서울 : 교육과학사, 2005), 107-108.

다. 이러한 지역공동체는 일정한 지리적 영역 안에 거주하는 지역의 구성원들이 목적과 가치를 공유할 수 있는 여건을 만들고, 그러한 목적을 달성할 수 있는 사회적 역량을 구축해 나가는 일련의 조직화된 활동을 전제로 한다.

교회는 이러한 지역공동체를 형성하는 데 중요 주체가 될 수 있다. 그 이유는 첫째, 교회는 시민사회 내의 중요한 자원 결사체의 하나이며, 개인의 극단적인 이기성을 제어할 수 있는 공동체의 권위를 가지고 있기 때문이다. 미국의 시민 사회 논의에서 언제나 빠지지 않고 등장하는 주체 가운데 하나가 바로 교회와 관련 단체들이다. 사회학자인 로버트 벨라는 미국 사회의 공공성 회복을 위한 하나의 방편으로 기독교 전통의 회복을 주장하고 있고, 퍼트남 역시 교회 및 그 관련 소그룹들을 미국 공공성의 중요한 범주로 다루고 있다.[9] 또한 로버트 우스노우는 아예 「기독교와 시민사회」라는 제목의 책을 통하여 그 가능성을 탐색하고 있기도 하였다.[10] 그것은 적어도 시민사회 딜레마에 대해 교회가 가지고 있는 가능성에 주목하고 있는 사례들이라 할 수 있을 것이다.

두 번째 이유는 교회가 가지고 있는 문화자원 때문이다. 개인 안에 내재하는 하나님의 성품을 가정하고 타인에 대한 헌신이나 돌봄 등의 윤리를 강조하는 것은 기독교 교리 안에서 본래부터 내재한 것들이다. 따라서 사회의 공공성 실현이라는 과제는 교회가 전통적으로 가지고 있는 교리 가운데 하나라고 볼 수 있다. 최근 한국교회의 현실에서 이러한 가치들이 드러나고 있지 못한 점은 매우 안타까운 일이다. 하지만 공공성과 관련하여 교회가 가지고 있는 가능성만은 누구도 부인하기 어려울 것이다.[11]

신학의 관점에서 볼 때 교회는 본질 성격상 모두 지역교회(local church)이기도 하지만,[12] 사회학적으로 보면 교회 역시 교회가 터하고 있는 지역사회에서 지방자치단체, 시민단체, 기업, 주민 등과 더불어 지역사회의 주요한 구성원이다. 교회는 그 지역사회의 정치, 경제, 사회 문제와 직접적인 관련을 가진 개인들로 이루어진 것이며, 이 사람들을 위하여 세워진 기관이다. 그러므로 교회는 그 지역사회의 문

---

9) 이에 대하여는 Robert D. Putnam, 위 글을 볼 것.
10) 이에 대하여는 로버트 우스노우, 정재영·이승훈 역, 「기독교와 시민사회 : 현대 시민사회에서 기독교인의 역할」(서울 : CLC, 2014)을 볼 것.
11) 교회의 공공성에 대하여는 기윤실 엮음, 「공공신학」(서울 : 예영, 2008)의 여러 글들을 볼 것.
12) 성석환, "지역공동체 형성을 위한 '문화 복지'의 실천," 「지역공동체를 세우는 문화 선교」(서울 : 두란노, 2011), 14.

제와 직접적으로 연결되어 있다. 교회 실존의 근거가 바로 지역사회인 것이다. 따라서 교회와 지역사회를 분리해서 생각한다는 것은 불가능하다. 이런 점에서 교회는 지역사회 안에서 일어나는 사회문제를 진지하게 다루고 그것을 해결하려는 노력을 해야 할 의무를 가지고 있다고 할 수 있다.

개인 사이의 신뢰가 사회 전체의 신뢰 구조를 만들어 내는 선순환의 구조가 되듯이, 사회 안에서 큰 비중을 차지하고 있는 종교단체의 사회참여와 봉사는 다른 자발적 결사체에 자원을 공급하기도 하고, 다른 조직들의 활성화에도 기여한다. 이것은 종교단체가 신자들의 신앙에 영향을 주어 신자들의 사회참여와 봉사를 유도하는 것과는 다른 차원이다. 개인 단위의 자원봉사가 아니라 집단 단위의 자원봉사가 시민 공동체 만들기에 더 큰 기여를 한다는 연구 결과도 있다. 교회와 같은 종교단체의 사회봉사나 사회참여는 중간 집단이나 매개 집단의 활성화를 통해 지역사회 또는 시민사회의 조직화, 공동체 만들기의 촉매 역할을 할 수 있다. 또한 신자들이 비종교적 사회단체에 참가하도록 촉진하기도 한다. 이와 같이 교회는 시민사회에서 중요한 역할을 감당할 수 있는 조직이다.

한국교회는 이미 다양한 방법으로 지역사회에 관심을 가져왔고 또한 사역을 실천해 왔다. 이러한 활동들은 대개 사회사업, 사회봉사, 사회복지라는 개념으로 대별될 수 있다. 이러한 활동들이 매우 의미 있고 우리 삶의 조건을 개선하는 데 일정한 기여를 해 왔다는 것은 사실이다. 그러나 이러한 활동들은 많은 경우 복음전도의 수단으로 여겨져 온 것 또한 사실이다. 복음전도의 접촉점을 마련하고자 이러한 방법을 활용한 것이다. 또한, 도덕적 우월감 위에서 시혜를 베푸는 식으로 이루어지기도 하였다. 인격적인 관계를 형성하기보다는 시혜자와 수혜자라는 비대칭적 관계에서 수혜자를 대상화해 온 것이다. 그리고 그마저도 지속성이 없이 일회성으로 끝나 전시성이 강하고, 대형교회들 중심으로 과시적으로 이루어진 측면이 있다.

그러나 이제는 이러한 이원론식의 패러다임에서 공동체에 대한 관점으로 패러다임을 전환할 필요가 있다. 공동체라는 관점에서는 특정인이 우월한 위치를 점하지 않고, 주종의 관계를 이루지 않는다. 모든 공동체 구성원들이 동등한 자격으로 함께 참여하는 것이다. 교회 역시도 다양한 지역사회 구성원 중 하나라는 생각으로 다른 구성원들을 존중하며 인격적인 관계를 형성하는 것이 무엇보다도 중요하다. 그리하여 결국에는 주민 스스로 자신들의 문제를 해결해 가며 지역공동체를 형성할 수 있도록 돕는 것이다. 이러한 인식론적 입장에서만이 다원화된 현대사회에서

복음을 설득력 있게 제시할 수 있을 것이다.[13]

바로 이런 점에서, 우리는 최근 시민사회에서 활발하게 논의되고 있는 '마을 만들기'에 주목할 필요가 있다. 이전에는 주로 지역사회 개발운동으로 지역사회 주민들의 자주적인 참여와 주도적 노력으로 지역사회의 경제적, 정치적, 사회적 조건의 향상을 추구해 왔다. '참여'를 통해 진정한 민주주의를 실현하기 위한 방편으로 공동체주의 운동 활성화가 필요해지면서, 지역사회 구성원들의 '참여'와 다양한 기관과의 '연대'를 강조하는 것이다. 그러나 앞에서 살펴본 바와 같이 최근에는 한 걸음 더 나아가 단순히 경제 발전이나 개발을 지향하는 것이 아니라 지역공동체 형성에 관심을 모으고 있다. 개인주의 사회가 경쟁을 앞세운 약육강식과 적자생존의 원리가 지배한다면, 공동체 운동은 배려와 관심으로 더불어 사는 공동체를 추구한다. 마을 만들기는 바로 이러한 취지에서 지역사회를 재구조화하기 위한 시도로 볼 수 있다.[14]

마을 만들기 운동은 일종의 주민자치운동으로 여기서 '마을'이란 시민 전체가 공유하는 것임을 자각할 수 있고 공동으로 이용하며 활용할 수 있는 장을 총칭한다. 대부분의 도시 계획이나 도시 재개발 사업이 국가가 주도하는 사업이라면, 마을 만들기는 관 주도의 지역 개발 운동에 오히려 저항하며 주민들의 주체적인 참여를 강조하는 것이 가장 큰 대조점이라고 할 수 있다. 이러한 뜻에서 관변식, 학술적 한자어를 피하여 '마을'이란 단어를 사용하는 것이다. 그리고 '마을 만들기'란 그 공동의 장을 시민이 공동으로 만들어내는 작업을 말한다.

이러한 마을 만들기는 '눈에 보이는 마을 만들기'와 '눈에 보이지 않는 마을 만들기'의 두 가지 측면이 있는데, '눈에 보이는 마을'이란 말 그대로 물질로 구성되어 눈으로 관찰할 수 있는 마을을 뜻하는 것이며, '눈에 보이지 않는 마을'이란 눈에 보이지 않는 사람들의 활동으로 형성되는 마을을 뜻하는 것이다. 따라서 '마을 만들기'는 '사람 만들기'를 포함하는데, 곧 시민의식을 가지고 참여하는 사람이 되도록 의식을 개혁하는 것을 가리키는 것이다. 이러한 마을 만들기 운동에 교회가 참여하는 것은 매우 의미가 크다. 시민의식은 기독교 정신과도 통하는 것이며, 특히

---

13) 교회가 참여하는 지역공동체 운동과 관련하여 정재영·조성돈, 「더불어 사는 지역공동체 세우기」(서울 : 예영, 2010)와 김경동, 「기독교 공동체 운동의 사회학」(서울 : 한들, 2010)을 볼 것.
14) 마을 만들기에 대하여는 다무라 아키라, 강혜정 역, 「마을 만들기의 발상」(서울 : 소화, 2005)을 볼 것.

눈에 보이지 않는 사람들의 의식을 형성하는 데 기독교의 가치를 지향할 수 있도록 협력할 수 있기 때문이다.[15]

교회는 일차로 예배공동체의 성격을 지니고 있지만, 그와 동시에 사회 속에 존재하는 시민공동체이기도 하다. 하나의 의례행위로서 예배에 참여하는 것으로 그칠 것이 아니라 교회가 터한 지역사회를 공동체화하는 데까지 나아가야 한다. 특히 한국교회는 개 교회 내부 결속력은 강하지만, 다른 교회와의 협력이나 지역사회에서의 연계 활동은 부족하므로 이에 대한 노력이 더욱 절실한 상황이다.[16] 지역에 있는 여러 교회들이 지니고 있는 다양한 물질과 제도 자원이 지역사회를 위해 효과적으로 활용될 뿐만 아니라 교회 구성원들이 지역사회 구성원으로서의 정체성을 가지고 지역공동체 활동에 적극적으로 참여함으로써 마을목회를 펼칠 필요가 있다.

2) 공동체 자본주의 운동

이러한 지역공동체 운동이 주목을 받는 이유 중에 하나는 최근 미국의 경제 위기를 비롯해서 세계적으로 자본주의에 대한 반성과 대안을 찾는 움직임과 관계가 있다. 이것은 우리 사회도 마찬가지이다. 우리 사회에서 자본주의는 자본 곧 돈이 중심이 되는 사회를 의미하고, 기업은 수단과 방법을 가리지 않고 이윤을 추구하는 것이 목적인 양 이해되고 있다. 근대 자본주의 사상의 주창자라고 할 수 있는 아담 스미스의 사상마저도 아전인수로 왜곡시킨다. 흔히 아담 스미스의 사상을 나타내는 저서로 「국부론」이 이야기되지만, 그의 사상은 「도덕 감정론」에 더 잘 드러나 있다. 현재 우리 사회의 자본주의 상황은 결코 바람직하지도 이상적이지도 않다. 근대 자본주의를 등장시킨 청교도 윤리와는 더더욱 거리가 멀다.[17]

우리는 이러한 자본주의 기업에 대하여 다른 시각으로 접근할 필요가 있다. 약육

---

15) 최근에는 CHE 선교회와 같이 지역사회를 선교 대상으로 보는 관점도 등장하고 있다. CHE는 Community Health Evangelism의 줄임말로 총체적 지역사회 선교의 관점으로 특히 위생 환경이 열악한 제3세계 국가들에서 우물을 파 주는 일 등을 통해 선교 지역의 필요를 채워 주는 방식으로 일하고 있다. 이에 대하여는 스탠 롤랜드, 정길용 역, 「전인적 지역사회 개발선교 : CHE를 통한 총체적 변화」(서울 : 에벤에셀, 2009)를 볼 것.
16) 사회학자인 퍼트남은 자신의 책에서 교회의 내부 결속력을 bonding social capital로, 연합활동을 bridging social capital로 표현하였다. 이에 대하여는 Robert D. Putnam, 위 글을 볼 것.
17) 이것은 막스 베버가 자신의 저작인 「프로테스탄티즘의 윤리와 자본주의 정신」(서울 : 세계, 1988)에서 전개한 핵심 논제이다.

강식의 논리가 아니라 약자를 배려하고 소수자를 존중하는 태도로 기업을 할 수 있다는 것이다. 이러한 입장에서, 최근에 기존의 자본주의에 대한 하나의 대안으로 등장한 것이 '공동체 자본주의'이다. 공동체 자본주의는 자본주의 체제에 대한 성경적, 시대적 대안으로, 경제자유와 경제정의의 유기적 조화를 지향한다. '다 같이 더 잘 사는 건강한 공동체'를 만들기 위해 사회적 약자의 천부인권과 정직(Integrity)을 기본으로 하는 경제정의 하에서 개인들의 경제적 인센티브가 최대한 보장되고, 창의적 방법에 의한 자발적 나눔이 문화가 되는 자본주의가 공동체 자본주의인 것이다.[18]

　이러한 공동체 자본주의는 곧 청교도 정신과도 일맥상통하는 것이다. 근대자본주의가 프로테스탄티즘에 의해 태동되었음과 처음 태동될 때부터 이미 공동체 정신을 그 핵심요소의 하나로 가지고 있었기 때문이다.[19] 따라서 공동체 자본주의에 터한 지역공동체 운동에 교회가 참여하는 것은 매우 의미 있는 작업이다. 본래 청교도 윤리에서 유래한 근대 자본주의 정신을 되찾고, 왜곡된 자본주의로 인해 피폐화된 현대인들에게 공동체를 제공해 줄 수 있다는 것은 기독교만이 할 수 있는 일이기 때문이다. 그리고 이러한 공동체 자본주의는 지역사회 개발에서도 기본 원리로 적용될 수 있다.

　이러한 대안의 경제 활동은 공정 무역, 사회적 기업, 윤리적 소비와 같은 것들인데, 현재의 자본주의의 문제를 극복할 뿐만 아니라 세계적인 빈곤문제를 구조적으로 해결할 수 있는 하나의 중요한 방법으로 이해될 수 있다. 먼저, 공정무역은 일반 무역과 달리 제3세계 노동자들에게 최소한의 안정적인 임금을 지불하고 수입을 하는 것을 말한다. 공정무역을 통해 가난한 나라의 생산자들은 정당한 대가를 받는다. 이들이 생산한 제품에는 공정하고 안정된 가격이 매겨지고 노동자들은 정당한 임금을 받는다. 그리고 초과 이익이 발생하면 대개의 경우 자신들의 사업이나 공동체에 다시 투자한다.

---

18) 이와 관련하여 최근에는 신자유주의로 인한 시장의 위기를 극복하기 위한 대안으로 '자본주의 4.0'과 관련된 논의들이 폭넓게 이루어지고 있다. 자본주의 4.0에서는 정부가 간섭하지만 않으면 효율적인 시장이 모든 문제를 해결할 수 있다는 신고전학파 경제학의 이론적 가정은 정치선전의 형태로 타락했다고 보고, 시장근본주의 이데올로기를 부추기는 것이 오히려 위기를 확대시키는 요인으로 작용하고 있다고 비판한다. 아나톨 칼레츠키, 위선주 옮김, 「자본주의 4.0 : 신자유주의를 대체할 새로운 경제 패러다임」(서울 : 컬처앤스토리, 2011).
19) 이에 대하여는 고건, "공동체 자본주의와 근대 자본주의 정신" KDI, 「사회적 기업 활성화 방안에 관한 심포지움 자료집」(2008년 11월 14일)을 볼 것.

공정무역이 훌륭한 까닭은 가난한 사람들을 위해 움직이기 때문이다. 공정무역은 주류 무역 체계를 대체할 수 있는 실용적인 방안이다. 공정무역의 잠재시장은 거대하다. 공정무역은 세계 무역 체계의 불공정한 거래를 바꿀 수 있고, 가난한 사람들과 공동체들이 가난에서 벗어날 수 있도록 도움을 줄 수 있다. 이것은 단순히 가난한 사람들에게 필요한 물품을 제공하는 것이 아니라 그들이 스스로 일을 해서 가난을 극복할 수 있게 해 주기 때문에 중요한 것이다. 다시 말해서, 물고기를 주는 것이 아니라 물고기를 낚는 법을 알려 주는 것이다.[20]

그리고 이러한 공정무역 제품을 구입하는 것을 '윤리적 소비'라고 한다. 일반적으로 상품을 선택하는 기준은 가격과 품질이다. 품질이 같은 두 상품이 있다고 할 때는 싼 상품을 구입하는 게 상식이다. 이런 소비를 두고 흔히 합리적인 소비라고 한다. 여기에 또 다른 소비행태가 있다. 가격과 품질보다는 상품이 나오기까지의 과정을 먼저 살펴보는 것이다. 환경을 해치지는 않았는지, 어린 노동력을 착취하는 비윤리적인 행위는 없었는지, 저개발국의 생산자들과 직거래를 한 공정무역 제품인지를 따진다. 이런 소비를 일컬어 윤리적 소비라고 한다. 우리가 공정무역 제품을 살 때 전 세계의 가난한 사람들이 혜택을 입을 수 있다. 이와 같이 공정무역 제품을 사는 일은 더 나은, 그리고 더 관대한 세상을 이루기 위한 아주 현실적인 실천 방식이다.

공정무역, 윤리적 소비와 함께 우리가 관심을 가져야 할 것이 사회적 기업이다. 사회적 기업은 두 마리의 토끼를 좇는다. 그것은 '영리적 이윤 창출'과 '사회적 사명의 수행'이다. 그래서 사회적 기업은 재정적 수익이라는 경제 가치와 함께 사회적 목적 달성이라는 사회 가치를 창출하는 것이다. 이 둘의 관계는 명확하다. 영리적인 수익 활동은 그 자체가 목적이 되는 것이 아니라 사회적 목적을 위한 자원 창출의 수단일 뿐이다. 따라서 일반 기업은 영리 추구가 목적이지만, 사회적 기업은 사회에 대한 공헌을 사업으로 하는 기업이라고 할 수 있다. 이러한 사회적 기업은 이타적 동기를 추진 동력으로 한다. 곧 사회적 취약계층에게 일자리나 사회적 서비스를 제공하는 목적을 추구하여 영업활동을 수행하는 것이다.

---

20) 마일즈 리트비노프・존 메딜레이 저, 김병순 역, 「인간의 얼굴을 한 시장경제, 공정무역」(서울 : 모티브룩, 2007)은 공정무역으로 변화된 사례 50가지를 제시한다. 50가지 사례에서 우리는 공정무역이 개발도상국에 사는 어린이와 여성, 남성에게 어떻게 혜택을 주는지, 그리고 선진국에 사는 사람들은 공정무역이 더 큰 효과를 발휘하도록 하기 위해 무엇을 할 수 있는지 직접 볼 수 있다.

이러한 사회적 기업은 일회성의 자선이나 구호를 통해서는 가난한 사람들이 빈곤에서 벗어날 수 없기 때문에 가난한 사람들에게 일자리를 주고, 그들이 구입할 수 있는 저렴한 물건을 생산함으로써 구조적으로 가난을 탈출하도록 돕는다. 사회적 기업은 일반 노동시장에서 배제되거나 환영받지 못하는 저소득 사회계층을 고용해 기업 활동을 통해 수익을 창출하는 것이다. 이렇게 사회적 기업은 이들에게 일자리를 제공할 뿐만 아니라 적절한 이익을 내고 이러한 이익을 같은 유형의 사업에 재투자함으로써 '지속 가능한' 사회적 공헌이 가능하도록 하고 있다. 사회적 기업의 정체성은 "우리는 빵을 팔기 위해 고용하는 것이 아니라 고용하기 위해 빵을 판다"는 미국의 한 사회적 기업가의 말에서 엿볼 수 있다.[21]

사회적 기업과 유사하지만, 이보다 지역성을 강조하는 형태의 기업을 커뮤니티 비즈니스라고 한다. 커뮤니티 비즈니스는 마을 만들기의 일종으로 자신이 살고 있는 지역을 건강하게 만드는 주민 주체의 지역사업이라고 할 수 있다. 우리나라에도 희망제작소와 같은 시민단체들을 통해서 소개가 되어 '마을기업'이나 '마을회사'라는 말로 표현되기도 하였다.[22] 커뮤니티 비즈니스란 용어는 1970년과 1980년대에 영국 스코틀랜드 지방에서 처음 만들어졌으나 일본에서 1994년부터 더 적극적으로 이 용어가 사용되었다. 일본에서 정의되는 커뮤니티 비즈니스란 지역 커뮤니티를 기점으로 주민이 친밀한 유대관계 속에서 주체적으로 사업을 운영하는 것을 말한다. 또한 지역 커뮤니티에서 잠자고 있던 노동력, 원자재, 노하우, 기술 등의 자원을 활용하여 자발적으로 지역문제의 해결에 착수하고, 바로 비즈니스를 성립시키며, 커뮤니티를 활성화하는 것을 목적으로 한다.[23]

고령화 저출산을 우리보다 앞서 경험한 일본은 버블경제가 붕괴된 이후, 오사카를 중심으로 황폐화된 지역이 증가하는 등의 일본형 도시 공동화 문제가 발생하였다. 이러한 지역을 활성화시키기 위한 방안을 찾기 위하여 도시 내부 문제 연구에 몰두하여 고안된 것이 커뮤니티 비즈니스이다. 커뮤니티 비즈니스는 자신이 살고

---

21) 사회적 기업의 원조는 노벨평화상을 받은 방글라데시의 빈민운동가 무하마드 유누스가 30여 년 전에 세운 '그라민뱅크'가 꼽힌다. 「한국의 사회적 기업」에서는 시장경쟁을 헤치고 살아남은 한국의 사회적 기업 12개를 소개하고 있다.
22) 교회와 커뮤니티 비즈니스에 대해서는 정재영, "교회가 참여하는 지역공동체 운동으로서의 커뮤니티 비즈니스," 「신학과 실천」, 제34호(2013년 2월)를 볼 것.
23) 호소우치 노부타카 엮음, 장정일 역, 「우리 모두 주인공인 커뮤니티비즈니스」(서울 : 이매진, 2008), 15.

있는 지역을 건강하게 만드는 주민 주체의 지역사업이라고 할 수 있다. 지금까지 정부나 기업이 제공하는 상품이나 서비스와 달리, 주민 스스로 지역의 어려움을 해결하고 삶의 질을 높이기 위한 활동을 비즈니스로 전개하려는 것이다.[24]

커뮤니티 비즈니스가 일반 기업과 크게 다른 점은 '지역을 위해서' 또는 '사람을 위해서' 일의 의미를 추구한다는 것이다. 또한 사회적 기업의 정의와 일치되는 부분도 많지만 커뮤니티 비즈니스와 사회적 기업은 정의 외에 주체, 목표, 자원 등 많은 부분에서 차이가 있다.[25] 사회적 기업이 저소득 계층의 빈곤 극복을 목적으로 한다면, 커뮤니티 비즈니스는 지역 사람들을 통해 지역 문제를 해결하는 것이 목적이라고 할 수 있다. 이러한 커뮤니티 비즈니스의 효과는 참여자의 일하는 보람과 자아실현을 통한 인간성의 회복, 다양한 지역사회 문제의 해결, 지역 문화 계승과 창조, 경제 기반의 확립 등이라고 할 수 있다.[26]

마지막으로, 협동조합은 경제적으로 약소한 처지에 있는 농민이나 중·소 상공업자, 일반 소비대중들이 상부상조의 정신으로 경제 이익을 추구하기 위하여 물자 등의 구매·생산·판매·소비 등의 일부 또는 전부를 협동으로 영위하는 조직단체를 의미한다. 협동조합이 가지고 있는 특징은 조직이 자발성에 기초하고 있고, 운영이 민주적이며, 사업 활동이 자조적이고, 경영이 자율적이라는 점에서 정부기업과 구별된다. 또한 경제활동의 목적이 조합의 이윤 추구에 있지 않고 조합원에게 봉사하는 데 있다는 점에서 주식회사와도 구별된다.[27]

협동조합이 주목받는 이유는 조합원이 근로자이며 동시에 소유주이기 때문이다. 협동조합은 돈을 버는 게 주목적이 아니고, 경쟁보다는 협동, 돈보다는 사람을 중심으로 삼고 있다. 독과점의 피해를 입는 경제적 약자들이 혼자서 당하지 않고 힘을 합쳐서 맞서는 것이다. 자본주의의 상징인 주식회사와 비교하면 협동조합의 특징을 한눈에 알 수 있다. 주식회사는 주주들이 움직이며 1주 1표다. 반면 협동조합

---

24) 호소우치 노부타카 엮음, 「지역사회를 건강하게 만드는 커뮤니티비즈니스」(서울 : 아르케, 2006), 20-21.
25) 김영수·박종안, "한국 커뮤니티 비즈니스의 성공요소에 관한 사례연구 : 농촌체험 관광마을을 중심으로," 「농촌사회」, 제19집 2호(2009년), 168-169.
26) 호소우치 노부타카 엮음, 「우리 모두 주인공인 커뮤니티비즈니스」, 27-28.
27) 협동조합에 대하여는 스테파노 자마니·베라 자마니, 송성호 역, 「협동조합으로 기업하라 : 무한경쟁시대의 착한 대안, 협동조합 기업」(서울 : 북돋움, 2012), 그리고 협동조합의 다양한 사례에 대해서는 김현대·하종란·차형석, 「협동조합, 참 좋다 : 세계 99%를 위한 기업을 배우다」(서울 : 푸른지식, 2012)를 볼 것.

은 출자자들이 있다. 1인 1표다. 다시 말해서 주식회사에서는 주식을 많이 가지고 있으면 대주주가 되고 의사결정권이 높아지지만, 협동조합은 모두가 동등하다는 것이다. 주식회사는 물건을 비싸게 팔아서 남긴 이윤을 주주들이 나눠 갖는 반면에, 협동조합은 물건을 싸게 팔아서 이용자들이 혜택을 누린다. 이런 점에서 협동조합은 에너지와 식량 문제, 저출산 고령화 문제, 그리고 세계 경제 불평등의 문제에 대해서도 대안이 될 수 있을 것으로 주목받고 있다.[28]

그리고 이러한 발상은 기독교 정신과도 통하는 것이다. 협동조합의 대표할 만한 사례로 여겨지는 스페인 몬두라곤 협동조합은 돈 호세 마리아 신부에 의해 시작되었다. 또한 우리나라의 경우에도 1920년대에 이미 협동조합에 대한 논의들이 활발하게 전개되었고 그 중심에는 YMCA를 비롯한 기독교 단체 및 기독교 지도자들이 있어 "우리 사회에서 협동조합의 발달사는 기독교 사회운동과 맥을 같이한다."고 말할 정도이다. 그러나 안타깝게도 기독교 내부에서 일어났던 협동조합 운동은 여러 가지 이유로 세력이 많이 약화되어 기독교인들에게조차 낯설게 되었다.

우리나라 협동조합은 전환기를 맞고 있다. 2012년 12월에 협동조합기본법이 발효되었기 때문이다. 이제 마음에 맞는 사람 5명만 있으면 누구든 협동조합을 만들 수 있다. 이에 대하여 한국개발연구원은 협동조합이 경제민주화에 이바지하는 새 물결이 될 것이라고 전망했다. 민주적인 경영조직을 육성하면 대규모 지배기업의 부당한 활동을 제한할 수 있는 경제적 민주화를 이룰 수 있다는 분석이다. 그러나 막연한 장밋빛 전망과 기대는 금물이다. 협동조합이 전제하는 민주적 절차는 일방적으로 밀어붙이지 않고 느리더라도 함께 가는 의사결정을 하기 때문에 힘들고 더딘 과정을 거쳐야 한다. 이제 막 제도가 마련되는 만큼 충분한 동기 부여와 역량을 키우는 것이 필요하다. 그리고 협동조합의 정신과 취지를 유지하도록 노력하는 것도 매우 중요하다.

5. 지역공동체 운동의 확산을 위하여

지역공동체 운동은 단기간에 성과를 낼 수 있는 일이 아니다. 특히 교회가 이

---

[28] 이에 대하여는 김기섭, 「깨어나라! 협동조합 : 더 좋은 세상을 만드는 정직한 노력」(서울 : 들녘, 2012)을 볼 것.

일에 참여한 경험이 많지 않기 때문에 많은 시행착오를 거칠 수도 있다. 그러나 지역공동체 운동은 기존의 사회봉사, 사회복지의 차원을 넘어 교회가 실제로 지역사회에 뿌리를 내리고 지역을 공동체화하기 위해 참여하는 활동이므로 향후 십여 년 간 가장 관심을 갖고 총력을 기울여야 할 과제이다. 아직은 소수의 교회 지도자들이 관심을 갖고 사역을 계획 중에 있는 수준이므로 이 운동에 대한 관심을 북돋고 보다 많은 교회가 참여할 수 있도록 독려할 필요가 있다.

또한 참여하는 교회가 개별활동을 하기보다는 가능한 대로 많은 교회가 협력할 수 있는 방안을 마련할 필요가 있다. 특정 교회가 지역공동체 활동에 홀로 참여하기보다는 지역에서 이 일에 관심을 가지고 참여할 만한 다른 교회를 물색하여 협력 사업을 벌이는 것이 보다 효과적인 방법이다. 한국교회는 개 교회 내부 결속력은 강하지만, 다른 교회와의 협력이나 지역사회에서의 연계 활동은 부족하므로 이에 대한 노력이 더욱 절실한 상황이다. 교회가 지니고 있는 물질과 제도 자원이 지역 사회를 위해 효과 있게 활용될 뿐만 아니라 다른 교회들과 함께 연합 활동을 벌이는 모델을 개발할 필요가 있다.

마지막으로, 이 운동에 관심 있는 목회자와 평신도 지도자들이 지속적으로 도움을 받을 수 있는 연합기구를 설립할 필요가 있다. 이 운동에 대한 동기 부여를 하고 독려를 함과 동시에 필요한 정보와 자료를 제공하고 필요에 따라 자문 역할을 담당할 수 있는 기관이 필요한 것이다. 또한 자원을 공유할 수 있는 시민단체와도 협력하여 지역사회 협의체를 구성하여 필요에 따라 유기적으로 의사소통을 하고 지원할 수 있는 중간 지원 조직을 마련하는 것도 고려해 볼 만한 일이다. 앞에서도 언급한 바와 같은 대부분의 사회봉사 활동은 체계적이지 않고 지속적이지 않아서 대개 같은 활동을 비정기적으로 반복할 뿐 더 발전된 단계로 나아가지 못하는 경향이 있다. 이러한 기구를 통해서 지속적인 논의를 함으로써 보다 건설적인 지역공동체 활동을 전개해 나갈 수 있을 뿐만 아니라 이러한 활동에 관심을 갖는 이들에게 다양한 지원을 해줄 수 있다는 점에서 장기적으로 검토할 필요가 있는 사안이다.

이제 한국교회는 지역에서부터 다시 출발해야 한다. 지역에 대한 관심을 갖고 지역에 대한 공적인 역할을 수행해야 한다. 그것은 지역 주민들에게 호감을 사기 위해서가 아니라 "하나님을 사랑하고 이웃을 사랑하라"는 하나님의 뜻을 실천하기 위함이다. 교회는 교회가 속한 지역에 복음을 선포하고 하나님의 정의에 어긋나는 이 땅의 질서를 바로잡기 위해 노력해야 한다. 그리고 고통에 처한 이웃들에게 선한 사마리아 사람의 마음으로 다가가서 그들을 도와야 한다. 그렇게 하여 좁은 교회의 울타리를 넘어 더 넓은 공동체를 이루어야 한다. 그것이 이 땅에 교회가 존재하는 이유이다.

이를 위해서 그동안 한국교회들이 산발적으로 시행해 온 사회봉사활동은 보다 지속적이고 체계적인 지역공동체 운동으로 전환될 필요가 있다. 그리고 이것은 교회지도자들의 운동이 아니라 대중 운동이 되어야 한다. 풀뿌리로부터 모든 교회 구성원들이 기독 시민임을 자각하고 지역사회 구성원으로서의 정체성을 가지고 적극적으로 참여해야 한다. 그리고 뜻을 같이하는 다른 교회나 시민 단체들과 협력해야 한다. 그렇게 될 때, 시민공동체가 활성화되고 지역사회가 기독교의 가치를 지향하게 될 뿐만 아니라 교회의 공신력도 회복하게 될 것이다.

제2부

실천적 사례

제4장
마을과 교회가 함께 생명망을 짜는
온 마을 생명교회, 부천 약대동 새롬교회
마을선교 이야기

이원돈 / 부천새롬교회 목사

1. 들어가는 말

지난 30여 년 간 고도성장을 구가하던 한국교회가 2,000년대부터 서서히 저성장기를 지나 마이너스 성장시대를 맞게 되었다. 이러한 성장의 한계와 함께 한국교회는 심각한 양극화현상을 보이고 있고, 더구나 새로운 세대들이 교회를 외면하고 많은 뜻있는 사람들이 교회를 떠나 가나안 성도가 되기도 한다. 이처럼 이제 우리 사회와 교회는 역사의 변곡점에 이르게 된 것이다.

우리 사회뿐 아니라 전 세계적으로 생태계가 변화되고 있다. 그동안 우리 사회는 생산과 능률과 효율에 길들여져 돌봄과 양육에 대한 상상력이 고갈되어 위험사회, 불안 증폭, 피곤사회, 탈진사회가 되었다. 우리 사회는 헬조선의 특징인 고립, 차별, 배제 그리고 모멸감에 시달리고 있는 것이다.[1]

---

[1] 최근 우리는 사회적으로 고립되고 상처받은 자살의 유혹에 시달리는 청소년들과 3포 5포의 청년들 그리고 비정규직 중년층 그리고 빈곤 노년층의 이야기를 많이 듣고 있다. 이러한 고립, 자폐되어 상처받는 사람을 끊임없이 만들어 내는 사회에서 개인적 차원의 힐링이 문제

이런 이유로 해서 최근 경쟁에 기초한 적자생존의 원리를 지양하고, 그에 대한 대안으로 '공생과 협동'의 이야기가 시작되고 있다. 가정과 교회와 마을과 지역사회를 위한 협동과 공생의 원리를 다시 강조하며, 마을 만들기, 사회적 기업, 협동조합 운동이 새삼 부각되고 있는 것이다. 미래 사회는 다른 사람과 어울리지 못하는 지나치게 계산적이고, 지나치게 경쟁적인 산업화 시대의 인간형보다는 마을을 만들고, 사회적 기업을 세우고, 협동조합을 만들면서 서로 배우고 나누는 협동적 인재를 요청하기도 한다.

오늘의 많은 문제들은 참다운 공동체가 파괴되었기 때문에 일어나는 현상으로, 이에 우리 사회는 마을과 교회가 공동체 회복의 힐링 캠프가 되기를 기대하고 있다. 우리는 마을운동을 통해 고립, 차별, 배제, 모멸의 산업사회의 가치관을 극복하고, 초청과 환대 그리고 돌봄이 있는 공동체와 나라를 만들고자 하는 것이다. 올해는 교회사적으로 개신교 종교개혁 500주년을 맞이하는 해로서, 우리의 교회와 사회가 모두 새롭게 되기를 기대하고 있는 것이다.

오늘 우리의 역사는 급속도로 새로운 시대와 사회로 접어들고 있다. 인공지능, 로봇, 사물 인터넷, 무인 자동차로 대표되는 4차 산업혁명시대에는 1, 2, 3차 산업화시대의 대량생산시대를 반영하는 학교의 교과내용 중 많은 부분들이 사라질 것이며, 낡은 산업화시대의 직업 80%가 없어지게 될 것이다.

지난날 화폐자본이 지배했던 무한 경쟁과 승자 독식, 소유 중심의 산업화사회에서, 사회자본과 생명자본이 중심이 되는 소통·참여·신뢰·협동의 시대로 바뀔 것이 기대되고 있다. 이것은 산업사회를 지배하던 경쟁의 개념보다는 협동, 소유보다 공유, 물적 소유보다는 신뢰라는 사회공유자산이 보다 중요해질 것임을 우리에게 말해 주고 있다.

다가오는 4차 산업혁명시대에는 지난날의 소유 중심의 경쟁적 낡은 교회관으로는 선교와 목회를 감당할 수 없는 시대가 될 것이라 예상하고 있다. 미래사회에서는 더 이상 교회가 세상과 지역과 마을의 중심이 되고자 해서는 안 되며, 오히려 교회가 지역 혹은 마을의 일원으로 존재하면서 중심이 아닌 생태계의 구성체가 되어야 한다는 것이다. 작금의 한국 사회에서는 마을 만들기와 같은 지역과 마을을 기반으로 하는 새로운 사회 생태계가 등장하고 있는 바, 이러한 새로운 사회 생태

를 근원적으로 해결할 수는 없다. 힐링에 대한 관심이 사회변화에 대한 관심으로 연결되지 않으면 안 된다. 치유의 핵심은 개인이 아니라 공동체다.

계에 기초한 마을교회에 대한 탐색이 필요한 시점이다.

최근 한국사회는 탄핵과 대통령 선거를 하면서, 성장을 강조한 산업화시대가 지나가고 있음을 느끼게 된다. 대형교회의 시대는 지나가고 있으며, 지역과 마을을 섬기는 선교적 작은 마을교회가 새로운 미래교회로 부상되고 있다. 이러한 새로운 교회론은 교회는 건물이 아니라 하나의 생태계라는 전제에서 출발한다. 산업화 이후 시대의 교회는 마을 생태계를 강조하고 있는 것이다. 마을 생태계는 마을의 학습·문화·복지 전체가 어우러져 하나의 영적 생태계를 이루게 되는데, 마을교회 운동은 이런 마을 생태계를 전제하고 있다.

우리의 사회 생태계는 근본으로 변하고 있으며, 이에 한국교회는 저 높은 교회당에서 내려와 마을 한가운데서 하나님의 나라를 만들어 나가야 할 것이다. 교회라는 폐쇄된 울타리 안에서 형성되는 개인적인 신앙이 지양되고, 지역사회와의 상호작용을 통해 사회적으로 구성되며 형성되고 창발되는 신앙이 강조되고 있다. 마을교회는 지역과 마을의 작은 소수자의 이야기에 귀를 기울여야 하며, 작고 가난한 것을 우선시하는 온 생명 씨앗 공동체가 되어야 한다. 이런 온 생명 마을교회에서 교회가 하여야 할 핵심적인 일은 생명의 잉태 출산을 위한 생명망을 짜는 것이다. 교회는 생명의 자녀를 탄생시키는 생명공동체가 되어야 한다.

이러한 새로운 마을교회의 생태계로서의 전환을 위해 한국교회와 목회자와 교인들은 지역과 마을의 생명망을 짜고, 생명을 살리는 생명교회를 세울 뿐 아니라, 생명망 목회를 실천해야 할 것이다. 한국교회는 이제 교회와 마을의 생명을 살리는 생명망 마을교회로 거듭나는 것이 필요하다.

2. 약대동 마을의 상생의 생명망을 짜는 마을 교회 새롬교회 이야기

우리는 약대동에서의 새롬교회 역사 30여 년을 세 부분으로 정리할 수 있다. 지역과 아동의 시대, 가정과 마을의 시대, 생명과 협동의 시대의 세 부분이다. 이에 있어 새롬교회의 목표는 항상 '지역사회와 마을의 생명망을 짜는 작지만 영향력 있는 온 생명 마을교회'를 만드는 것이었다.

새롬교회 지역 선교 시대별 주제어
① 지역과 아동(1986-1990) 　새롬어린이집 / 공부방 / 약대글방 세움(지역선교위원회 구성) ② 가족과 마을 : 가정지원센터, 마을 만들기(1990-2000) ③ 생명과 협동의 시대(2005 이후) 　마을 만들기, 사회적 기업, 협동조합에 참여 ④ 지역 에큐메니즘에 기초한 생태망 목회 　* 지역을 복지와 교육과 문화 생태망으로 연결하는 　　생명 목회와 선교를 꿈꾼다 *

새롬교회의 지역선교를 시대별 주제어로 구분해 보면 다음과 같다. 1986년 교회 개척부터 지역 아동들에게 초점을 두었던 1990년대까지 '지역과 아동'의 시기, 가정지원센터와 마을 만들기에 집중했던 1990~2000년 사이의 '가족과 마을' 시기, 2005~2010년까지 어르신 선교와 지구촌 다문화 선교에 집중했던 '생명과 지구촌'의 시기, 그리고 2010년 이후 지역의 생명망을 만들어 가는 '생명과 협동'의 시기이다.

특히 2010년 이후 시작된 '생명과 협동' 시기는 사회적 기업 육성법과 협동조합 기본법이 개정되어 사회적이며, 경제적으로 새로운 분위기가 만들어졌던 때였다. 새롬교회는 작은 교회로서 새로운 생태계를 만들어 가는 중 새로 마련된 제도를 적극 활용하였던 것이다. 새롬교회는 '복지 생태계', '학습 생태계', '문화 생태계', '사회경제 생태계'를 새롭게 만들어 가는 중인 바, 그것은 네트워크를 기반으로 형성되고 있다.

새롬교회는 30년 전에 공장지대 주변인 약대동 지역에 교회를 개척하면서 먼저 서민가정 맞벌이 부부를 위한 탁아소와 공부방을 세우기 시작했다. 서민가정 맞벌이 부부를 위한 탁아소와 공부방을 세우면서 시작된 새롬공동체는 그동안 부천의 서민지역 곳곳에 설립되었던 작은 공부방 운동을 통해 마을과 지역을 살리는 일이 무엇인지를 배울 수 있었다. 마을마다, 동네마다 세워졌던 부천의 작은 도서관 운동을 통해서는 마을과 시민의 힘을 배울 수 있었다. 이런 일을 통해 새롬교회는 자연스럽게 마을 단위의 작은 도서관, 지역아동센터, 평생학습이라는 마을 생태계를 형성하기 시작했다.

새롬어린이집이라는 탁아소와 마을 공부방을 세운 이후 들이닥친 IMF 위기 시, 새롬교회는 약대동의 마을 도서관의 이름을 '신나는 가족도서관'이라고 붙였다.

이에 있어 '가족'이라는 개념이 중요한데, '신나는 가족도서관'이라는 이름은 IMF 위기 시 지역의 가족들이 해체되는 때에 예수가정을 꿈꾸면서 붙인 이름인 것이다.

새롬교회 안에 '새롬어린이집', '신나는 가족도서관', '새롬 지역아동센터'가 만들어짐을 통해 자연스럽게 약대동 마을 안에 가족과 어린이들이 자연스럽게 어울려 놀 수 있는 마을마당이 열리게 되었다. 이러한 교회와 마을 도서관과 지역아동센터의 마당이 서로 연결되면서 마을과 도시를 잇는 평생학습 공동체가 형성되었으며, 이런 일들은 새롬교회로 하여금 마을 만들기의 꿈으로 영글게 하였다.

새롬교회의 약대동 마을선교는 사실 예수님의 갈릴리 선교의 비전을 본뜬 것이다. 약대동의 새롬교회와 공부방, 도서관이 붓이 되고 마을의 골목 도서관, 공원, 놀이터 등이 캔버스가 되면서 약대동 마을의 꿈이 그려지기 시작한 것이다.

3. 본격적인 약대동 마을 생태계를 만들어 가는 새롬교회와 약대동 주민들

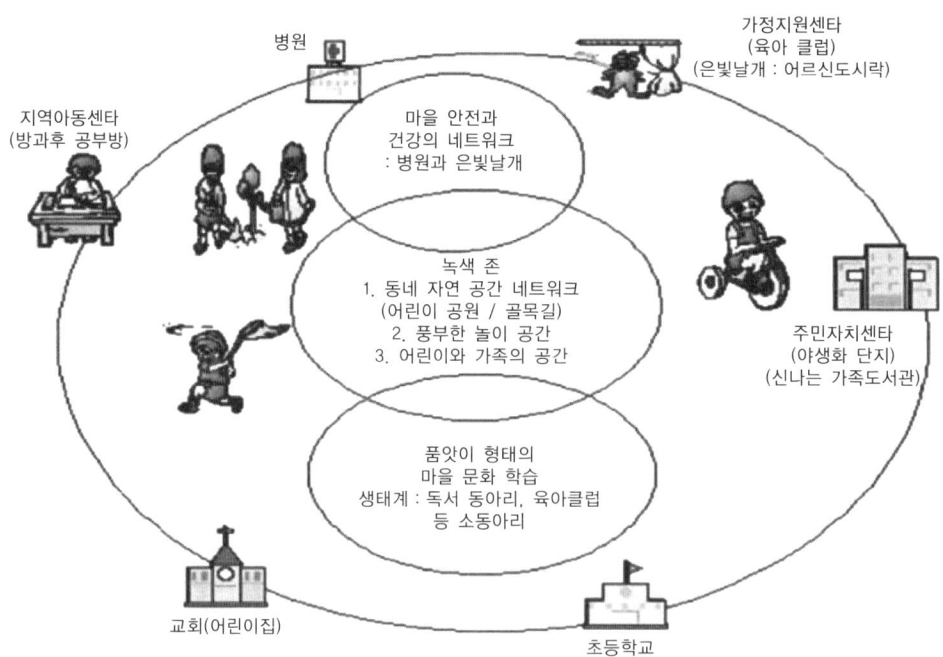

[약대동 녹색지도 만들기 - 그린존 만들기]

이렇게 약대동 마을선교의 기초가 놓인 후 새롬교회는 2012년 부천 문화재단이 마을의 '청년 사회적 기업 육성사업'에 참여하게 되었으며, 사회적 기업으로서의 '아하체험마을'과 마을 교육극단 '틱톡'을 육성하는 일을 하기도 했다.

이러한 과정을 거쳐 2013년에는 '마을 떡까페 협동조합 달나라 토끼'와 같은 마을협동조합이 탄생했다. 이후 마을 내의 사회적 기업과 도서관, 지역아동센터, 협동조합 등이 힘을 합쳐 '꼽사리 영화제'라는 마을축제를 만들게 되었으며. 제2회 꼽사리 영화제가 계기가 되어 '꼽이와 함께 동네 한 바퀴'라고 하는 약대동 복지와 교육, 문화, 생태 마을지도까지 만들어지게 되었던 것이다. 이러한 운동들은 마을 청년들을 중심으로 한 '꼽이 방송국'으로 열매 맺게 되기도 했다. 이처럼 약대동은 '꼽사리 영화제'라는 마을축제를 만들어 내면서, 본격적인 약대동 마을 만들기 시대를 열기 시작하였던 것이다.[2]

이와 같은 마을공동체를 제대로 이루려면 생명 개념에 뿌리를 둔 각성이 필요하다. 우리가 마을을 이루려면 우리 한 개인이라는 개체 생명이 개 생명으로 고립 자폐되어 있어서는 안 되며, 삼위일체 하나님이 상호내주, 상호침투, 상호의존하시는 것처럼 각 개인과 가정과 교회와 마을이 깨어난 한 알의 씨알로서 서로 생명망으로 얽혀 있다는 온 생명망적 자각이 있을 때 비로소 한 개인이 진정한 생명의 씨앗이 되어 생명망을 짜는 온 마을 생명공동체를 이룰 수 있는 것이다.[3] 우리는 이러한 새로운 마을의 생태계를 만들기 위해 지역과 마을의 생명망을 짜는 마을교회로 거듭나야 하는 것이다.

다시 말해 '온 생명 마을교회'를 통해 교회가 할 핵심적인 일은 생명의 잉태 출산을 위한 생명망을 짜서 생명의 자녀를 탄생시키는 생명체가 되는 것이다. 이러한 온 생명 마을 교회는 그 안에 온 생명이 들어 있는 마을공동체로서, 그 온 생명은 각성된 하나의 씨알로 존재하다가 자치와 협동의 토양 속에서 새롭게 싹을 틔우게 된다.

이같이 새로운 마을의 생태계를 만드는 마을교회는 지역사회의 복지 생태계, 학습 생태계, 문화 생태계를 새롭게 만드는 주역이다. 마을 만들기에 앞장서는 마을교회는 공공신학적 입장에서 생명 사회경제를 실천하는 교회다. 온 생명 마을은

---

2) 새롬교회 이원돈 목사는 생명망 목회를 다음과 같이 설명한다. "미래 교회는 교회 중심이 아니라 마을 중심, 성장 중심이 아니라 봉사 중심이 되어야 합니다. 교회는 지역사회, 마을과 선한 관계를 가져야 하고 영향력을 미칠 수 있도록 노력해야 합니다."
3) 김도일, "가정, 교회, 마을의 생명망 조성을 통한 교육공동체 형성에 관한 연구,"「선교와 신학」제41집.

다름 아닌 아래와 같은 '온 생명 생태계'를 의미하는 것이다.

첫째로 우리는 마을을 하나의 온 생명적 학습 생태계로 이해하는 것이 필요하다. 마을 전체가 하나의 온 생명적 학습망으로 연결되어 있는 바, 이 학습 생태계는 끊임없는 상호작용을 하고 창발적으로 자기를 조직화한다. 서로 협력하여 상생과 공진화하는 하나의 생태계라는 것이다.

이 같은 학습 생태계에서는 교실이라는 칸막이에 갇힌 학습을 지양한다. 이러한 교육은 생명적 상호작용과 창발적 자기 조직화와 상생의 공진화가 불가능하기 때문이다. 그러므로 미래교육의 핵심은 학교와 교회가 아니라 마을이다. 지역사회와 마을이 학습 생태계가 되는 것이다. 미래교육은 학교나 교회 안에 자폐되어 있어서는 안 되는 것으로, 마을 공간 자체를 학습생태계로 만들어 나가야 한다.

마을도서관과 지역아동센터 등을 이어 마을 전체를 마을학교로서의 학습 생태계로 만들어 나가는 것이 중요하다는 것이다. 새롬교회는 평생교육의 일환으로 마을의 학습 생태계를 형성해 나갔는 바, 그러한 노력으로 지역사회 내에 평생교육의 장으로서의 마을학교가 구성되었던 것이다.

최근 몇몇 교회에서는 매년 여름마다 마을 학습 생태계 형성을 위해, "마을 전체가 배움터다!"라는 교육철학을 가지고 여름성경학교 대신 마을학교를 열고 있다. 이에 있어 부천 약대동 여름마을학교는 3가지 프로그램으로 진행된다. 첫째는 어린이 프로그램으로서의 '여름마을성경학교'와 '가족도서관 여름방학 프로그램'이다. 두 번째는 청소년 프로그램으로 '꿈이 텔링 더 스토리' 활동이 여름 내내 이루어졌으며, 또한 토요일마다 드루와 쉼터에서 꿈이 마을 방송국팀을 중심으로 '청소년 인문학 강좌'가 열렸고, '꿈이 청소년 영화제'에 참여하기도 했다. 세 번째는 '약대동 세대 통합 프로그램'이다. 이 프로그램엔 약대동 마을합창단의 부천통일음악제 참여가 포함되어 있다. 이와 같이 약대동에서 마을공동체 교육의 시대가 열리기 시작하였던 것이다. 어린이집, 지역아동센터, 마을가족도서관, 마을합창단, 꿈이 마을방송국, 꿈이 심야식당의 꿈텔스 친구들, 드루와 마실터의 프로그램 등이 함께 어울려져 약대동 마을공동체의 학습 생태계를 형성하였던 것이다.

둘째로 마을교회는 지역사회와 함께 마을의 복지 생태계를 만들어 나가야 한다. 이제 한국교회는 교회라는 공간을 넘어 마을의 도서관이나 지역아동센터, 지역 카페, 어르신 쉼터와 같은 마을과 교회를 연결하는 매개공간으로 나가야 할 때다. 이러한 마을과 지역사회의 매개공간으로서의 공부방, 도서관, 복지관, 주민자치센터 등을 교회와 연결하여 복지 교육 문화 생태계를 구성하여, 그것이 그물망처럼 서로 연결되게 하여야 한다는 것이다.

마을을 복지 공동체로 만드는 데 있어 가장 중요한 요소는 사회자본이다. 오늘 한국 사회를 살아가는 우리들은 서로를 믿지 않는다. 친구나 이웃도 쉽게 믿지 않으므로 서로 협동하거나 공유하지 않는다. 혼자만 안심하고 먹고 살려는 이기심에 싸여 산다. 이렇게 살다 보니 우리에게는 힘들 때 의지할 친구나 동료가 없다.[4]

이 같은 상호 불신과 협동의 부재 문제를 해결하기 위해 해야 할 일이 있다. "먹고 살아야 한다."는 강박증, 두려움, 공포심으로부터 주민과 시민들을 먼저 해방시켜 주는 것이다. 살벌한 세상에서 상호신뢰의 '사회자본'을 키우려면, 우선적으로 이웃과 타인을 돌보고 보살피는 '공동체 정신'을 갖추는 것이 중요하며, 국가와 정부의 차원에서의 '사회안전망'을 구축하는 것이 필요하다.[5]

그러므로 마을의 공동체사업(community business)이 성공하려면, 먼저 신뢰, 협동, 연대, 참여, 규범, 네트워킹 같은 사회자본(social capital)이 전제되어야 한다. 서로 믿고 남을 도울 만한 생활의 여유가 생길 때 신뢰, 협동, 연대, 규범, 네트워크 같은 '사회자본'이 생성되며 축적되는 것이다. 이런 사회자본은 같은 또래, 같은 인종, 같은 종교, 같은 지역을 넘어서 다른 지역과 외부인들에게도 열린 생태계로 형성되어 소통하고 협업하는 '연결(bridging) 사회자본'과 '관계(linking) 사회자본'으로 발전되게 된다. 우리는 사회안전망과 사회자본에 기초하여 플랫폼과 네트워크를 구축함으로써 새로운 대안 공동체를 만들어 나갈 수 있는 것이다.[6]

---

4) 선진국 독일, 오스트리아, 스위스 등 서유럽 국가들에서는 문화와 예술, 자유와 평화, 협동과 연대, 자주와 자립, 이타심과 공동체 의식, 신뢰와 질서, 생태주의와 생명사상, 지역 재생과 농촌 보전 등이 그들의 일상생활과 시민사회를 온통 지배하고 있다. 시민 스스로의 민주적 자치가 이루어지고 있는 것이다. 그러한 나라들에서는 정치, 경제, 산업, 사회, 문화, 예술, 교육 등의 모든 영역에서 국가와 사회가 정상적인 패러다임과 공정한 시스템으로 작동되고 있다. 우리는 이러한 사회의 밑바탕이 되는 것이 '사회자본'과 '사회안전망'임을 인지해야 할 것이다.
5) 우리가 공동체사업을 잘하려면, 법과 제도와 정책을 개발하기 전에 먼저 해야 할 일이 있다. "먹고 살아야 한다."는 강박증과 두려움과 공포심으로부터 주민과 시민들은 해방시켜 주어야 한다는 것이다. 서로를 경쟁상대로서의 적으로 보지 않고, 서로를 믿고 신뢰하는 공동체를 만들며 '사회자본'을 키워 나가는 것이 우선이다.
6) 공동체 사업을 위해서는 1단계로 무상교육, 무상의료, 사회주택, 고용안정, 기본소득 등의 사회안전망을 구축하는 것이 중요하며, 2단계로 생활기술 학교, 공유재 은행, 협동경영 조합, 공동체 융합 플랫폼 등의 사회자본을 키워야 하고, 3단계로 마을공동체, 사회적 경제, 커뮤니티 비즈니스, 도시재생, 귀농 등에 관한 법과 제도와 정책의 개발이 중요하다(정기석, 「마을학개론」 참조).

오늘 한국사회 공동체 붕괴의 핵심에는 이러한 사회자본과 사회안전망의 무너짐이 자리하고 있다. 이러한 불량사회 한국, 불행사회 한국을 극복하는 대안이 바로 '사회자본'과 '사회안전망'을 구축하는 일이다.[7] 마을의 복지 생태계로 만드는 과정에서, 마을은 화폐자본보다는 서로 소통하고 협동하는 마을로서의 '신뢰 네트워크'라는 사회자본을 우선적으로 형성할 필요가 있을 것이다.

마을의 복지 생태계 형성을 위해 새롬교회는 2013년 시민들과 힘을 합쳐 마을협동조합을 설립했다. 마을협동조합 설립이 처음 이야기된 것은 2009년 '신나는 가족도서관'에서 개최된 수요인문학 카페에서였다. 이는 마을협동조합 설립 훨씬 이전부터 사회적 경제를 준비했음을 의미한다. 상호신뢰로서의 사회자본을 기초로 한 마을협동조합과 함께 사회적 기업의 설립을 통해 새롬교회는 약대동에 새로운 복지 생태계를 만들어 나갔던 것이다.

세 번째로 마을교회는 지역사회와 함께 마을의 문화 생태계를 구축해야 한다. 문화 생태계를 만들어 나가는 핵심적 도구는 '스토리텔링', 곧 이야기다. 마을에서 끊임없는 소통을 기반으로 하여 이야기가 있는 마을을 만들며, 이러한 스토리텔링이 기초가 되어 한 마을의 잔치와 축제를 만들어 나가게 되는데, 이것이 마을의 문화 생태계를 형성하는 핵심이다.[8] 이 같은 활발한 소통과 협력을 바탕으로 우리 마을의 이야기를 만들어 나가면서, 각 마을마다 '마을마당'이 활짝 펼쳐질 수 있도록 노력해야 하는 것이다.

한 번 마을에 마당이 열리게 되면 그곳에서 자발적이고 역동적인 토론과 학습모임이 시작되게 된다. 이를 통해 신용과 신뢰의 사회자본이 형성되어, 생명들을 잉태하며 출산하는 사회적 자궁들과 생명망이 만들어지게 되는 것이다. 이 같은 생명망 운동은 오늘 우리에게 닥친 헬조선의 저주를 넘어설 수 있을 것이다. 새롬교회는 마을의 문화 생태계의 형성을 위해 사회적 기업, 도서관, 지역아동센터, 협동조합이 힘을 모아 약대동의 복지, 교육, 문화 등에 대한 마을 이야기를 구성하게 되었으며, 이를 바탕으로 2013년 꼽사리 영화제라는 마을축제가 만들어지게 되었다. '약대동 마을 한 바퀴'라는 약대동 마을지도는 이런 이야기를 통해 만들어진 지도이다.

---

7) 정기석, 「마을학개론」 참조. 정기석은 이 책을 통해 마을에서 먹고 사는 법을 설명하고 있다.
8) 4차 산업혁명 시대는 협동과 공유의 새 시대이다. 우리는 경쟁과 소유의 낡은 가치관을 버리고, 협동과 공유의 새로운 가치관으로 무장해야 한다. '새 술은 새 부대에' 담으라는 예수 그리스도의 메시지를 상기하여 우리는 새로운 생태계를 만들어야 할 것이다. 예수님처럼 회당 밖 마을 사람들과 같이 힘을 합쳐 함께 새로운 마을의 생태계를 만드는 우리들이 되어야 하는 것이다.

마지막으로 마을교회들은 이러한 마을의 학습, 복지, 문화 생태계를 상생의 돌봄망으로 재구성함으로써 교회의 영적 사명을 감당해야 할 것이다. 교회는 교인들뿐 아니라 지역 전체를 심방하는 사회적 심방의 개념을 통해 교회 내적인 신앙 생태계와 교회 외적인 마을 생태계를 영적 돌봄망으로 짜 나갈 필요가 있다. 개인과 가족을 위한 기도를 넘어서서 지역과 사회를 위해 기도하고 돌보는 사회적 기도훈련 또한 우리에게 중요하다. 이와 같이 교회는 지역공동체를 영적 돌봄망과 생명망으로 형성해 가는 영적 사명을 감당해야 한다.

마을의 학습·복지·문화 생태계를 중심으로 서로 협동하고 소통하며 돌보고 상생하는 그런 온 생명 마을공동체를 만드는 것이 교회와 마을이 함께 펼쳐 나가는 하나님 나라 운동으로서의 온 마을 생명 공동체 운동의 핵심가치인 것이다.

마을이 바로 이러한 사회적 자궁이 되며 사회자본을 창출함으로 서로 소통·협동·상생하기 시작할 때, 마을 주민들은 이 같은 신나는 이야기를 엮어 낼 것이다. 이러한 이야기는 마을을 살아 있는 생명축제의 장과 마당으로 화하게 할 것인 바, 이것이 바로 새로운 마을의 징표가 되는 것이다.

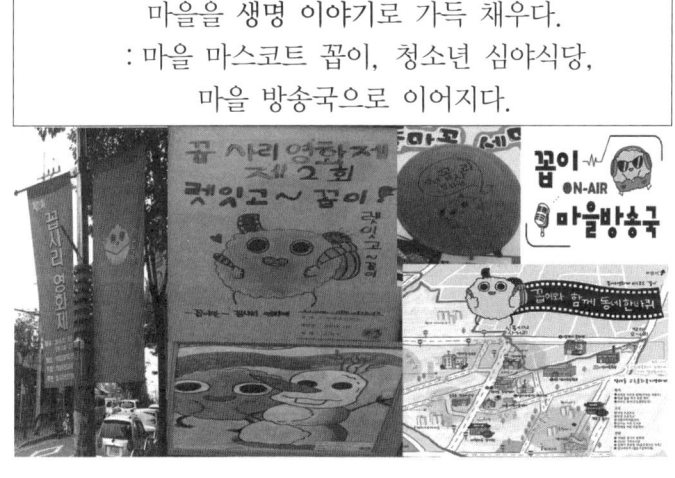

마을을 생명 이야기로 가득 채우다.
: 마을 마스코트 꼽이, 청소년 심야식당,
마을 방송국으로 이어지다.

4. 온 생명 마을교회로서의 마을목회

우리는 이러한 마을교회를 '온 생명 마을교회'라고 부르려 한다. '온 생명'은 한 개인이라는 개 생명에 고립 자폐되어 있는 낱 생명적 수준으로서는 생명을 담지할 수 없으며, 이 개 생명이 개 생명을 넘어 온 우주와 공동체와 사회를 품는 온 생명적 공동체적 자각이 있을 때 비로소 생명이라 불릴 수 있다는 장회익 선생의 '온 생명'이라는 개념에서 온 것이다.[9] 그 온 생명은 깨어난 씨알로서 새로운 생태계를 만들어 나가며 생명망을 짜 나가는 것이다.

우리가 이러한 생명 공동체적 마을을 이루려면 각 개인과 가정과 교회와 마을이 깨어난 한 알의 씨알로서 서로 생명망으로 얽혀 있다는 온 생명망적 자각이 필요하다. 지역과 마을의 생명망을 짜고 생명을 살리는 온 마을 생명공동체 운동은 한 개인 개인이 진정한 생명의 씨앗이 될 때 가능해진다. 또한 그 운동은 마을 협동과 자치의 생명 생태공동체를 익히는 생활 훈련으로부터 시작된다.[10]

'온 생명 마을공동체'를 만들기 위해 지금 가장 시급한 일은 마을주민 각자가 학습 생태계의 씨알로 다시 태어나 화폐를 넘어 신용·믿음·신뢰·소통의 새로운 사회자본의 씨앗들로 거듭나는 것이다. 이를 위해 온 생명 마을교회는 교회 중심적 교회를 넘어 마을 중심적 교회로 거듭나야 하며, 성장 중심적 교회가 아니라 봉사 중심적 교회로서 작지만 영향력이 있는 교회가 되어야 한다. 마을교회는 지역사회의 학습·문화·복지 생태계를 새롭게 함으로 지역과 마을의 생명을 살리며 영적 돌봄망을 형성하여 지역과 마을의 치유와 화해를 도모하는 하나님 나라 선교를 지향해야 하는 것이다.

이제 한국교회는 치유와 화해의 온 마당을 만드는 작지만 영향력 있는 온 생명 마을 교회가 되어야 한다. 이는 단순히 다니고 싶은 교회를 넘어 살고 싶은 마을을 만들어 내는 교회를 말한다. 교회와 마을을 함께 살리기 위해 교회를 넘어 지역과 마을과 시민 사회로 흩어지는 온 생명 마을 교회를 우리는 지향하는 것이다.

이제 우리 교회는 교회라는 공간을 넘어 마을의 도서관이나 지역아동센터나 지역 카페나 어르신 쉼터와 같은 마을의 매개공간으로 나아가야 할 때이다. 이러한 마을과 지역사회의 매개 공간을 통해 교회와 마을의 신나는 복음적 이야기를 만들어 나가는, 새로운 선교적 모델이 만들어져야 하는 것이다. 협동과 공유의 시대를 사는 우리는 교회에 나오는 사람들과만 어울려선 안 된다. 예수님처럼 오히려 회당

---

9) 장회익, 「삶과 온 생명」(서울 : 솔 출판사. 1998) 참조.
10) 청년들이 마을로, 사회적 경제로, 창업으로, 바다로 가서 내공을 단련하는 분위기가 일어나야 한다. 뿌리가 튼튼해야 줄기도 튼튼하고 열매도 튼튼해지는 법이다. 변방은 그저 변방이 아니라 바깥에서 오는 새 물결을 받아들이는 최일선이라는 점을 생각해야 한다(김석수 선생 페이스북 글에서).

밖 마을사람들과 같이 힘을 합쳐 마을의 생태계를 새롭게 만드는 협동과 공유의 시대를 살아야 할 것이다.

최근 약대동에서는 매일 아침 '마을카페 달토'가 문을 열며, '부천의료복지사회협동조합'과 함께하고 있는 '약대 마을건강 실천단'의 활동이 시작되고 있으며, 수요일 저녁마다 주민들의 '달송무대'가 개최됨과 동시에, 또한 격주로 청년들의 마을학교인 꼽텔즈 활동이 열리고 있다.

특별히 감동스러운 것은 경기도 마을공동체 우수사례로 36명의 공무원들이 약대동 마을을 방문한 데 이어 다시 20여 명이 방문하여 함께 연구하는 시간을 가졌다는 것이다. 이제 우리 약대동 마을은 마을의 협동조합 이야기와 꼽이 마을 방송국과 청소년 심야식당과 꼽텔즈 마을 학교와 세어림 마을 합창단과 우리 동네 와플 등의 이야기로 만발해 있다. 새롬교회 이승훈 전도사는 새롬교회와 약대동이 꿈꾸는 '온 마을 생명교회'의 모습을 다음과 같이 요약하였다.

1) 온 마을 생명교회는 어린이, 어르신, 청소년 등 온 세대가 만나는 세대 공감의 축제와 만남의 장이다.
2) 약대동은 사회적 경제, 공동체적 삶, 세월호, 밀양, 캄보디아 망고나무 이야기 등 이웃과 연대하는 마을이다.
3) 헬조선, N포시대, 인구절벽, 불안사회의 시대를 향해 대안을 제시하며 정의와 평화를 회복하는 온 생명을 추구하는 마을과 교회다.
4) 공동육아, 양육의식주, 풀뿌리운동, 바른 먹거리 마을 만들기 등 생명, 평화, 연대, 정의의 가치를 가지고 청년협동조합, 돌봄 공동체, 마을학교를 꿈꾸며, 마을을 생명 이야기로 가득 채우는 '온 생명 마을교회'다.

31년 전 한 알의 작은 겨자씨가 약대동 마을에 떨어졌지만, 이제 온 마을이 하나님 나라의 이야기로 가득 채워지고 있음을 고백하게 된다. 새롬교회는 31주년을 맞이하여 우리 교회가 나아가야 할 길을 교회 내 돌봄망을 교회 밖 마을에까지 연결해 나가며, 온 마을과 교회가 함께 생명망을 짜는 온 생명 마을교회를 형성하는 것으로 정했다. 어린이집, 지역아동센터, 협동조합, 마을카페, 마을 어르신 쉼터, 마을 청소년 학교 등을 마을의 학습·문화·복지 생태계로 연결하여 마을의 전체 생태계를 재형성하려는 것이다.

촛불광장과 마을마당이 열리는 오늘의 시대에 광장의 시민들과 마을의 주민들이 광장과 마을에 참여하여 우리 교회와 마을이 새로운 생명의 학습·문화·복지 생태계로 형성되고, 온 교회와 마을이 생명을 살리는 생명망으로 짜여진다면, 이 헬조선의 시대가 생명을 살리는 온 생명 교회와 마을로 변화될 것이라고 확신한다.

제5장
마을교육공동체를 가꾸는
하늘행복 가득한 더불어숲 과천교회

이성준 / 과천교회 부목사

1. 들어가는 말

한국교회는 마을과 함께하는 교회였다. 초기 선교사들은 마을에 들어와 학교를 세우고, 병원을 세우고, 고아원을 만들며 사회 약자들과 더불어 살기 위해 노력했다. 또한 초기 한국교회 목회자들은 마을에서 사람들의 아픔에 동참하며 함께 살았다. 이런 점에서 한국교회는 마을과 함께하는 교회였다.

그러나 한국교회는 하나님 사랑과 이웃 사랑이라는 가장 큰 대명령을 실천하면서도 사회적 책무를 감당하기에는 부족했다. 시간이 지나면서 사회적 신뢰도는 하락했고,[1] 교회를 다니는 신자들은 개인의 신앙과 사적 영역에서 마을 안의 게토(ghetto)를 이루었다. 마을과 교회의 관계를 살펴볼 때, 마을 안에(in) 있으면서도 마을을 넘어서려고(over) 노력해 왔고, 때로는 마을과 반대되며(against), 마을을

---

1) 최근 발표된 설문조사에 의하면, 교회학교 인원의 근본적인 원인이 교회의 세속화와 소통 실패로 나타났다. 젊은 부모세대가 교회를 신뢰하지 못하고 떠나는 것이 결과적으로 자녀들이 교회를 더 이상 나오지 않는 주요 원인 중의 하나로 밝혀진 것이다. 김도일, "다음세대의 생명을 살리고 번성케 하는 교회교육 모델 탐구," 「다음세대 신학과 목회」(서울 : 장로회신학대학교출판부, 2016), 19.

통해(through) 교회의 전도의 사명을 감당해 왔다.

과천교회도 한국교회의 큰 흐름에 자유롭지는 못했다. 전도 중심의 교회였고, 교회 중심의 교회였다. 많은 힘이 교회에 집중되었고 교회의 신뢰도는 교회 크기와 힘에 비해 약화되었다. 이제 과천교회는 다시 거룩한 교회로 나아가며 교회가 성장하면서 갖게 된 장점을 바탕으로 지역과 더불어 살아가는 선교적 교회의 모습을 갖추어 가고 있다.

2. 마을과 교회의 변화

1) 마을에서 제기되는 교회론적 위치

공동체란 개념은 매우 다양한 의미로 사용되었다. "목표나 규범, 수단을 공동으로 소유하는 집단"을 뜻하기도 하고, "공동의 삶을 영위하는 자족적인 집단"을 의미하기도 한다. 영어의 'community'는 지역사회를 뜻하기도 하고, 특정 종의 생물이 특정 지역에 모여 사는 것을 의미하는 생태학적 개념으로 쓰이기도 한다. 일반적으로 'community'는 'common' 또는 'communal'과 'unity'의 합성어로 인식되며, 공동·공동체계·공동소유 등의 의미를 지니고 있다.[2]

힐러리(Hillery)에 따르면 마을은 "일정한 영역에서 공동의 유대감을 가지고 상호작용을 하는 주민들의 집단"으로 정의하고 있다. 반면 매티시티와 먼세이(Mattessich & Monsey)는 마을을 "일정한 지역에 살면서 자신이 살고 있는 지역과 이웃 주민들에 대해 사회적 유대를 가진 사람들"로 정의하고 있다. 곽현근은 "일정한 지리적 경계 안에서 살면서 주민들 상호 간에, 그리고 자신이 살고 있는 장소에 대해 사회적, 심리적 유대를 가진 사람들"로 마을을 정의하고 있다.[3]

작은 마을공동체였던 과천은 1982년 정부청사가 들어오면서 도시로서 성장하게 된다. 1986년 1월 1일 과천은 시로 승격하며 본격적인 도시화의 길을 걷게 된다. 도시화와 함께 과천교회의 역사도 달라지게 된다. 그러나 과천은 다른 지자체와

---

2) 김재경, "지역사회 공동체의 이해와 현황분석," 「사회복지경영연구」 제2권, 제2호(2015), 283.
3) 이현국, 범령령, "마을 활성화를 위한 지방자치단체의 역할," 「한국거버넌스학회보」 제23권, 제1호(2016. 4.), 179.

달리 매우 작은 도시이다. 2016년 과천 인구는 67,157명이다. 지리적, 심리적 유대감을 가진 사람들이 모인 마을과 같은 소도시이다.

2) 마을의 흐름과 교회의 사회적 역할

지금까지 마을은 생명적 존재이기보다는 목적을 위한 도구화, 대상적 존재였다. 마을 안에 있는 학교, 경제, 가정, 교회 등의 각각의 개체는 마을과 별도의 목적을 가지고 마을성을 잘 발휘하거나 포용하지 못했다. 그러나 마을을 커다란 대규모의 생명망을 포함하고 있는 살아 있는 존재로 보게 될 때 마을 안에 있는 각각의 상점, 교육기관, 종교기관들은 마치 하나의 몸을 이루듯 중요한 역할들을 감당하는 것이며, 앞으로도 생명을 유지하기 위해 마을의 중요한 유관기관으로 함께 일할 수 있다. 이러한 관점의 변화는 마을성을 강조하면서도 마을 안에 있는 교회의 역할을 축소하거나 배제하지 않는다.

이것을 조금 더 축소해 보면, 개체로서의 인간은 집단의 유대 안에서 형성되고 상호작용하면서 살아가는 공동적 존재이다. 인간은 육체가 성장하는 긴 과정에서 일반적으로 가정(family)이라는 집단의 돌봄이 없다면 생존조차 어렵고 집단 안에서 장기간의 교육과 지원을 받지 않는다면 독립된 생활을 위해 필요한 능력을 갖추기가 어렵다. 개체로서의 자아는 부모를 비롯한 주요한 타인들(significant persons)의 영향을 받으며, 더불어 더 큰 집단들 안에서 그 집단의 정신(ethos), 세계관과 문화를 토대로 자기정체성을 형성하게 된다. 그래서 처음에는 집단으로서의 공동체 안에서 돌봄과 교육의 대상으로 간주되지만 점차 공동체 생활에 능동적으로 참여하고 더 나아가 공동체의 비전구현, 곧 공동체의 생존과 발전을 위한 책임을 감당해야 하는 요구를 받는다.[4] 과천은 교육에 관심이 많은 지역이다. 유흥시설이 거의 없어 아이들을 양육하기 좋은 도시이다.

이런 의미에서 교회가 지역사회 구성원들과 어떤 관계를 맺고 어떻게 협력하고 살아갈 수 있을까를 고민하게 된다. 과천 지역사회 학부모들의 욕구를 조사한 결과 자라는 아이들의 진로에 대한 고민이 가장 높게 나타났다. 과천 지역 학교들과 교회가 협력할 수 있다면 진로에 대한 부분이 크다. 맞벌이 부부가 많고 학원에 의존

---

4) 김도일 외, 「미래시대 · 미래세대 · 미래교육」(서울 : 기독한교, 2013), 166-167.

적인 교육 방식을 지향하는 특징도 있다. 여기에 교회가 청소년들에 대한 진로 영역을 위해 함께 고민하고 나누며 협력한다면 좋은 모델이 될 수 있다. 조성돈 교수는 「한국교회를 그리다」(2016)라는 책에서 중학생들이 교회에서 제공해 주었으면 하는 바람 1순위가 '진로상담'(18.6%)이라고 밝히고 있다. 한국교회는 청소년들에게 꿈과 비전에 대해 강조해 왔다. 그리고 성경의 인물에 대해 연구하였고, 꿈과 비전에 대한 수련회도 진행한 경험이 있다. 그러므로 교회와 학교가 협력할 수 있는 방안으로 꿈과 비전에 대한 교육을 공유할 수 있겠다.

3. 마을 안에서 기독교교육적 지향성

1) 지역사회 중심적 교제의 공동체

코이노니아(Koinonia)라는 희랍어는 '친교'를 의미한다. 때로는 친교와 같은 뜻을 가진 단어들로 성도의 교제, 교통, 사귐으로 번역되기도 한다. 그러나 코이노니아의 본래의 뜻은 어떤 물건을 공동으로 나누어 가진다든지 또는 서로 경험을 같이 한다는 뜻이다. 신약성서에서는 성도가 그리스도와 성령과 관계하는 것을 뜻하며 그 관계를 바탕으로 성도와 성도 간의 서로 사랑의 영적 교제와 형제애를 나누는 것을 의미하기도 한다.

신약성서가 말하는 친교는 이와 같은 종적인 관계와 횡적인 관계를 종합한 표현이다. 이것은 사람이 그리스도에게서 얻은 바 그 무엇을 다른 사람들과 더불어 나누는 것을 말한다. 그리스도에게 속한다는 것은 곧 그리스도에게 속하는 여러 많은 사람과 서로 속한다는 것을 말한다. 이것은 하나님이 그리스도를 통하여 자기를 우리와 관계시키는 것과 같이 우리가 서로 관계함을 말한다. 또한 이것은 우리가 그리스도를 통하여 하나님과 우리가 하나로 합하여진다는 놀라운 사실을 인간 상호관계에까지 파급시키는 것을 말한다. "우리가 보고 들은 바를 너희에게도 전함은 너희로 우리와 사귐이 있게 하려 함이니 우리의 사귐은 아버지와 그의 아들 예수 그리스도와 더불어 누림이라"고 요한은 기록하였다(요일 1:3). 내가 하나님과 관계를 맺은 것과 같이 나의 동료들과 관계를 맺는다는 것이 곧 그리스도인의 친교이다.[5]

본회퍼(Dietrich Bonhoeffer)는 기독교적 인식은 구체적 상황으로부터 생겨나며, 동시에 인간의 인격은 신적 인격과의 관계 속에서 생겨난다고 보았다. 개인은 오직 타자를 통해서만 존재한다. 개인이 될 수 있기 위해서는 필연적으로 타자가 존재해야 한다. 타자는 나에 의해 오직 너로만 체험된다. 나와 너는 교환할 수 있는 개념이 아니라 서로 다른 체험의 내용을 포함한다.[6] 여기에서 인격적 존재는 구조적 개방성과 폐쇄성을 동시에 갖고 있음을 본회퍼는 말했다. 인격은 사회적 의도라는 개념으로 볼 때 개방성을 지향하지만 동시에 친밀한 행위는 인격의 폐쇄성도 지향한다는 의미가 된다.[7]

교회는 하나님의 마음의 계시 위에 세워졌다. 하나님과의 원래의 교제가 파괴되었을 때 인간의 교제도 함께 파괴되었듯이, 하나님이 자신과 인간의 교제를 회복할 때에는 인간들 사이의 교제도 회복된다. 아담 안에서 인류가 타락하였듯이, 그리스도 안에서 인류는 실제로 하나님과의 교제 안으로 받아들여졌다. 오직 그리스도 안에서만 새로운 인류는 전체로서 이해된다.[8] 위를 바라보는 시선은 이웃을 바라보는 시선과 분리될 수 없다. 하나님의 통치 아래 있다는 것은 하나님과의 교제와 교회의 교제 속에서 살아간다는 것을 의미한다. 하나님은 자유로운 의지를 갖는 영들을 통치하기를 원한다. 하나님은 그들과 교제를 나누기를 원하며, 모든 존재의 심연으로서 모든 실재의 죽음이 되기를 원하지 않는다.[9]

지역교회가 지역사회에 열린 마음과 함께 더불어 살아가는 공존의식을 가져야 하는 것은 교회와 마을이 분리된 것이 아니라 연결되어 있기 때문이다. 하나님은 교회를 사랑하기 전에 먼저 세상을 사랑하셨다는 사실이 세상을 대하는 인식의 기본이다(요 3 : 16). 임마누엘은 하나님이 우리와 함께하신다는 의미이다. 하나님은 세상에 복음을 전하고 변화시키기 전에 그 아들을 통해 함께하심을 보여 주셨다. 그동안 지역교회는 지역사회를 위해 많은 프로그램을 진행해 왔지만 그 활동의 진정성을 인정받지 못하였기에 신뢰를 잃어버렸다. 지역사회에 교회가 선교하기 이전에 "복음적 관계"를 형성하는 것이 필요하다. 일상적 관계에서 존중하며 함께 살

---

5) 은준관, 「교회의 교육적 사명」(서울 : 종로서적, 2000), 34 - 35.
6) 이신건, "디트리히 본회퍼의 교회론," 「교회론」(서울 : 대한기독교서회, 2009), 234 - 235.
7) 이신건, "디트리히 본회퍼의 교회론," 238. 더 깊은 논의는 김도일, "마을로 나아가는 기독교교육," 「기독교교육논총」제47집(2016. 9.), 65 - 66.
8) 이신건, "디트리히 본회퍼의 교회론," 「교회론」(서울 : 대한기독교서회, 2009), 243.
9) 이신건, "디트리히 본회퍼의 교회론," 250.

아가는 이웃으로 대하는 진정성 있는 태도를 가질 때 형성될 수 있다. 교회는 지역주민을 대상화하지 않고, 주민들이 주체적으로 함께 삶을 공유하면서 참여할 수 있는 활동과 프로그램을 개발해야 한다.[10]

한국의 학교도 변화하고 있다. 지역사회와 함께하는 교육을 지향하기 위해 변하고 있다. 학교 중심의 교육에서 지역사회 중심으로 그 축을 옮겨 가고 있다. 좋은 인재를 양성하기 위해 학교 중심의 교육은 한계가 있음을 인정하고 있다. 그러기 위해 지역사회와 학교가 어떻게 함께 공존할 수 있을지 열린 교육을 지향하고 있다. 자유학년제가 시행되고 있다. 교사들은 교육의 한계를 경험하고 있다. 지역사회와 공존을 모색하고 있다. 교회가 학교의 필요를 향해 교제할 수 있는 좋은 기회이다.

2) 하나님의 백성으로서 집단인격

무연(無緣)사회, 2010년 NHK의 다큐멘터리에서 일본 사회의 무연 추세를 공식적으로 등장시켜 생긴 신조어다. 혼자 사는 사람들이 늘었다. 잘 때도, 먹을 때도, 심지어 놀 때조차 혼자다. 원하는 고독이 있는 반면 방치된 고립도 많다. 가장 큰 이유는 돈이고, 빈곤이다. 돈이 강조되면서 관계 단절은 심화될 수밖에 없다. 가족해체는 일상적이고, 처음부터 가족 형성을 포기하는 경우도 비일비재하다. 곁을 이룰 인연이 사라진 무연사회의 엄습이다. 가족, 친척, 고향과 연을 끊고 의지할 이가 없는 이들은 지역사회와의 교류도 없다. 혈연, 지연, 학연의 기능 상실이다. 존재감은 인터넷에서만 확인되고 현실 속 친구는 멀어진다. 혼자 있는 게 제일 편하다는 관계단절의 악순환이다. 무연사회의 충격은 역설적으로 과거에는 유연화(有緣化)가 기능했음을 의미한다.[11]

엄격히 살펴보면 교회는 무연들의 공동체다. 나이, 학력, 고향, 성별, 직업 등 모든 것이 다르다. 아무런 연고가 없는 사람들이 모여서 하나의 공동체를 이룬다. 그리고 교회공동체는 하나님 나라의 백성으로서 마을과 비전을 공유하며 융합하며 연대를 부활해 나가고자 한다. 이러한 노력들이 하나님 나라의 파트너라는 가치

---

10) 김도일, 한국일, "다음세대의 생명을 살리고 번성케 하는 교회교육 모델탐구,"「다음세대 신학과 목회」(서울 : 장로회신학대학교출판부, 2015), 29-30.
11) 정수복 외, 「사회를 말하는 사회」(서울 : 북바이북, 2014), 220-224.

없이는 불가능하다. 교회는 마을의 소사회이지만 특별한 정체성을 가지고 있으며, 보편적인 목적으로서의 공공성의 차원도 가지고 있다.

몰트만은 새로운 삶의 스타일로서 중생(regeneratio and renovatio)을 새로운 삶이 옛 삶의 한가운데서 시작되는 것으로 해석했다. 마태복음 19 : 28은 인자의 미래와 영광의 나라에서의 전 창조세계의 중생과 갱신에 대해 말한다. 그것은 하나의 보편적이고 우주적인 희망이다. 디도서 3 : 5은 예수 그리스도를 통한 하나님의 자비를 힘입은 믿는 자들의 중생에 대해 말한다. 인간의 중생은 이미 성령 안에서 일어난다. 그래서 마태복음 19 : 28에 따른 전 세계의 중생에 대한 보편적이고 우주적인 기대들은 디도서 3 : 5에 의하면 이미 성령 안에서 믿는 자들에 의해 지금 그들의 삶 속에서 경험되고 있다. 이런 의미에서 성령 안에서 중생한 사람은 누구나 도래할 영광을 희망하는 가운데 산다. 그리고 하나님의 영광의 극장이 될 이 세상 안에서 이 세상과 더불어 이 세상을 위하여 산다. 개인의 삶은 전체 속에서 그리고 전체에의 동참에서 의미를 찾는다. 성령으로 거듭나 희망 가운데 사는 기독교인은 새 창조라고 하는 전체 속에서, 그리고 이 전체에의 동참에서 의미를 찾는다.[12]

몰트만은 자신의 민중(ochlos) 경험에 대해 이렇게 언급한다. 그는 5년 동안의 시골 농부들 공동체를 위한 목사였다. 하지만 자신이 진정으로 민중의 경험을 나눈 것은 1945년 전쟁 포로수용소에서였다. "우리들이 몇 년 동안 경험한 것은 민중(ochlos), 곧 조직되어 있지 않고, 교육받지 못한, 감옥에 갇힌, 얼굴이 없고, 자유가 없으며, 역사가 없는 고난 속에 있는 민중의 무리였다. 교회는 하나님의 백성을 위하여 무엇인가 하기를 원한다. 그러나 정확히 말해서 이를 행함으로 교회는 그 자신이 백성의 한 부분이 아니라 하는 사실을 증명하는 것이다. 마태복음 25장은 가난한 사람들을 기독교적 구제 혹은 도시산업선교의 대상으로 만드는 것이 아니라 메시아 왕국의 주체들, 곧 그리스도의 은폐된 형제들과 자매들로 만든다.[13]

이스라엘에게 "하나님의 백성" 개념은 오직 하나님에 의한 부름으로부터 생겨났으며, 예언자들에 의해, 정치적인 역사과정에 의해, 이방 백성들에 의해 부름을 받았다. 이 부름은 개인이 아니라 집단인격에게 주어진다. 백성은 하나님의 백성으로서 회개해야 한다. 죄를 지은 자는 개인이 아니라 백성이다. 백성이 부름을 받는

---

12) 이형기, 「교회론의 패러다임 전환」(서울 : 여울목, 2016), 141-143.
13) 이형기, 「교회론의 패러다임 전환」, 154-157.

바로 그때에 역사를 향한 하나님의 뜻도 존재한다. 개인이 부름을 받는 역사와 마찬가지로 백성을 위한 하나님의 뜻도 존재한다. 하나님은 가장 작은 모든 공동체, 모든 우정, 모든 결혼, 모든 가족에 대한 소원을 가진다. 그리고 이런 의미에서 하나님은 교회도 소원한다. 얼마나 많은 사람들이 회개하는지는 중요하지 않다. 그러나 하나님은 마치 모든 백성이 회개한 것처럼 볼 수 있다. "열 명을 보아서라도, 내가 그 성을 멸하지 않겠다"(창 18 : 32).[14]

하나님은 한 사람 속에서 모든 인류를 보았고, 그들을 화해시켰다. 여기서 대리의 문제가 등장한다. 인류는 모든 공동체들을 포괄하는 집단적 공동체이다. 공동체 생활에 대한 참여는 공동체적 생활 전반을 긍정함으로써 실증된다. 모든 인류가 예수 그리스도의 역사 안에서 부름을 받을 수 있듯이, 공동체도 모든 인간처럼 윤리적인 부름을 받을 수 있다. 개인은 윤리적 존재로서 후회와 죄인식의 모든 행위를 통해 인류에 대한 참여를 실증한다. 개인이 자신을 개인과 세대로서 인식하고 하나님의 요구에 순종하는 곳에서 집단인격의 심장은 고동친다.

인간은 오직 "공동체(교회)로 존재하는 그리스도"라고 하는 집단인격에 의해서만 대치될 수 있다. 아담 인류에게 속해 있다는 사실을 인식함으로써 개인은 죄인들의 공동체 안으로 들어간다. 비록 죄를 지은 인류가 완전한 개인으로 분열되더라도 그는 하나다. 모든 개인은 그 자신임과 동시에 아담이기도 하다. 이와 같은 이중성이야말로 그의 본질이다. 이것은 그리스도 안에서 창조된 새로운 인류의 통일성을 통해 비로소 극복된다.[15] 그러므로 마을 안에서 하나님나라의 대표로서 교회의 역할을 감당해야 하며, 메시야적 삶의 스타일을 추구해 나가야 한다.

한국 사회에서 교회는 회복케 하는 공동체 역할을 감당해야 한다. 학교 공동체에서 해결하지 못한 미해결 과제에 함께한다. 경기도는 회복적 생활 지도를 중요한 교육 운영 모델로 받아들였다. 학교 폭력이나 갈등, 왕따, 소외에 대한 접근을 어떻게 할 것인가? 메시야의 화해케 하는 사역, 평화를 만드는 사역, 자유케 하는 사역을 통해 회복적 공동체를 지향할 수 있다. 과천교회와 과천중학교의 힐링센터를 통한 대안교실 활동은 학생들의 깨어진 관계를 회복하고 쉼과 숨을 얻게 한다.

---

14) 이형기, 「교회론의 패러다임 전환」, 241.
15) 이신건, "디트리히 본회퍼의 교회론," 「교회론」(서울 : 대한기독교서회, 2009), 242.

4. 마을교육공동체를 가꾸는 과천교회 사례

1) 마을을 품은 사람들이 모인 과천교회

과천은 오랜 세월 동안 마을로 작은 공동체를 이룬 두레공동체였다. 작은 마을공동체였던 과천은 1982년 정부청사가 들어오면서 도시로서 크게 성장한다. 산업화의 성장에 따라 교회는 전도와 부흥, 교회 성장에 중심을 둔 목회를 하였고, 중대형 교회가 되었다. 2010년 12월 12일 과천교회의 제4대 목사로 주현신 목사가 위임을 받았다. 주현신 목사 부임 후 과천교회는 교회를 소개할 때 교회명 앞에 "하늘행복 가득한 더불어숲"이라는 타이틀을 함께 사용했다. 이 타이틀은 교회가 담고 있는 정신을 함축하고 있을 뿐 아니라 사역의 방향과도 함께했다. 즉, 교회 중심에서 지역사회 중심으로, 오는 교회에서 가는 교회로, 교회 중심 선교에서 하나님의 선교에 강조점을 두었다. 교회의 사역은 단순히 개인구원, 교회 개척이 아닌 하나님 나라 확장에 초점을 두었다. 나아가 선교 주체를 특정 목회자나 훈련받은 평신도에 한정하지 않고 모든 성도들이 관계 전도를 통해 삶 속에서 전파하며 하나님의 선교에 부름 받은 사람들임을 강조하였다. 이러한 과정 중에 2012년 11월 5일에 기윤실(기독교윤리실천운동)에서 수여하는 제10회 지역사회와 함께하는 교회상을 수여받았다.

2) 마을공동체 사업을 통한 청소년 진로교육, 청기사

경기도에서 운영하는 따복공동체는 마을을 중심으로 하는 사역을 공적으로 감당하고 있다. "따복공동체"는 따뜻하고 복된 마을공동체를 말하며, 안전하고 행복한 삶터를 만들어 가는 것으로 이웃 간 만나고 소통함으로써 지역공동체를 복원·활성화하고 사람중심·공동체 이익을 중시하는 사회적 경제를 융합한 것이라고 정의하고 있다.[16] 이들이 이해하고 있는 중요 개념은 아래와 같다.

---

16) 따복공동체, 2017년도 공모사업안내서,(경기도, 2017), 1.

> ※ 마을 개념정리 : 주민이 생활환경을 같이하며 주민 서로에 대한 이해와 소통을 바탕으로 주민 스스로의 협력을 통해 형성한 삶터(공간), 사람(조직) 및 공동체(관계)가 통합된 집단
> ※ 따뜻하고 복된 공동체 : 주민의 자발적 참여를 통해 지역 내 관계망을 활성화하고, 사람 중심의 사회적 경제를 실현하는 공동체
> ※ 사회적 경제 : 공공의 이익을 위해 사회적 경제 조직들의 생산, 교환, 분배, 소비가 이루어지는 경제 시스템

따복공동체는 지역사회를 기반으로, 지역주민들이 스스로 낸 아이디어를 통하여 자발적이고 참여적인 모임을 진행하고 있다. 지역주민들이 경기도에 예산을 받아 이 사업을 진행할 수 있다. 즉, 마을공동체 공모사업을 통해 주민들의 생활과 관련된 제반 영역에 걸쳐 지역 현안의 해결이나 마을계획에 이르기까지 주민들의 주도와 참여로 이루어지는 중요한 특징이 있다.

2017년 과천교회 학원사역부에서는 마을공동체 공모사업에 지원하여 청기사(청소년 기적을 바라는 사람들의 약자)모임을 만들고, "청소년 행복진로 교육을 위한 푸드바이크" 사업을 제안하였다. 공동체명은 교회 이름이 아닌 과천 지역에 거주하고 있는 교인들과 주민들로 구성된 20명의 구성원들이 지었다. 자유학년제를 지원하기 위한 과천 청기사는 여러 제안팀들 중에서 2위로 선정되었다. 그리고 시에서 지원하는 예산과 과천교회에서 지원하는 예산을 합하여 찾아가는 진로지도를 실시하고 있다. 과천교회 학원사역부 진로교육팀에서 준비한 프로그램을 활용하여 청소년들에게 제공한다. 이는 더불어 공동체를 꿈꾸는 마을교육공동체의 좋은 모델이다. 또한 전문적인 지식인이나 교육가에 의한 교육의 한계를 넘어서 마을에 속한 주민들이 자신이 할 수 있는 영역으로 서로의 은사를 나누며, 마을의 학생들을 교육한다는 것은 매우 중요한 취지이다. 청소년 기적을 바라는 사람들의 모임인 청기사 운동은 꿈을 위해 달리는 푸드바이크(Food Bike), 마을 곳곳을 누비며 찾아다니는 자전거 컨셉을 가지고 제작했고, 청기사 운동을 교회 앞마당에서 시행했다.

※ 진행과정

1단계 - 아이디어 기획회의 : 지역사회의 교육적 필요 발견
2단계 - 마을공동체 사업 구성원 모집 : 마음 나누기, 교육, 기도

3단계 - 정기적 모임 : 교육계획 수립, 자료 수집, 워크숍
4단계 - 사업안 작성 : 프로포절 작성 및 논의
5단계 - 청기사 운동 : 영상제작, 후원자 개발
6단계 - 운영 : 마을교육 현장 찾아가기
7단계 - 평가 : 예산 평가, 사업 평가, 추후 발전 방향 논의

[마을공동체 사역 준비과정]

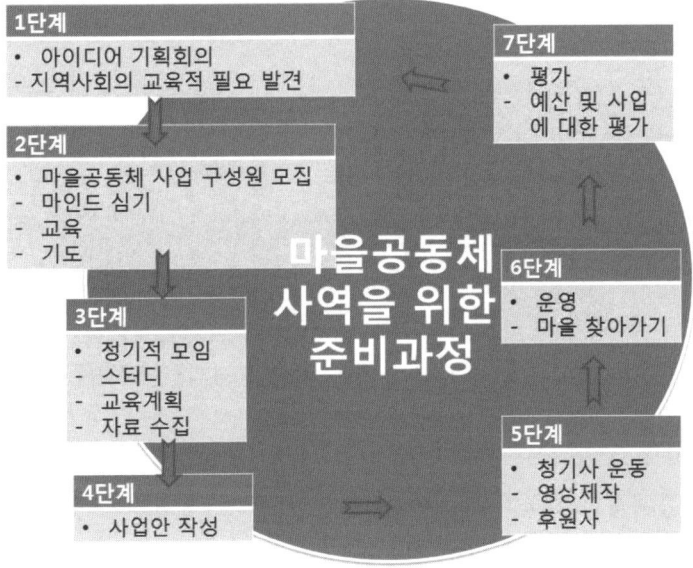

[청기사 교육운동 실천 모습]

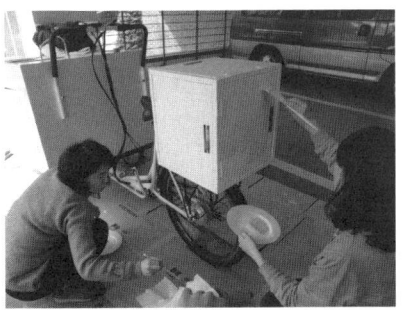

1. 청기사 모집을 위한 기획회의   2. 푸드바이크 페인팅 작업

3. 과천교회 앞 청기사교육운동 소개

4. 동참을 위한 배지 제작 및 후원엽서

5. 청소년 진로지도(사람책 도서관)

6. 과천고 창의인성교육(진로체험)

(1) 초등학교로 찾아가는 진로교육

마을교육공동체를 진행하기 위해서는 좋은 아이템도 필요하지만 이것은 사람과 사람이 만나는 과정 중에 일어나는 것이라는 점을 잊으면 안 된다. 만약 조금이라도 교회나 개인이 성취하고자 하는 다른 의도가 있다면, 마을 사람들은 그 숨겨진 의도를 알아차릴 것이다. 아무리 좋은 사업과 행사라 할지라도 마을 사람들의 마음을 얻을 수 없다. 주님의 복음을 직접적으로 증거할 수 없어 답답할 수는 있지만 말하지 않고 삶으로 전하는 복음은 그만큼 더 값지고 중요하다. 2017년 6월 1일 초등학교 3학년을 대상으로 진로교육을 실시했다. 약 90명의 학생들과 꿈에 대한 이야기를 하고, 꿈의 씨앗을 만드는 시간을 가졌다.

① 교육목적
- 어린이 진로교육을 통해 건강하고 아름다운 꿈을 키울 수 있는 동기 부여
- 과천교회와 초등학교의 협력을 통한 지역사회 돌봄 및 교육사역

② 교육내용
※ 주제 : 찾아가는 어린이 진로교육, 푸드바이크 타고 슝슝~

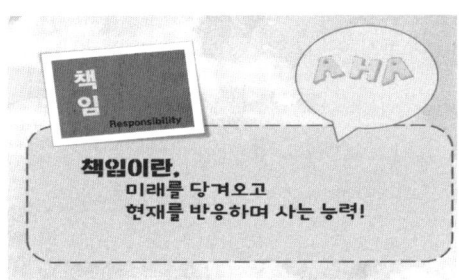

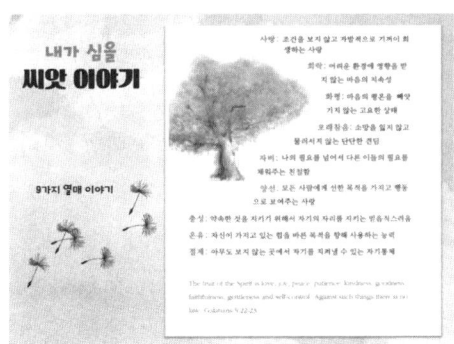
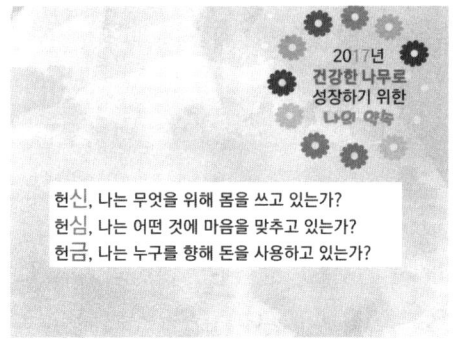

③ 행사사진

(2) 중학교로 찾아가 함께 나누는 인성교육

과천교회 학원사역부는 이 사업을 진행하기 이전에도 이미 문화체육관광부의 종교계 청소년 인성 프로그램 중 개신교 부분으로 참여한 바 있다(2013－2014년). 2014년 문화관광부 예산으로 교육을 진행한 대상은 서울소년원(이하 고봉중고등학교) 학생들과 과천문원중학교 1학년 전교생이다. 과천문원중학교의 경우 1학년이 14반으로 구성되어 있기 때문에 14명의 강사가 반별로 동시간대에 들어가 강의, 게임, 역할극, 토론, 신체 이완, 표현활동 등을 진행하였고 학생들이 흥미를 갖고 프로그램에 참여할 수 있었다.

이 프로그램이 의미 있었던 점은 과천교회의 성도들을 6개월 전, 먼저 마을로 들어가는 교육선교사로 교회 주보에 광고하고, 자원하는 자들과 함께 사역을 진행하였다는 점이다. 이들은 사역자가 아니라 평신도들이다. 이러한 시도는 함께 사역하는 성도들과 과천교회를 바라보는 지역사회의 시선도 새롭게 갖게 하는 계기가 되었다. 이 프로그램을 시행한 과천문원중학교는 미션스쿨도 아니고 교회의 그 어떤 연결도 되어 있지 않은 마을 안의 공립학교이다. 공립학교에 찾아가 인성프로그램을 진행한다는 점은 하나님의 교육, 하나님의 선교라는 관점에서 비롯되었다.

프로그램에 참여한 2개 학교 학생들의 프로그램 평가서의 내용을 분석한 결과는 다음과 같이 정리될 수 있다.

첫째, 본 프로그램을 통해 자신의 분노표현 방식에 대한 통찰을 갖게 되었다는 점이다. 평가서에 따르면 학생들은 자신의 분노표현 방식에 대해 명확하게 보고하고 있는데, 이는 분노표현의 유형인 수동형, 공격형, 수동공격형에 대한 이해를 통해 자신의 분노유형을 명확하게 탐색하고 인식한 결과로 볼 수 있다.

둘째, 프로그램을 통해 학생들이 분노표현의 올바른 방법을 배우게 되었다는 점이다. 학생들은 프로그램을 통해 알게 된 점으로 카메라 대화법, 올바른 분노표현 방법의 종류, ABC권법을 가장 많이 언급하고 있다. 이는 본 프로그램의 핵심적인 내용으로서 참여 학생들이 자신의 분노표현 방식에 대한 이해와 건강한 분노표현 방법을 알게 되었다고 기술하고 있고, 이는 프로젝트가 본래 교육목적으로 달성하고자 했던 바를 학생들에게 명확히 전달되었음을 입증하는 결과라고 시사할 수 있다.

(3) 마을의 대안교실, 힐링센터

과천교회와 과천중학교는 2013년 3월 12일에 상호 협약을 맺고 과천중학교에 대안교실 힐링센터를 개소하였다. 힐링센터는 교육공동체의 모델로서 두 가지 교육 방향을 가지고 있다. 첫째는 교과 중심의 학습에서 벗어나 체험활동을 중심으로 진로탐색을 희망하는 학생들을 모집하여 다양한 경험을 바탕으로 자신의 진로를 찾을 수 있는 "대안교육"을 진행하고 있다. 이를 통해 학업중단 청소년을 방지하고 꿈과 비전을 향해 정진할 수 있도록 조력하는 역할을 하고 있다. 두 번째 방향은 학교폭력으로 인해 발생한 가해, 피해 학생을 교육하는 "특별교육"이다.

학교폭력의 피해학생으로서 상처받고 두려워하는 학생과의 만남을 통해(4시간) 상담과 교육을 통해 회복의 사건이 일어나도록 돕고, 가해학생은 학교폭력 위원회의 보호 처분에 따라 특별교육(학생 8시간, 부모 4시간)을 진행하고 이수하여 다시는 학교폭력 사건이 발생하지 않도록 예방교육을 강도 있게 하고 있다.

문원중학교 성품 교육(ABC 프로젝트)

어린이 성품교실

힐링센터의 핵심 운영원리를 맘치(마음치료), 몸치(몸치료), 념치(생각치료)에 두어 프로그램을 기획, 운영하고 있다. 경기도에서는 이례 없는 교회와 학교의 협력구조로 자라는 학생들을 바르게 성장시키는 좋은 교육공동체 모델이다. 지역에 있는 전문 자원을 활용하여 학교 현장에서 해결하기 어려운 문제를 함께 풀어 간다. 특히 학교 현장에서 일어나는 학교폭력과 같은 문제는 학교만의 문제가 아니다. 가정과 지역사회가 함께 고민해야 할 문제이다. 그러므로 과천교회는 사역자를 파송하고 사역에 필요한 경비를 제공함으로 학교 안에서 일어나는 문제를 해결하는 더불어 숲을 가꾸는 교육공동체를 지향한다.

[힐링센터 핵심 운영원리]

프로그램명	주제 및 세부 목표	교육효과	주요 활동	기대 효과
맘치	주제 : 마음을 건강하게 세부목표 건강하고 밝은 감정으로 학교생활에 임할 수 있도록 한다.	대안활동 자기절제	-감정을 다스릴 수 있는 대안활동으로 선택한 악기(기타, 우쿨렐레, 건반드럼)를 배움, 학생들 선곡	자신의 현재의 감정상태를 인지하고 바르게 표현한다. 건강한 마음과 감정으로 회복할 수 있다.
몸치	주제 : 몸을 튼튼하게 세부목표 넘치는 에너지를 몸을 사용하며 발산할 수 있도록 한다. 이를 통하여 친밀함을 형성 및 성장발달에 영향을 준다.	성취도 자신감 신체능력	-실내 암벽등반 : 대안교실 내 설치 -바리스타 : 커피실습 -목공 : 공예품 만들기 -하이킹 : 과천~잠실 (30km, 자전거)	몸을 사용하는 활동을 통하여 에너지를 발산할 수 있다. 잠재되어 있는 스트레스가 해소될 수 있다.
념치	주제 : 생각을 바르게 세부목표 바른 생각을 할 수 있도록 지도하여 지금까지 자신의 습관과 생활태도에 대한 변화를 유도한다.	대인관계 진로탐색	-학교생활 가이드 -나에게 하는 약속 -바른 습관 만들기 -바른 자세	바른 생각에서 오는 앞으로의 다짐을 통하여 학교생활에 실제적인 변화를 줄 수 있다.
상담	주제 : 나, 너, 학교 발견하기 세부목표 학교에서의 나란 존재, 친구라는 존재, 학교라는 곳에 대한 바른 이해를 형성한다.	자기이해 또래이해 학교생활	-자아 발견 -친구 발견 -학교(공동체) 인식	나를 발견함으로 너를 알아가 친구의 개념을 정의하고 함께 공동체를 이루고 가고 있음을 깨닫는다.

시장/교장/담임목사　　10년 후 미래신문　　나 뽐내기　　학교폭력 역할극

꼴찌탈출　　　　　　　　　목공교실

(4) 마을의 아이들을 돌보는 "마을돌봄나눔터"

마을돌봄나눔터는 맞벌이 부부, 한부모가정 등이 겪는 자녀양육 및 돌봄 문제를 함께 해결하기 위해 마을마다 만들어진 교육공간이며, 돌봄의 교실이다. 이 일을 담당했던 과천시청 사회복지과 여성복지팀장 심명순 집사는 과천시장 신계용 집사의 업무 지시로 대안 마련을 위해 분주히 뛰어다녔다. 그러던 중 과천교회가 위탁운영하는 건강가정지원센터에서 해결방안을 찾았다. 건강가정지원센터 센터장 신순철 집사는 마을의 공동문제를 해결하기 위해 지혜를 모으기 시작하였고, 2016년 2월 27일 래미안슈르 아파트에 마을돌봄나눔터를 개소하게 되었다. 마을돌봄나눔터는 과천시와 과천시건강가정지원센터, 래미안슈르 입주자대표회의, 사회복지법인 하늘행복나눔재단(대표이사 주현신)이 함께 참여하여 만들었다. 매달 1번씩 학부모로 구성된 운영위원회가 구성되어 마을돌봄나눔터 운영에 대한 토의와 합의를 이루며, 건강한 가정, 안전한 아이들의 보살핌을 책임지고 있다. 이후 부림동 마을돌봄나눔터 2호점을 개소하였다. 과천시 마을돌봄나눔터는 관공서 주도가 아닌 지역사회의 자원으로 참여하고 고민하여 만든 건강한 자녀양육을 위해 협력한 좋은 사례이다. 더욱이 과천교회 학원사역부에서는 성품교실 프로그램을 지원하며 아이들이 올곧은 마음씨로 자랄 수 있도록 협력하고 있다.

 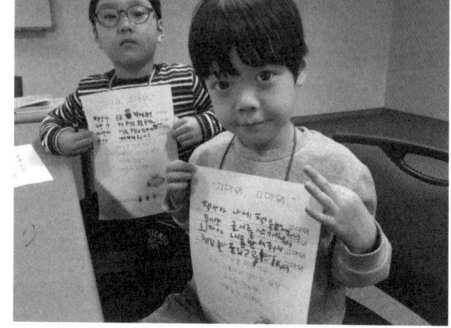

성품교실 1 　　　　　　　　성품교실 2

5. 나가는 말

과천교회는 '하늘행복 가득한 더불어 숲'을 지향한다. 지역사회와 함께 공존하며 지역의 아픔에 동참하고 함께 고민하고 나누는 사역을 통해 세상을 사랑하신 하나님의 사랑을 실천코자 한다. 생태, 환경, 봉사, 교제, 나눔, 예배를 통해서 지역과 소통할 뿐 아니라 마을교육공동체로 자라는 다음세대와 더불어 성장해 나아가고 있다. 한 아이를 키우기 위해 한 마을이 필요하듯이 교회와 학교, 지역사회가 함께 힘을 모을 때 실력과 인격, 성품, 헌신으로 갖춘 인재를 양성할 수 있다고 믿는다. 교회는 마을교육공동체를 만들어 가는 섬김의 자세로 지역사회의 필요를 채우며, 지역의 영·유아, 아동, 청소년들의 문제를 해결하기 위해 지혜를 모을 때이다. 앞으로 과천교회는 '하늘행복 가득한 더불어 숲'을 만들고 아름다운 열매를 맺기까지 수고의 땀을 흘리는 지역의 교회로 세워지길 희망한다.

제6장
마을을 두드리다 :
보령시 천북면 시온교회 사례

김영진 / 시온교회 목사

1. 들어가는 말

 농촌과 농촌교회, 농촌선교에 대해서 많은 이야기들이 있지만, 그런 이야기를 할 때는 그것이 과연 실천적인 접근인지 조심스럽게 되돌아볼 필요가 있다. 특히 농촌선교를 논한다면, 우리는 먼저 선교에 대한 봉사가 교회에 대한 봉사에서 파생될 수 있는 것이 아니라는 지적과 더불어 오히려 교회에 대한 모든 봉사는 오직 선교에 이바지한다는 말을 귀담아들어야 한다.[1] 그렇지 않다면 농촌교회가 오늘 농촌의 쓸쓸함에 묻혀서 때로 자기의 정체성을 제대로 드러내지 못하는 것에 대한 답을 찾는 데 어려울 수 있기 때문이다. 농촌교회 자체가 하나님의 일이요, 하나님의 행동의 결과임을 인식하지 못한다면 하나님의 일을 드러내는 농촌교회의 역할은 역동성을 상실할 수밖에 없다.
 사실 다수의 농촌교회는 그동안 성장에만 초점을 맞추어 온 도시교회의 모습을 답습함으로 농촌선교의 구체적인 요청에 응답할 방법을 잊어버렸고, 이제는 그나

---

1) 게오르크 F. 휘체돔, 박근원 역, 「하나님의 선교」(서울 : 대한기독교출판사, 1993), 15.

마 현실적인 이유로 성장마저도 꿈꾸기 어렵게 되었다.[2] 그러다 보니 문제는 교회의 목표도 막연해졌다는 것이다. 그러나 이제라도 농촌교회는 농촌을 향한 하나님의 선교에 순응하여, 이른바 신자유주의 시장경제 속에서 소외당하는 농민들을 위해 하나님께서 어떻게 일하시는지를 농민은 물론 농민이 아닌 사람들에게까지도 바로 알려 주어야 한다. 그러기 위해서 먼저 농촌교회는 자신이 스스로 하나님의 일이라는 자각을 선행해야 한다. 교회가 교회 자체만을 위하여 존재하는 것이 아니라, 교회가 존재하는 지역 속에서 지역을 위한 하나님의 일을 하는 교회라는 것을 나타내야 한다. 농촌교회가 보여 줄 수 있는 것은 농민들 가운데서 활동하시는 하나님의 일인데, 이것은 바로 지역을 향한 교회의 봉사로 나타난다. 그러므로 아무리 현실이 어렵고, 또 힘에 벅차다고 할지라도 하나님의 관점에서 보면 농민들은 언제나 교회의 '섬김을 받을 필요가 있는 사람'들이다. 비록 어렵고 힘든 농촌이지만 교회가 자기 역할에 충실할수록 언제나 함께하는 선교의 정당성은 살아난다.

2. 위기의 농촌

우리 농촌은 그동안 한국 사회의 근대화, 산업화 과정을 거치면서 변화에 변화를 거듭해 왔다. 이런 변화는 무엇보다 생명농업의 변질, 농업에 대한 존중 상실로 인한 농적(農的) 가치관의 부재를 가져왔으며, 농촌을 위기 속으로 몰아넣었다. 그중에서도 가장 큰 문제는 마을의 붕괴라고 할 수 있다. 전통적인 마을공동체 문화가 붕괴하였고 그나마 남아 있던 농촌문화도 이제 그 모습을 보기가 어려워졌다.

예전의 농촌 마을공동체 붕괴가 산업화로 말미암은 도시로의 쏠림현상이었다면, 지금의 농촌 마을공동체 붕괴는 농업정책에 따른 영향이 크다. 현재 농업정책은 농업·농촌이라는 공공재의 성장과 규모 늘리기에만 초점을 맞추고 있다. 이런 농업정책은 농업을 경쟁력, 기계화, 산업화의 관점에서 보기 때문이고, 여기에는 당

---

[2] 한국교회에서 성장은 인구수와 밀접한 관계가 있다. 그런데 농촌 인구를 보면 1960년에 총인구의 58%였던 농가인구가 1980년 28%로, 1990년 15.5%, 그리고 2000년 8.6%로 급격히 감소하고, 2009년에는 6.4%까지 내려갔다. 2011년 농가인구는 296만 5,000명으로 조사됐는데, 감소세가 계속되어 2017년 253만 2,000명, 2022년에는 219만 1,000명까지 낮아질 전망이다('2011년 농업경제 연구원 통계자료' 인용).

연히 농업시장 개방이 기반에 깔려 있다.[3] 지금 농업정책이 중요하게 생각하는 것은 규모를 극대화해 소득 증대를 이루는 대단위 농가 혹은 기업이지, 작은 규모 때문에 생산성이 낮게 취급되는 소농이나 마을공동체가 아니다.

결국, 이런 농업정책은 생산성과 경쟁력 중심의 농촌을 우선 고려의 대상으로 삼으면서 그렇지 못한 다른 요소는 부차적이게끔 만들었다. 전통적인 농업의 모습은 구조조정의 대상이 된 것이다. 그러면 구조조정의 목적은 무엇이고, 경쟁력 있는 농업이란 무엇인가? 이런 정책은 오직 농업을 산업의 측면으로만 보기 때문이다. 구조조정을 통해 지속 가능한 농업을 고민하는 것이 아니고, 마을공동체의 붕괴에 대해 고민하는 것도 아니다. 경쟁력이란 살아남는 것이다. 그렇다면 농업이 경쟁력을 가지려면 지속 가능한 농업이어야 한다. 그러나 과연 산업화된 농업이 지속 가능한 농업을 이끌 수 있는가? 외국의 사례를 보더라도 산업화된 농업의 목적은 이윤 창출이지 지속 가능한 농업이 아니다. 그리고 농촌사회의 유지와도 관계가 없다.

문제는 이런 농업정책과 성장 우선의 가치관이 전통적인 농촌을 빠르게 해체하고 있는 것이다. 농민이 농업경영인이 되고 농업이 공업화된 농촌에서, 자연의 원리에 순응하는 농업과 건강한 마을공동체의 근본이 농업에 있다는 생각은 이제 쉽게 내세울 수 없게 되었다. 이런 속에서 농촌교회 목회자는 농촌마을과 지역사회를 고려한 목회는 엄두를 내기 어려우며, 설사 그러한 목회를 해야겠다면 그것은 곳곳에서 싸움의 상대를 만나야 한다는 각오를 단단히 해야 한다. 그러다 보니 오늘 농촌의 목회활동은 마을과 지역사회에서 지속가능한 활동이라기보다 제한적이면서 교회 내에 머무르는 활동이 되고 만다.

3. 전환의 시대

최근 이상기후와 자원의 고갈, 세계적인 식량 위기 경험은 자본 중심과 경쟁 중심의 기존 패러다임을 수정하지 않으면 안 된다는 것을 점점 더 피부로 느끼게 한다. 그동안 우리 정부는 규모를 키워야만 경쟁에서 이긴다고 말해 왔지만, 이미 미

---

3) 한국농어민신문 2017년 2월 28일 "국회 농정개혁 토론회".

국만 하더라도 농업과 농촌사회의 토대는 규모가 큰 농장이 아니라 가족농과 소규모 농장이며, 건강한 소농 육성을 중요한 농정목표로 삼고 있다. 그리고 건강한 소농 육성은 건강한 농촌공동체를 유지할 때만 가능하다는 것을 정책으로 제시하고 있다. 즉, 농업예산 가운데 많은 부분을 직접지불제에 할당하면서라도 농가 소득을 보존해 주고, 농촌공동체 유지를 꾀하고 있는 것이다. 미연방정부는 정부 지원이 없으면 농민은 농촌을 떠날 것으로 판단하고 보조금 비율을 2004년의 15.2%에서 2005년 33.2%로, 2011년 33.5%로 꾸준히 높여 가고 있다.[4] 참고로 농가 소득 대비 농업직불금 비중은 스위스가 59.5%, EU가 32.1%, 일본이 11.2%에 달한다. 4%대에 불과한 우리나라와 대조된다.[5]

지속 가능한 농업은 가족농을 중심으로 한 자립농업, 지역에 기반을 둔 사람과 사람이 만나는 지역 자치 농업이라야 가능하다. 이러한 일은 농촌공동체가 건강하게 유지되고 마을이 자리를 잡을 때 가능하며, 농업의 세계적인 경쟁력은 바로 여기서 나온다. 식량자급률을 높이고, 지역의 먹을거리 체계를 구축하고, 농촌을 건강한 공동체로 만드는 것은 농민들을 분리하고 경쟁을 시켜서 이룰 수 있는 것이 아니다. 지금 다양한 마을 만들기 사업이 전국적으로 활발하지만, 중요한 것은 마을이 근본적으로 농적(農的)인 세계라는 것을 인식하는 일이다.

무인도라도 자본만 쏟아 부으면 마을이 생겨나는 것이 아니다. 진정한 마을은 자본의 힘으로 모습을 만들어 가는 것이 아니라, 자연의 힘을 느끼며 전통을 존중하면서 사람이 살아가는 데 필요한 것이 무엇인지를 알고 함께 농사를 짓고 삶을 나누는 공동체의 터전으로 나타난다. 그러므로 마을을 세우는 일은 마을공동체에 대한 깊고 넓은 이해와 깨달음이 없다면 실패할 수밖에 없다. 마을은 가족농, 혹은 소농이 중심이 될 때 지속할 수 있는 모습을 드러낼 수 있고, 이런 마을들 때문에 한 나라가 튼튼해지며 미래에 대한 희망을 이야기할 수 있다. 지금은 위기의 시대이기도 하지만 더 분명한 것은 전환의 시대이다. 이미 선진국이라고 불리는 나라들은 지속 가능한 삶의 원천이 어디에서 나오는지를 분명히 알고 그것을 지키기 위해 노력하고 있다.

---

4) 미국의 농업 보조금 : http : //egloos.zum.com/greatdobal/v/5878785.
5) 농민신문 2016년 12월 19일 "농업직불금".

4. 마을을 세우는 일

　어떻게 보면 문명사적 전환기라고 할 수 있는 이 시대의 대안은 마을을 바로 세우는 일이다. 농촌이 위기에 처하고 마을공동체가 붕괴하는 상황을 지켜만 본다면 미래에 대한 담론은 불가능할 것이다. 오늘 교회가 먼저 해야 할 일이 있다면 하나님의 창조질서를 회복하는 일이고, 사람이 살 만하고 영성이 어우러지는 그런 마을을 만드는 일이다. 마을은 다양하다. 마을은 단지 물리적인 공간이 아니라 사람과 더불어 하나가 된 공동체이다.

　오늘 농촌이 위기에 처해 있듯이 농촌교회도 위기 앞에 있다. 그렇다고 농촌교회가 마냥 의기소침해 있을 수만은 없다. 농촌교회는 용기를 내어 하나님과 자연과 사람이 연결되는 하나님 나라의 가치를 마을공동체를 통해 드러내는 일을 감당해야 한다. 농촌교회와 목회자의 가치관 변화는 교회 역할과 지역의 변화를 이끌어낼 수 있는 초석이 될 수 있다. 이것은 마치 힘든 도전처럼 보일 수도 있지만, 농촌의 미래 가치를 염두에 둔다면 앞장서서 마을공동체의 중요한 역할을 할 수 있고 희망의 근원지 역할을 할 수 있다.

　농사짓고 살아가는 것이 중노동이고 고통일 뿐이었다면 벌써 농업은 끝이 났을 것이다. 그러나 겉으로 보기에 일이 힘들고, 맨날 손해만 보는 것 같은데도 귀농을 하고 농촌을 떠나지 못하는 사람들이 있는 것은 이들의 삶이 흙과 더불어 자연과 상생하고 유기적인 접촉으로 근원적인 생명 감각을 포착하기 때문이다. 마을공동체가 생명마을로 나갈 수 있는 것은 이 근원적인 감각을 기반으로 할 때 가능하다. 농촌교회는 이제 새로운 시대와 가치관을 이끄는 역할을 감당하는 요청을 받고 있다. 교회가 자기의 본래 과제인 선교를 유효하게 실천하는 문제는 확실히 교회가 지닌 희망의 성격에 달려 있다. 이에 수반하여 또한 당연한 귀결로서 그 희망의 성격이 선교의 성격을 크게 결정한다.[6] 어둠 속에서도 갖는 희망의 성격은 예수 그리스도께서 우리에게 잘 보여 주신 것이 아닌가? 그러므로 우리는 위기 속에서 오히려 희망을 품을 수 있고, 그 희망을 농촌 속에서 작게나마 꽃피울 수 있다.

---

6) J. C. 호켄다이크, 이계준 역, 「흩어지는 교회」(서울 : 대한기독교출판사, 1992), 18.

5. 보령시 천북면 지역과 시온교회

충남노회에 속한 시온교회[7]는 충남 보령시 천북면 신죽리에 자리 잡고 있는데, 시온교회가 있는 신죽리는 천북면에서도 변두리에 속해 있어서 그야말로 황량한 농촌이다. 교우들은 대부분이 농민들로 주로 경종농업(갈이농사)에 종사하며 몇 가정은 축산업을 하고 있다. 천북면의 농업은 면사무소 자료집을 볼 때, 전체적으로 경종농업이 54%, 축산업이 27%에 달한다.[8] 천북면은 서해안고속도로(광천 IC)와 연계하고 있으며, 축산 규모는 우리나라에서 면 단위 중 가장 큰 지역에 속한다. 양돈이 주축을 이루면서 한우와 젖소, 그리고 양계장이 산재해 있는데 축산업이 주종을 이룬 관계로 천북면은 여타 농촌과 비교하면 제법 농촌 경제 활동의 규모가 있다고 할 수 있다. 그러나 반대로 농축산물 수입 개방의 직접적인 파고를 맞고 있으며, 축산으로 인한 부작용으로 쾌적해야 할 농촌 환경에 많은 문제가 발생하고 있다.

시온교회가 위치하고 있는 천북면 신죽리의 인구 및 가구 현황을 보면, 2016년 현재 156세대에 인구수는 341명이다. 인접한 신덕리는 124세대에 인구수는 278명이다. 그런데 이런 통계는 행정적인 통계일 뿐이고 실제 거주자는 그보다 훨씬 적다는 것이 각 마을 이장들의 이야기다. 참고로 행정통계에 나타난 2017년 1월 천북면 전체 세대수는 1,884세대에 인구수는 3,802명(65세 이상 1,266명)이다. 천북면 전체적으로 교회는 12개(주로 장로교회와 침례교회)가 있으며, 신죽리와 신덕리에는 그중 3개 교회가 있다. 시온교회 교인 현황은 주로 신죽리와 신덕리에 거주하는 장년 80여 명, 교회학교 아동부 10명, 중·고등부 5명 정도이다. 장년의 주축은 60대이며, 70대 이상도 구성원의 35% 정도를 차지하고 있다.

6. 함께하는 마을공동체

시온교회는 작은 교회지만 구성원들이 갖고 있는 감성을 통해 농촌의 감흥을 두드리고, 나아가서 농촌에 깃들어 있는 문화를 끄집어내 마을의 가치를 살리는 일에

---

7) 충남 보령시 천북면 천광로 679-6.
8) 충남 보령시 천북면 사무소 통계자료 인용. 이하 천북면 인구 통계도 동일.

마을공동체와 함께하려고 노력하고 있다. 보통 농촌에는 문화가 사라졌다고 한다. 사실 요즘 농촌은 예전에 가지고 있던 많은 것들이 사라지고 있는데, 이런 모습은 미디어의 영향으로 도시적인 것만을 문화로 치부하는 경향도 있을 테고, 인구 감소로 말미암아 학교와 마을공동체가 위축되니 공동 문화의 생산이 없어지는 탓도 있을 것이다. 하지만 본래 농촌이 가지고 있는 모습 자체가 훌륭한 문화라는 것을 깨닫는다면 그 가치를 나눌 수 있도록 돕는 것이 농촌선교의 시작이고, 희망의 시작이라는 생각에서 시온교회는 문화적 접근에 작지만 나름의 힘을 기울였다.

과거 농경사회에서는 공동체를 유지해 주는 마을 문화들이 자연스럽게 진행됐지만, 지금 농촌은 농사는 기계가 대신하고, 건축은 건축업자가 와서 하고, 잔치와 장례는 마을 마당에서 전문 예식장으로 옮겨 갔다. 또 밤에는 TV 연속극에 마음을 모조리 내줘서 마을 사람들이 함께 모일 수 있는 자리는 특별한 경우를 제외하고는 거의 사라졌다. 그래서 마을공동체를 모을 수 있는 공통의 관심사가 무엇인지를 생각하면서 시작한 것이 마을 사람들과 함께하는 추수감사 놀이였다. 매년 11월 초에 지역민들과 함께 추수감사의 마음으로 풍년 한마당 잔치를 한다. 처음에는 마을 사람들이 오기를 꺼려서 시온교회 교우들로만 행해지는 추수감사 놀이였으나, 이제는 4개 마을 이장들을 중심으로 마을 주민들이 교회 운동장에 모여서 스스로 만들어 가는 풍년 한마당으로 변하고 있다.[9] 농촌이 가진 즐거움은 특별히 교육을 받거나 외부로부터 공급을 받아야 하는 것이 아니다. 농업은 원래 흥겨움을 가지고 있었으며, 이런 흥겨움은 우리 문화의 근간이 돼 왔다. 그러므로 농민들이 흥을 돋울 수 있는 마당을 만들어 주면 자연스럽게 그 모습이 나타난다.

마을 사람들과 논의한 공식적인 이름이 '풍년 한마당', 혹은 '가을걷이 한마당 잔치'인 추수감사 놀이에는 우리 지역 특산물인 돼지를 비롯하여 많은 찬조 물품들이 들어와 풍요로움을 더해 주고 있다. 그리고 노년층이 많기 때문에 누구든지 어렵지 않게 참여할 수 있도록 두부 만들기, 송편 빚기, 이엉 엮기, 윷놀이, 물동이 이고 이어달리기 등 각종 경기종목을 개발했다. 마을별 대항경기를 하다 보면 모두들 긴장하면서도 함박웃음이 터진다. 그리고 마을 사람들은 스스로 풍물패를 만들어 멋진 공연을 펼치기도 하는데, 풍물패의 공연을 보고 있노라면 농촌의 역동성이 느껴지면서 대단하다는 생각이 든다. 그리고 음식을 같이 나눠 먹으면서 농촌의

---

9) 2014년 4월 16일 세월호 사건 이후, 온새미로축제가 가을로 옮기면서 당분간 풍년 한마당 축제와 함께하고 있다.

문제와 우리 지역의 미래에 대해서 이야기를 틈틈이 나눈다.[10] 사실 농촌에서 여러 마을 사람들이 교회에 모여 추수감사잔치를 한다는 것은 쉬운 일이 아니다. 처음에는 종교적인 관점으로 기독교에 대한 거리낌이 있어서 시온교회에 오는 것을 주저했지만, 차츰 마을공동체에 대한 시온교회의 진정성을 느끼면서 여러 마을 사람들이 모이기 시작했다. 여기에는 교회의 창의적인 발상과 이장 및 마을의 지도자 역할을 감당하는 교인들의 역할이 크다. 그리고 사람들이 많이 모이다 보니 재정도 제법 들어가는데, 처음에는 교회 재정에서 지원을 했지만 지금은 각 마을 별로 분담하고 또 지역 내에서도 관심을 가져 주어서 교회는 식사만 준비하면 되고, 나머지는 모아진 기금으로 충당한다.

마을 사람들과 함께하는 놀이 외에 전문적인 문화공연은 확실히 시온교회의 능력 밖의 일이다. 그렇지만 농촌에도 좋은 문화공연에 대한 갈증이 있다. 때때로 농촌에서 농민들에게 보여 주고 싶은 문화공연에 대한 고민이 커지기도 했다. 그러다가 몇 년 전부터 정부기관을 비롯한 여러 단체에서 문화 소외 지역을 찾아가는 문화 프로그램을 운영한다는 소식을 들으면서 지금은 전문 공연단을 초청하는 일도 하고 있다.[11] 물론 이 일은 예산이 전혀 없어도 되는 일이다. 매년 초등학교 강당을 빌려서 마을 사람들과 학교 아이들과 국악, 악기 연주, 노래, 연극 등 전문 공연단의 공연을 함께 관람하면서 즐거워한다.

7. 마을에서 여는 축제

해마다 11월 첫 주에 마을 사람들과 함께 '유쾌한 농촌축제'를 열고 있다.[12] 처음 시작은 가정마다 키운 꽃들이 매우 예뻐서 한군데 모아 함께 보자고 하면서부터였다. 그래서 이름을 '들꽃축제'라고 했다. 각 가정에서는 자기 꽃밖에 볼 수 없으므로 교회 앞마당에 꽃이 피는 시기를 골라 각 가정의 화분을 모았다. 그리고 사람들을 초청했는데 의외로 반응이 좋았다. 이렇게 한두 해가 지나면서 사람의 왕래가

---

10) 2011년에는 11. 21. cbs tv 다큐멘터리 "신사도행전"을 통해 이 모습이 방영됐다.
11) 한국문화예술위원회 '문화순회사업-신나는 예술여행'.
12) 2005년 제1회 축제를 시작으로 2016년 제12회 축제까지 이어졌다. 2016년부터 보령시의 공식 지역축제가 되었다.

잦아지다 보니 꽃 감상과 더불어 우리 지역에서 생산하는 농산물을 소개하는 매개체로서 자연스럽게 자리를 잡게 되었다. 가까운 지역에 있는 도시민들을 초청해서 우리 지역의 꽃을 감상하고 농촌에서 즐길 수 있는 체험놀이도 하면서 우리 농민들이 생산한 건강한 먹을거리를 먹고 나누고 판매를 하는 자리가 자연스럽게 만들어졌다. 누구나 쉽게 생각하는 들꽃이고, 개중에는 농민들이 잡초라고 생각해서 관심을 두기는커녕 오히려 귀찮아했던 것들도 있었지만, 이름표를 붙여서 한군데 모아 두니 그 아름다움은 어느 야생화 전시장 못지않은 감동을 주었다.

필자는 처음부터 천대받는 풀, 보통 잡초라고 불리는 꽃에 많은 관심이 있었다. 왜냐하면 우선 잡초의 끈질긴 생명력에 마음이 갔고, 또 가만히 보니 잡초의 꽃들이 상당히 예쁘기 때문이었다. 잡초의 꽃은 매우 작다. 그래서 눈에 잘 띄지 않고, 환경에 적응하면 번지는 속도가 빨라서 애물단지로 생각하기 때문에 농민들은 그렇게 눈길을 주지 않는다. 잡초를 한자로 풀면 잡스러운 풀이 된다. 원하지 않은 장소에 난 잘못된 풀이라는 것이다. 경제성 있는 작물의 이해와 상충되므로, 잡초는 없어야 한다는 것이 일반적인 생각이다. 그러나 이것은 풀에 대한 사람의 생각이다.[13] 이런 인간중심주의적 정의는 신자유주의 시장경제 체제에서 농촌의 몰락을 불러왔다.

그렇지만 잡초를 사진으로 확대해서 담아 보면 그 모습이 뚜렷하다. 어느 것 하나 무시할 수 없는 생명의 충만함을 담고 있고, 모든 것이 서로 연결돼서 우리가 함께 살아갈 수 있게 한다는 깨우침을 준다. 달개비(닭의장풀)의 멋진 사진을 본 농민이 오히려 묻는다. 이게 무슨 꽃이냐고. 달개비라고 말해 주면 잘 아는 이름에 멋쩍어 하면서도 감탄을 한다. 그리고 앞으로는 달개비를 함부로 없애서는 안 되겠다는 말도 한다. 이런 가치의 발견은 농민들에게 새로운 시각을 갖게 한다. 농촌과 농민이 하나님께서 주신 자신의 가치를 스스로 발견한다면 지금 농촌이 겪는 위기를 이기는 새로운 길을 얻게 될 것이다. 마을 사람들과 들꽃축제를 통해서 얻은 깨달음이다.

그동안 사용해 왔던 들꽃축제라는 이름은 제5회부터 '온새미로 축제'로 바꿨다. 우선은 들꽃축제라는 이름을 사용하다 보니 우리 생각과는 달리 보기 좋고 근사한 꽃만을 생각하고 온 방문객들이 많았기 때문이다. 말 그대로 자연에서 꽃이 피는

---

13) 황대권, 「야생초 편지」(서울 : 도솔출판사, 2003), 265.

모든 것을 들꽃이라고 여기면서 그 속에 있는 농촌의 건강한 생명을 보여 주고자 했는데, 요즘 전국 곳곳에서 벌어지는 야생화 전시회의 영향으로 이 이름을 계속 사용하는 데 문제가 있었다. 무엇보다도 2년 연속 보령시의 '참 살기 좋은 마을가꾸기' 사업에 선정되고,[14] 3억 원 상당의 사업비를 지원받아 지역 내에 있는 작은 수목원[15]으로 축제 장소를 바꾸면서 축제 이름도 바꾸게 되었다. 그리고 축제 참석자가 늘어나면서 교회 마당에서 축제를 계속하기에는 많은 무리가 따랐다. 온새미로는 지역에서 추천해 준 이름인데, '자연 그대로, 또는 생김새 그대로' 등의 뜻을 가진 순우리말이다. 이 말에는 우리 농촌의 가치를 그대로 보여 주려는 마음이 담겨 있다.

8. 건강한 농업으로 가는 노력

시온교회는 농촌교회이기 때문에 당연히 농업에 대한 정보를 나누는 방법을 연구하면서 주보에는 주간 농사정보를 매주 기재하고, 농민들을 대상으로 주기적인 영농교실을 개최하여 영농에 대한 새로운 지식을 전해 주기 위해 노력하고 있다. 그동안 건강한 농업을 위해 보령시 농업기술센터와 협력하여 'EM(유용 미생물군) 농업' 실천을 위한 여러 가지 활동을 하고 있고, EM 활성액 및 EM 비누 사용을 도시 소비자들과도 함께하고 있다.

EM은 Effective Micro-organisms의 줄임말로 효모, 유산균, 누룩균, 광합성 세균, 방선균 등 80여 종의 미생물로 형성되어 있으며, 악취 제거, 수질 정화, 금속과 식품의 산화방지, 음식물 처리에 효과가 아주 좋다. 무엇보다도 농축산업과 어업의 환경개선에 괄목할 만한 결과를 나타내고 있으며, EM 퇴비를 통해서 친환경 농업을 추구해 갈 수 있다. 현재는 축산농민들이 가장 많이 사용하고 있으며, 경종농업도 EM 퇴비와 EM 활성액의 사용을 늘리고 있다. 우리나라는 EM 사용에 대한 학계와 상업회사, 그리고 이미 토착미생물을 사용하는 농가들의 부정적인 의견도 많이 있지만, 복합적인 농어업을 하는 천북면으로서는 최상의 방안으로 생각하고 있다. 분명한 것은 결과가 좋지 않으면 농민들은 절대로 사용하지 않는다는 것이다.

---

14) 2009년, 2010년 보령시 '참 살기 좋은 마을 가꾸기' 사업 대상 연속 선정.
15) 시온교회 이원갑 장로 사유지(충남 보령시 천북면 천광로 621-21).

그동안 보령시 농촌기술센터의 지원 아래 EM 농업으로 생산한 우리 지역 대표 농산물인 배추를 EM 절임배추로 만들어 전국으로 판매하고 있다. 지난 몇 년간 인터넷 오픈마켓에서는 김장철에 판매 상위권을 기록했었고, 보령시 관내 농민들의 절임배추에 대한 관심을 촉발하는 계기가 되었다. 그리고 영농교실을 진행하면서 때로는 외부 강사보다도 교인들이 스스로 강사가 되어 체험에서 나오는 영농기술을 나누기도 한다. 친밀한 이들의 이야기는 영농 현장에서 더 구체적인 도움이 되기 때문이다.

그리고 도시교회와 시온교회가 속해 있는 신죽리 마을 간의 농축산물 직거래를 위한 '일교일촌 사업'을 시작했다. 일교일촌은 농협에서 하는 일사일촌을 우리 식으로 부른 이름이다. 그동안 많은 도시교회가 농촌교회와 직거래를 비롯해서 여러 가지 관계를 맺어 오고 있지만, 농촌현장에서는 마을과 무관한 교회 내부의 일로만 치부되기 일쑤였다. 그래서 도시교회 담임목회자와 농촌마을의 이장이 직접 협약(MOU)을 맺고 직거래를 할 수 있도록 한 것이다. 교회 대 교회 관계도 좋지만, 좀 더 넓은 틀에서는 함께 상생할 수 있는 일교일촌 운동은 마을을 위해서 필요하다고 생각한다. 이것은 도시교회의 농촌 이해를 돕는 일이기도 하다.

마을 내에서는 교인들이 마을의 지도자가 되어 시온교회가 있는 신죽리를 녹색농촌체험마을로 선정되게 했고, 농림축산식품부로부터 지원받은 예산으로 녹색농촌체험관을 건축했다. 체험마을 이름은 축산과 건강한 채소를 결합한 '쌈지돈마을'로 정했다. 체험관의 프로그램을 통해서 도시민들의 다양한 농촌 체험과 특히 농촌이 가지고 있는 본래의 문화적인 활동들을 즐길 수 있도록 돕고 있다. 또 행정자치부로부터 정보화마을로 선정되어서 마을 주민의 컴퓨터 교육과 함께 인터넷을 통한 지역 소개 및 농산물 판매를 위한 전자정보사업을 구축했다.

현재 시온교회는 쌈지돈마을 농촌체험관과 보령시 살기 좋은 마을 가꾸기 현장인 신죽리 수목원과 긴밀하게 연계되어 있는데, 두 곳 다 시온교회 장로들이 대표로 있으면서 지역을 위한 헌신과 봉사를 하고 있다. 그동안 보령시 농업기술센터의 친환경농업 시범마을로 선정되어 지원받은 상당한 예산을 사용하여 4개 마을을 대상으로 친환경농업 프로젝트를 진행했다.[16] 이 프로젝트를 통해 친환경농업 인증을 받는 일을 도왔고, 미생물(EM) 비누를 만들어서 보급을 했으며, 친환경농업을

---

16) 2010년 보령시 지역농업 특성화(EM 농업) 친환경 시범마을 선정.

위한 교육에 지역민들을 참여시켰다. 이런 과정을 거치면서 많은 분이 교회의 프로그램을 접하고, 지역 발전에 대한 교회의 의견을 경청하면서 목회자와 교회의 중요성을 인식하고 있다. 교회와 마을이 함께 움직이는 일은 참 중요하다. 여러 생각을 공유하기 위해서는 무엇보다도 교육이 중요한데, 농촌의 특성상 특별한 장소와 시간을 내서 교육하기에는 한계가 많다. 그래서 그동안 함께 관광을 간다든지, 또는 축제 준비를 한다든지 하는 시간 속에서 미리 교육의 내용을 준비해서 마을 사람들이 지루해 하지 않고 오히려 배우려고 하는 자리를 만들었다. 교육의 내용은 선진 농촌에 대한 도전과 건강한 농업으로 방향 전환, 자원봉사 참여, 농촌문화의 활성화, 그리고 농산물 직거래에 관한 것들이었다.

9. 미래를 보존하는 일

시온교회는 지역의 문제에 적극 참여하려고 노력하고 있다. 특별히 농촌지역의 기반이 되는 학교의 존폐 문제는 더 그렇다. 교육부의 '소규모 학교 통폐합'에 대한 권고 기준안[17]을 보면, 현재 충남에서만 약 40%의 학교가 통폐합 대상이다. 면(도서, 벽지 포함)은 초등학교와 중학교 60명 이하, 읍은 초등학교는 120명 이하, 중학교는 180명 이하가 그 대상으로 농촌은 무려 절반 가까이가 통폐합 대상이다. 학교가 사라진다는 것은 농촌에서 자연과 더불어 배울 곳이 없어진다는 것이다. 그리고 학교 통폐합이 교육재정 효율화 때문이라고 말을 하는데, 실제 농촌에서는 학교가 사라지면 지역 경제 기반이 없어지므로 오히려 경제적으로 더 악영향을 끼친다.

현재 교육부의 지역 초등학교의 통폐합 방침에 대해, 목회자 스스로 초등학교 스쿨버스 운전을 자원해서 11년째 하루에 2시간 정도 아이들의 등하교 차량을 운행하고 있다.[18] 원래 2005년부터 지역 초등학교가 학생 수 감소로 말미암아 2010년 면 소재지 초등학교와 통폐합되는 것으로 예정돼 있었다. 그러자 지역주민의 염려와 특히 학교가 없어지는 것을 우려해서 미리부터 자녀를 읍내 학교로 전학시키려는 학부모들의 동요가 생겨났다. 무엇보다도 통폐합 대상학교가 되니까 학교 자체

---

17) 2015. 12. 31. 교육부의 '적정규모 학교 육성 방안'(소규모 학교 통폐합 추진).
18) 충남 보령시 천북면 낙동리 '낙동초등학교'(*2017년 67회 졸업생 배출).

가 교육청으로부터 기본적인 지원 외에는 모든 지원이 줄어들어서 학교 본래의 교육을 기대하기 어렵게 되었다. 그렇지 않아도 자꾸 줄어들고 없어지는 농촌의 현실에 지역공동체의 기반이 되는 학교마저 없어지면 문제는 무척 심각해진다. 농촌교회 입장에서도 미래를 위해 준비해야 할 중요한 선교 기반을 잃게 되는 것이다. 이래서는 안 된다고 생각하고 학부모 긴급회의를 거쳐서 일단 시온교회에서 운영하던 공부방을 초등학교 방과후학교로 옮겼고, 교회 차량을 동원해서 아이들의 등하교까지 맡게 되었다. 일 년이 지나면서 아이들 등하교에 학교 동창회에서도 적극 참여해 통학 구간을 절반으로 나눠 차량 운행을 같이 하고 있다. 이런 노력의 결과로 학교 운영이 정상을 되찾기 시작했고, 오히려 작은 학교의 장점이 부각되기 시작하면서 타 지역에 있는 읍내 학교 아이들이 전학을 오기도 했다.

그동안 꼬리표처럼 따라붙었던 통폐합 대상 학교 딱지도 벗어났지만, 그러나 앞으로의 상황은 더욱 어려워서 학부모와 동창회가 함께 학교 살리기를 계속하고 있다. 학교에 관한 이야기는 KBS에서 "천상의 수업"이라는 TV 다큐멘터리와 "그 남자의 귀향"이라는 라디오 드라마로 만들어서 전국에 방송한 바 있다.[19] 다큐멘터리 촬영을 하면서 만들어진 전교생 합창단은 이후로 농촌학교만이 할 수 있는 공동체 교육 형태가 되었다. 또 지역의 봉사자들이 방과후학교 선생님이 돼서 피아노를 비롯한 바이올린 등의 음악교육이 이루어지고 있고, 헌신적인 선생님들에 의해 아이들 하나하나가 진지한 교육의 수혜 대상이 되는 학교가 되었다. 누구 하나 소외될 수 없는 분위기가 학교를 즐겁게 하고 있다.

사실 학교 살리기는 학교를 꼭 지켜야 한다는 생각에서 출발한 것은 아니었다. 어쩌면 지금의 농촌 현실에선 농촌학교의 폐교를 끝까지 막아 낸다는 것은 불가능한 이야기이다. 그렇지만 현재 농촌에 수십 명에 달하는 아이들이 있고, 이 아이들이 있는 이상 행정 편의주의로만 학교를 없애서는 안 된다는 생각이었다. 그리고 건강한 교육은 교육 당국에만 의존하는 것이 아니라 교회와 동창회, 그리고 지역 내에서 함께해야 할 일이 많다고 생각했다. 학교가 언제까지 존속될지 모르지만, 설령 학교가 빠른 시간 내에 폐교된다고 하더라도 그땐 오히려 지나온 시간에 감사할 수 있으리라 여겼다. 여기까지 오는 동안 함께 차량 자원봉사를 했던 학교 총동창회장이 아이들을 데려다주고 오다가 안타깝게도 교통사고로 세상을 떠난 일도

---

19) 2009. 10. 3. kbs tv 다큐멘터리 "천상의 수업" 1부. 2011. 1. 3. "천상의 수업" 2부 방송. 2011. 11. 19. kbs radio 드라마 "그 남자의 귀향"(드라마 kbs무대).

있었다. 이루 말할 수 없는 충격이었지만 슬픔을 딛고 또 다른 분이 다시 차량 운전 자원봉사자로 나서서 묵묵히 수고하고 있다. 건강한 마을공동체는 이렇게 스스로 이루어진다.

바쁜 일과 속에서 육체적으로 힘든 일이기는 하지만, 스쿨버스 기사 역할을 하면서 지역 내의 다양한 사람들과 소통의 기회를 더욱 넓힌 것은 참으로 중요한 자산이 되었다. 그리고 우리가 농촌의 미래를 보존하기 위해 함께 일을 하고 있다는 동질성을 갖게 되었다. 학부모들은 시온교회 교회학교를 또 다른 지역 학교로 인식해서 멀리서도 자녀들을 교회학교로 보내 주었고, 특별한 프로그램은 재정적인 후원으로 함께하기도 했다. 이런 일들은 앞으로 아이들을 위한 지역 문화학교를 만들기 위한 동력으로 작용하고 있다.[20]

10. 농민 그리스도인을 세우는 일

마을의 변화는 교회의 노력으로만 되는 것이 아니다. 교회도 마을의 한 부분이다. 그러므로 마을에는 당연히 마을 지도자들이 있어야 하고, 교회는 한마음으로 마을 지도자들과 함께하면서 새로운 비전을 제시할 수 있어야 한다. 목회자는 자신이 할 수 있는 일을 찾아서 능동적으로 움직여야 한다. 시온교회는 교인들도 그리 많지 않고, 재정도 약해서 눈에 보이는 일을 하기가 어렵다. 다만 부단히 함께 움직이는 진정성으로 말미암아 마을을 사랑하고 마을을 위하는 교회라는 인식이 지역에 각인되고 있다.

사실 목회가 도시나 농촌이나 할 것 없이 지역 상황에 맞게 이루어져야 한다는 것은 말할 나위가 없을 것이다. 특히 농촌교회 목회자는 농사일하지 않더라도 농업에 대한 이해와 더불어 농촌문화에 대한 이해가 있어야 한다. 동질성과 이질성을 확실히 알지 못한 채 스스로 오해에 빠진 목회는 농촌생활을 힘들거나 지루하게 만들어 버린다. 지루하거나 할 일이 별로 없는 목회에 동기부여가 이루어질 수 없다는 것은 당연한 상식일 것이다. '열심히 하는 사람보다 즐기는 사람을 당할 수 없다'는 말을 농촌교회에 적용시킬 때 농촌교회, 그리고 농촌목회의 길을 알 수 있

---

20) 학교 살리기에 관한 영상물로는 CGN TV 2010. 9. 13. "빛과 소금" 204회 편과 2015년 5월 "믿음의 씨앗 고향교회와 함께 25편"(충남 보령 시온교회)에서 볼 수 있다.

다고 생각한다. 그런데 즐기는 일은 어떤 특별한 일을 한다는 것보다 보편적인 일에서 시작된다. 보편적인 일이란 대체로 누구나 할 수 있는 일이다. 눈여겨보지 않은 일이라고 할지라도 한두 사람에 의해서 그 안에 있는 생명력이 드러날 때 그 영향력은 대단히 크다. 시온교회는 작은 들꽃을 통해서 그러한 일을 실감하고 있다. 그러므로 어떤 농촌교회라도 마을공동체에서 문화 생성의 역할을 할 수 있다.

구체적인 선교의 틀을 갖추기 위해서는 먼저 교회가 가지고 있는 구성원(목회자 포함)의 역량과 마을의 역량을 파악해야 하고, 앞으로 시간을 가지고 키워 나갈 가능성 있는 역량까지도 파악해야 한다. 특히 마을 역량 파악이 중요하다. 농촌교회는 교회의 역할이 교회 내에서만 이루어지는 것이 아니고, 마을과 함께 호흡을 맞춰 나가는 마을공동체 구심의 기능도 감당해야 하기 때문에 마을의 가능성을 찾아내는 일이 중요하다. 열악한 농촌교회의 현실에서 교회 자체만의 역량이 그리 크지 않기 때문에 교회 내의 역량만을 보고서는 마을의 가능성을 찾아내는 일을 할 수 없다고 미리 속단해서는 안 된다. 마을공동체는 선교 현장이면서 중요한 동반자가 된다. 그리고 무엇보다도 중요한 것은 몇 명이 되든지 교인들이 지역에서 성숙한 그리스도인으로 성장하도록 목회자의 섬김과 가르침이 있어야 한다. 농촌에서 그리스도인으로서 정체성을 갖는 교인 한 사람의 힘은 참으로 크다.

지금은 위기의 농촌이지만, 그러나 우리가 전환의 시대에 서 있다는 것을 인식한다면 갈수록 불안한 삶을 살아갈 수밖에 없는 우리 사회에서 농촌이야말로 지속 가능하며, 참된 인간성 회복의 대안 공간이며, 참된 삶의 뿌리라는 확신을 가질 수 있다. 그러기 위해서 농촌교회는 위기와 전환의 모습을 잘 파악해서 마을공동체를 바탕으로 한 새로운 선교 방식으로 전환할 필요가 있다. 어쩌면 지금이야말로 새로운 농촌선교의 길을 만들어 가는 기회일 수 있다.

11. 마을에서 찾는 희망

농촌의 위기는 새로운 생명의 시대로 나가는 기회라는 인식 속에서 이제 농촌교회는 마을공동체와 함께하는 새로운 선교 방식으로의 전환이 필요하다. 예수 그리스도의 생명과 사랑을 바탕으로 작은 마을을 껴안으며 그 가치를 키워 내고 미래를 예측하는 즐거운 상상력을 만들어 가야 한다. 용기란 어렵다고 느낄 때 생기는 것이다. 그러므로 환경이 열악할수록 용기를 내서 발걸음을 내디딜 때 길은 비로소 열리기 시작한다. 결국, 하나님의 일을 받아들이는 것이 우리 삶의 길이라면 어렵다고 포기하기 전에 그것을 받아들일 줄 알아야 한다. 그것은 농촌의 현실을 인지하고 교회 중심에서 마을공동체와 함께하는 방식으로 전환하는 일이다.

농촌교회의 기반은 마을이다. 마을은 사람들이 살아가는 데 편리하고 안정감을 갖게 하는 여러 요소들이 함께 어우러진 공동체다. 마을이 무너져 내리면 교회도 무너져 내리기 마련이다. 농촌과 마을이 사회 구조의 들러리 역할에 서 있어서는 안 된다. 그렇게 요구하는 것은 폭력일 수 있다. 용기를 내서 하나님께서 주신 본래의 모습을 복원하는 일에 나서야 한다. 삶의 근본은 욕심이 아니라 평화이며 이웃 간의 정의가 이루어지는 일이다. 결국은 마을공동체의 회복만이 새로운 시대를 여는 대안이며, 지속 가능한 문명의 뿌리를 내리는 일이다. 쿠바의 아바나가 단절된 상태에서도 농업공동체 회복으로 건강한 모습을 이루어 나간 것은 우리에게 좋은 본보기이다. 무엇인가를 이루는 일이 위대한 것이 아니라, 사람이 생명에 대해 진지한 영성을 갖도록 만드는 일이 위대하다.

농촌교회가 마을에서 희망을 찾는다면, 농촌의 위기는 새로운 생명의 시대로 나가는 시작이 될 수 있다. 예수 그리스도의 생명과 사랑을 바탕으로 마을을 두드리며 그 가치를 키워 내고 미래에 대한 상상력을 만들어 갈 때, 생명마을은 튼튼하게 세워지고 문명사적 고비를 넘어가는 희망의 통로가 될 것이다.

제7장
지역목회와 마을공동체사업 :
서울 한남제일교회 사례

최준 / 한남제일교회 부목사

1. 동네가 행복하면 교회도 행복하다

구청에서 연락이 왔다. 어느 동장님이 필자를 만나고 싶다고 하였다. 그 동장님을 만나서 이야기를 해 보니, 몇 해 전에 지역개발프로젝트가 무산되면서 동 전체가 허탈감에 황폐화된 마을이 되어 고민이라는 것이다. 정말 그랬다. 작년에 만났던 주민자치위원도 같은 이야기를 했었다. 동네 사람들이 불행하다고 느끼며 살고 있다. 그곳에 자리하고 있는 지역교회는 행복할까?

지역교회가 있어서 행복한 마을이 될 수 있다는 확신을 가지고 있다. 교회가 가지고 있는 좋은 것들을 지역사회와 나누고 함께 행복할 수 있는 일들을 하면 좋다. 2015년에 마을 만들기 사업에 한창 참여하고 있을 때였다. 교회가 위치한 동네에 뭔가 공헌할 수 있고, 동네 주민들과 함께 나눌 수 있는 일이 없을까 고민하며 서울시 고시/공고 게시판을 보다가 눈에 확 들어오는 사업이 있었다. "2015년 「주민참여 골목길 가꾸기 지원사업」 대상지 사업제안서 공모 공고"(서울특별시 공고 제2015-697호)였다. 예전에는 이런 사업이 있는지도 몰랐었다. 동네 주민들과 함께

할 수 있는 일들을 찾다보니 이런 사업이 보이기 시작했다.

이 사업은 서울시 조경과에서 주거 밀집지역 골목길을 주민 스스로 가꾸는 공동체 문화를 형성하고, 녹지가 부족한 생활공간에 꽃과 나무를 식재할 수 있는 장소를 마련하여 시민들에게 특색이 있고 쾌적한 녹지공간이 있는 골목길을 제공하고자 마련한 사업이었다. 창의적이고 실행 가능한 아이디어를 제안하는 민간단체를 공모하고 있었다.

이 사업에 대해서 어떻게 할 것인가? 결론은 한남제일교회가 마을에 기여할 수 있는 최고의 사업이라는 것이었다. 그래서 교회 이름으로 이 사업에 계획서를 제출하였고, "이웃과 함께하는 한남동 꽃나무길 가꾸기" 사업이 선정되었다. 보조금 3,000만 원과 교회에서 180만 원을 자부담으로 지출하여 사업을 시행하게 되었다. 이 사업계획의 내용에서 앞서 말한 교육관을 마을주민들과 함께 공유하는 계획이 들어 있다. 교육관 정원을 마을정원으로 개방하고 그곳에서 주민들과 함께 원예교육을 실시하고, 주민들과 함께 모임을 갖고, 골목길 마을주민들이 정을 나누고 삶의 스토리를 엮어 가는 쉼의 장소가 되도록 하는 것이다. 사실 이 사업이 승인받는 데에는 자치구 공원녹지과의 도움이 컸다. 조경이나 화단조성에는 경험이 없는 필자를 타박하지 않고 좋은 계획서를 제출할 수 있도록 해 주었다. 그리고 이 사업을 동네에서 공신력 있게 추진할 수 있는 단체로 교회를 인정해 주었다. 서울시에 사업계획을 올릴 때에도 이 점을 강조하였다고 한다. 이 사업에 14개의 단체가 선정되었다. 대부분은 전문조경업체들이고, 순수 민간조직은 한남제일교회와 묵2동 주민자치위원회 두 곳뿐이었다.

이 사업을 진행하면서 30여 명의 회원이 모였고, 함께 원예교육을 받고 '한남동 꿈꾸는 정원사'라고 이름을 붙였다. 2016년도에도 '꿈꾸는 계단조성사업'을 진행하였고, 서울시로부터 환경상을 받는 등 활동을 꾸준히 하고 있다. 내가 사는 동네를 스스로 가꾸는 일을 하니 행복하다.

[2015년 이웃과 함께 하는 한남동 꽃나무길 가꾸기]

2. 내가 살고 있는 마을이 변하고 있다

정책에 민감한 목회자들이 드물다. 교회만 돌보는 일도 만만치 않다. 그러나 엄청난 변화가 일어나고 있다는 것을 알아야 한다. 시민사회가 본격적으로 시작되었다. 교회가 고독한 '섬'이 되어 가는 사이에 마을은 끊임없이 변화하고 있다. 우리 주변 상황은 어떻게 변화하고 있는가? 몇 가지 예를 들어 보고자 한다.

1) 찾아가는 동주민센터

'찾아가는 동주민센터'라는 정책사업이 있다. 이것을 줄여서 '찾동'이라고 한다. 찾동이란, 동(洞)지역사회의 어려움을 복지(건강, 여성), 마을(자치)을 통해 민관협력적 통치를 통하여 해결하도록 하는 사업이다. 이 사업은 '읍면동 복지허브사업', '주민자치회사업', '지역사회건강증진사업' 등과 연관성을 가지고 있다. 서울시에서는 찾아가는 동주민센터라는 이름으로 찾아가는 복지실현, 주민권한 확대,

그리고 지역예방보건을 실현하려는 것이다. 그래서 외형적으로는 동주민센터에 사회복지 공무원이 2배로 늘어난다. 간호사도 채용한다. 그리고 동주민센터를 주민공간으로 확보하고 민원실을 편리하게 개선한다. 이뿐만이 아니라 주민들이 마을공동체 조성사업에 자발적으로 참여하여 마을계획수립사업을 진행하게 된다. 이 일을 위해서 사회복지와 방문간호 인력을 2017년까지 2,450명을 확충하였다.

　한남제일교회가 속한 한남동은 올해 찾동사업을 하게 되었고, 7월부터 마을계획수립을 위한 일련의 과정이 진행 중이다. 그럼 어떤 일이 벌어지게 될까? 확대된 복지담당공무원과 방문간호사는 동네 전체를 대상으로 한 사람도 빠짐없이 보편적 복지를 구현한다. 서울시민이 당연히 누려야 할 어느 수준까지의 복지로 끌어올린다. 사람과 삶 중심의 지역사회를 구축해 나간다. 마을계획은 동에 속한 모든 마을주민들이 함께 스스로 필요를 찾고 실행하게 된다. 이 일을 지원하기 위해서 공무원 1명과 계약직 공무원(마을전문가) 1명이 배치된다. 마을계획사업의 과정은 다음과 같다.

　① 마을계획단 모집 ② 기본교육/마을자원조사 ③ 마을계획단 발대식 ④ 마을계획(의제 찾기) ⑤ 마을총회 ⑥ 마을계획 실행 ⑦ 평가 및 피드백

　이 과정을 2년 동안 진행한다. 이런 일이 이루어질 때 예상되는 상황은 무엇인가? 앞에서 '참여'라는 말을 한 것처럼, 동주민센터는 주민들에게 참여를 요구할 것이다. 그리고 이 정책을 잘 이해하고 적극적으로 참여하는 사람들이 마을총회를 통해서 마을계획수립단장 또는 마을간사, 또는 분과장이 되면서 차후에 새롭게 구성될 '주민자치위원회'를 이끌게 될 것이다. 또한 여기에 참여한 사람들은 마을의 의제를 발굴하게 된다. 정말 해결해야 할 문제는 무엇인가? 우리 마을에 꼭 필요한 것은 무엇인가를 찾는 것이다. 그런데 가장 중요한 것은 사람들과의 만남이다. 보편적 복지를 구현하는 것처럼 모든 마을사람들을 대상으로 사업을 진행하기 때문에 우리 마을에 살고 있는 모든 사람들을 만나게 되고 그들과 함께 마을의 문제를 해결하기 위한 노력을 하게 된다. 마을에는 다양한 직업, 재능, 관심사, 경력을 가진 사람들이 모여 살고 있다. 또한 뭔가를 간절히 필요로 하는 사람들도 있다. 이 모든 사람들의 관계망을 형성하고 문제해결을 위한 공동의 노력을 이끌어 내는 것이 바로 마을계획수립단의 역할이다. 향후에는 주민들이 스스로 참여하며 주인의식을 가지고 내가 살고 있는 마을을 변화시키는 주체적인 역할을 감당하게 된다. 예산이 필요한가? 각종 공모사업과 시민참여예산을 통해서 예산을 확보할 수 있다. 또는 주민들이 함께 마을기금을 마련할 수 있다. 이러한 시대에 살고 있다.

2) 서울형혁신교육지구

서울형혁신교육사업이 있다. 필자는 서울중부교육지청에서 중부 마을결합형학교지원단원으로 위촉되었다. "마을이 학교다." "한 아이를 키우려면 온 마을이 필요하다."라는 말을 많이 들어보았을 것이다. 서울시는 2015년도부터 마을과 학교 연계사업을 진행하고 있다. 교육당국은 학교가 지역사회에서 소외되고 있다고 호소하고 있다. 이제는 아이들을 학교에서만 책임지는 것이 아니라 학교와 마을이 함께 키워 내야 한다는 것이다. 2016년 12월에 민·관·학 거버넌스 합동워크숍에 참석하였다. 여기에는 교육지원청 관계자들과 학교장, 교사 그리고 지역주민들이 함께 자리했다. 서울형혁신교육지구사업과 마을결합형학교 운영에 대한 논의를 교육당국이 주민들과 함께하였다. 우리 아이들을 가르치는 커리큘럼을 학교에서 100% 정하지 않는다. 지역주민들이 함께 참여한다. 올해 용산구가 서울형혁신교육지구로 선정되었다. 4억이라는 예산이 혁신교육에 사용된다. 혁신교육이란 마을과 학교가 연계하는 교육이다. 다시 말하면 지역주민이 선생님이 되어서 학교에서 아이들을 가르칠 수 있다. 또는 학교에서 아이들을 데리고 동네로 나와서 지역주민들에게 마을을 배우게 된다. 또한 아이들이 자율동아리를 만들어서 지역사회에서 활동을 해야 한다. 가령 아이들이 봉사동아리를 만들면 동네에 있는 요양원과 같은 복지시설이나 봉사수요처를 찾아 봉사활동을 해야 한다는 것이다. 본 교회의 J집사는 이 사업에 참여하고 있다. 1,200만 원의 예산으로 7개 학교를 순회하며 다문화강사들과 함께 문화를 소개하고 책을 읽는다. 그리고 한꿈봉사단에서는 매월 봉사프로그램을 만들어 자율동아리 학생들이 누구나 참여할 수 있도록 하고 있다. 지난 3월 25일 사랑의 도시락 만들기 봉사활동에는 20개의 도시락을 만드는 일에 35명의 봉사자가 참여하였다. 5월부터는 도시락 50개를 만들고 있고, 50명이 넘는 봉사자가 참여하고 있다. 봉사할 수 있는 곳이 있다는 소문을 듣고 아이들이 친구들도 데리고 온 것이다. 지역주민들도 자녀들의 봉사교육을 위해서 참여하고 있다. 지역주민과 좋은 관계가 형성되고 있다. 모 그룹의 회장님 가정에서도 봉사활동에 적극 참여하고 있다. 동네로 쏟아져 나오는 아이들과 함께할 수 있는 일을 계획하면 얼마든지 청소년들뿐만 아니라 지역주민들과 소통하고 관계 맺기를 할 수 있다. 이것은 요즘과 같은 시대에 교회가 이웃을 위해서 할 수 있는 최고의 환대(hospitality)라고 할 수 있다.

3) 마을공동체사업

(1) 서울시 마을공동체사업의 배경

박원순 서울시장은 마을에서 현대사회가 안고 있는 주거, 보육, 복지, 교육 등의 문제점을 자생적으로 해결할 수 있는 능력이 있다는 것을 발견하였다. 그리고 이러한 논의를 바탕으로 선거의 공약을 작성하였다. 그는 마을공동체 생태계[1] 구축을 목표로 하였다. 박원순 시장은 2011년 10월 26일 서울시장 재보궐 선거에 출마하면서 그의 마을 만들기 프로젝트가 꿈틀거리기 시작한다. 그는 출마 당시 핵심 공약 7개와 '서울을 바꾸는 희망셈법'이라는 슬로건을 내세웠는데, 그 핵심 공약과 전략의 종합목표는 "마을공동체 생태계 만들기"였다. 서울시의 "마을공동체 생태계 만들기"는 마을공동체를 비롯한 시민소통, 사회적 경제, 주거재생 등 소통 그리고 커뮤니티를 기반으로 한 환경을 만들어 가고자 했다.[2]

하경환은 마을을 만드는 핵심전략으로 네트워크를 강조한다. 서울시는 2012년 '등장', 2013년 '연결', 2014년 '성장'이라는 마을공동체 만들기의 화두를 걸고 사업을 진행하고 있다.[3] 네트워크가 마을공동체 만들기의 중요한 전략으로 마을과 한 몸일 수밖에 없는 이유는 다음의 세 가지이다.

첫째, 객체화된 개인을 이웃 사이의 협업관계로 나오게 하는 '주민 등장'의 핵심적인 매개체이다. 둘째, 등장한 주민이 지속적인 활동을 할 수 있게 하는 주민 주도적 전략의 핵심이다. 셋째, 주민이 마을을 형성하는 주요 방법론이다.[4] 마을공동체 생태계 조성에서 핵심은 주민 한 사람, 한 사람이 마을의 의제를 가지고 모여서 그 일을 매개로 협업하고 그 마을의제가 발전하여 주민이 중심이 되는 특색 있는 마을을 형성하는 것이다.

---

1) 하경환, "마을을 지속 가능케 하라! '관계의 연결' : 서울시 마을공동체 만들기에서의 네트워크 과정,"「마을 만들기 네트워크 - 사이 넘어, 결핍은 네트워크로 메운다」(안양 : 국토연구원, 2014), 238 - 39. 마을공동체 생태계라는 말이 어색하겠지만, 하경환은 '네트워크'를 잘 표현할 수 있는 말이 '생태계'라고 설명한다. "마을이라는 것도 인간이 생존을 위해 자연스럽게 상호 의존하기 위해 모여 사는 것이기에 마을의 생태계라는 것은 마을의 운영원리를 잘 표현하는 말이기도 하다."
2) 김성균, "마을 만들기 네트워크 전개과정과 그 의미 : 서울시를 중심으로," 239.
3) 하경환, "마을을 지속 가능케 하라! '관계의 연결' : 서울시 마을공동체 만들기에서의 네트워크 과정," 260.
4) 하경환, "마을을 지속 가능케 하라! '관계의 연결' : 서울시 마을공동체 만들기에서의 네트워크 과정," 259 - 60.

2012년 5월 2일에 서울특별시장이 제출한 안건으로 '서울특별시 마을공동체종합지원센터 민간위탁 동의안'이 상정되었고, 서울시의회는 아무런 이의 없이 원안 그대로 가결하였다. 그리고 2012년 6월부터 서울특별시 마을공동체종합지원센터가 민간에 위탁되어 구 국립보건원(은평구 녹번동 5번지) 자리에 센터가 설립되었다.[5] 이때부터 서울시의 모든 마을공동체사업은 이 센터에서 주관하게 되었다.

서울시마을공동체종합지원센터가 주도하는 네트워크 구축과정은 어떻게 진행되는가? 첫째는 네트워크의 마중물로서의 공모사업을 배치하고 활용하는 것이다. 공모사업의 진행절차 내에서 자발적 네트워크가 만들어질 수 있도록 개인과 개인과의 연결을 만들어 내는 것이다. 이 공모사업의 진행절차 안에는 마을상담, 주민참여심사, 현장조사, 컨설팅, 공모사업별 행사가 있다. 마을상담의 주요내용은 '마을공동체가 무엇인가?', '내가 하는 일(하고 싶은 일)이 마을공동체활동인가?', '마을공동체사업의 사례는 무엇이 있는가?', '마을공동체사업을 하려면 어떻게 해야 하는가?'에 대한 것이다. 주민참여심사는 심사과정에 사업에 공모한 사람들이 함께 모여서 각자의 사업발표내용을 듣고 상호자원을 교환하면서 투표에 참여하는 방식이다. 이것은 비슷한 관심을 가진 사람들이 정보를 교환하며 서로 도울 수 있는 네트워크가 구축되도록 하는 것이다. 또한 공모사업별로 모이는 행사를 통해서 사례공유를 하고 평가를 진행한다. 둘째는 지역 중심의 네트워크를 구축하는 것이다. 그 방법은 자치구 마을넷을 활용하는 것이다. 이 마을넷은 촉진자로서, 공론의 장으로서, 마을을 대표하는 조직으로서의 기능을 수행한다. 자치구 네트워크 형성을 위하여 자치구 마을사업지기 간담회, 광역 단위로 마을넷 연석회의 등을 진행하고 있다. 셋째는 광역 단위 활동주제별 네트워크를 형성하는 것이다. 가령 서울시 공모사업 중 '마을예술창작소'와 '마을기업'이 있는데, 이 사업을 하는 사업지기들 서로 네트워크를 형성하여 활동하도록 하는 것이다. 이런 방식으로 네트워크를 확장해 나가면 마을미디어네트워크, 마을기업네트워크, 마을돌봄네트워크, 마을예술창작소네트워크 등의 주제별 네트워크가 생기게 되고 이러한 네트워크를 통해서 지역에서는 활동주제에 대한 정보, 인적·물적 자원을 서로 나눌 수 있게 된다.[6]

서울시 마을공동체사업은 꾸준히 추진되고 있다. 2014년도의 「서울시 마을공동

---

5) 김성균, "마을 만들기 네트워크 전개과정과 그 의미 : 서울시를 중심으로," 248-49.
6) 하경환, "마을을 지속 가능케 하라! '관계의 연결' : 서울시 마을공동체 만들기에서의 네트워크 과정," 266-74.

체 지원사업 성과연구보고서」[7]를 보면, 마을공동체사업은 성공적으로 확장되고 있는 것을 알 수 있다. 핵심사업인 공모사업에서 주민 모임으로 접수한 비율은 2012년 43.6%에서 2014년 85.5%로 큰 폭으로 비율이 높아졌다.[8] 주민 모임이 그만큼 성장했다는 것을 말한다. 마을지원사업은 선정된 사업에 대한 집행권한을 주민에게 확대하는 것뿐만이 아니라 사업 자체를 결정하는 심사 과정에서도 주민결정권을 확대해 왔다. 2014년 총 접수 1,810건 중에서 우리마을프로젝트 309건, 부모커뮤니티 355건, 주민제안사업 192건, 이웃 만들기 314건 등 총 1,170건이 제안자 참여 심사를 통해 선정 여부가 결정되었다.[9] 2012년부터 시작된 서울시 마을지원사업은 마을공동체를 형성하는 데 있어 가장 중요한 주체를 주민으로 인식하고 지난 3년간 주민의 등장, 주민 간 연결, 마을활동을 통한 주민과 마을활동의 성장을 위해 전폭적인 지원을 했다. 그 결과 마을지원사업을 통해 약 58,800명의 주민이 등장하는 성과가 나타났을 뿐 아니라 지역의 다양한 마을활동들이 이루어지면서 많은 주민들은 일상 속에서 마을활동을 경험할 수 있는 기회를 가질 수 있었다. 또한, 기존의 시민단체나 봉사단체, 풀뿌리단체의 경우 마을활동에 관심을 갖고 있는 주민과 직접적인 만남과 주민모임과의 연계가 이루어지면서 지역의 주민과 접촉점을 확대하는 성과가 나타났다.[10] 서울시의 경우 마을공동체사업은 순탄하게 진행되고 있다. 이렇게 사업이 잘 진행되는 이유는 사전에 철저한 준비가 있었고, 주민조직을 활성화시키는 네트워크의 힘이 있었다.

(2) 서울시 마을공동체사업의 실제

그러면 서울시에서 시행하고 있는 마을사업에 참여하려면 어떻게 하면 될까? 서울시와 각 자치구에서는 마을공동체사업에 주민들이 참여할 수 있도록 많은 안내서와 성과를 수록한 자료집들을 내놓고 있다. 그리고 서울시마을공동체종합지원센터 홈페이지[11]에 들어가면 마을사업에 대한 다양한 정보를 얻을 수 있다. 이 사이트

---

7) 서울시마을공동체종합지원센터 편,「서울시 마을공동체 지원사업 성과연구보고서, 마을, 3년의 변화 그리고」(서울 : 서울시마을공동체종합지원센터, 2015).
8) 서울시마을공동체종합지원센터 편,「서울시 마을공동체 지원사업 성과연구보고서, 마을, 3년의 변화 그리고」, 24-25.
9) 서울시마을공동체종합지원센터 편,「서울시 마을공동체 지원사업 성과연구보고서, 마을, 3년의 변화 그리고」, 28-29.
10) 서울시마을공동체종합지원센터 편,「서울시 마을공동체 지원사업 성과연구보고서, 마을, 3년의 변화 그리고」, 116.

를 자주 모니터링 하는 것도 마을공동체사업을 잘 이해하는 방법이다. 각 자치구도 자치구 홈페이지 안에 마을공동체에 대한 정보를 제공하는 사이트가 있다. 마을공동체에 대한 책들의 내용을 살펴보면, 마을공동체의 주제들을 정리할 수 있다. 마을공동체미디어, 공동육아, 커뮤니티공간, 골목축제, 놀이, 마을경제 등이다.[12]

마을공동체미디어는 마을에 거주하는 주민들이 마을미디어교육이나 미디어 제작, 캠페인 등 미디어를 매개로 하는 활동을 경험하면서 마을미디어 활동 주체로 성장하여 만들어 낸 마을라디오, 마을TV, 마을신문 등의 매체를 일컫는 말이다. 서울에 거주하거나 생활권역이 서울인 3인 이상 주민모임 및 단체가 사업을 신청할 수 있고, 시민들의 다양한 미디어매체 이해력 향상을 위한 마을미디어문화교실을 운영하거나 마을주민의 자발적인 참여 유도를 통한 마을미디어 공방활동을 지원한다.

공동육아는 주민들이 자율적으로 육아문제를 해결하도록 하는 '공동육아모임'을 지원하고, 영유아의 건강한 성장과 육아를 중심으로 한 마을공동체 활성화에 기여하도록 하는 것이다. 사업대상은 앞과 동일하며, 가족, 보육시설, 지역사회를 연계하는 사회적 돌봄을 실현하고, 부모품앗이, 긴급 또는 일시적 돌봄, 부모교육, 종합적인 육아컨설팅, 방과후 프로그램 등을 지원한다.

커뮤니티 공간사업은 마을공동체사업에서 매우 중요한 사업이다. 마을공동체사업에서 공간의 의미는 주민에 의한 공간, 협동의 공간, 소통과 의미 확산의 공간, 주민이 주인공인 공간을 말한다. 공간지원사업에는 주민제안사업과 예술창작소, 공동육아에 대한 공간사업이 있다. 주민제안사업 유형은 카페와 주민모임이 결합되거나, 북카페와 주민모임 또는 공방 등이 결합된 형태로 신청 가능하다. 그리고 예술창작소는 주민들이 스스로 만들어 가는 생활형 문화예술 창작활동을 지원하는 공간이다. 마을예술을 위한 연습실, 제작공방, 카페, 사랑방, 발표장, 거리축제 등을 포함하는 사업을 진행할 수 있다. 공동육아를 위한 공간사업은 품앗이 육아, 육아용품, 장난감 나눔터 운영, 발달·체험프로그램 재능기부 운영, 육아 상담·교육, 기관 연계 돌봄사업, 기타 육아공동체 활동을 할 수 있다.

골목축제는 연남동 마을시장 '따뜻한 남쪽'이 대표적인 예이다. 주민들의 제안으로 동네에서 마을축제를 진행할 수 있도록 지원한다. 녹색장터나 골목길 축제 등을

---

11) 서울시마을공동체종합지원센터 홈페이지 http://www.seoulmaeul.org/.
12) 서울시마을공동체종합지원센터, 「꼬리에 꼬리를 무는 마을공동체 주제별 길라잡이」(2014)에 수록된 내용을 정리하였음.

기획하여 진행할 수 있다.

　마을공동체놀이는 동네에서 아이들을 돌보는 엄마들의 참여로 품앗이처럼 진행된 사업이 발단이 되어서 시작된 사업이다. 정기적인 산행, 부모 정기 책모임, 가족캠프, 체험학습, 식탁나누기, 마을학교 등이 주요 활동 내용이다. 이러한 활동은 부모커뮤니티나 다른 활동과 병행하는 형태로 진행되고 있다.

　마을경제활동은 우리 동네에 꼭 있었으면 하는 공동의 필요들을 위해 스스로의 참여를 기반으로 만들어 가는 마을공동체 활동이다. 사회적 경제는 이윤보다는 구성원이나 지역사회 이익을 위한 활동을 목표로 하며, 자본보다는 인간과 노동을 먼저 고려한 소득배분을 원리로 하며, 민주적으로 운영되며, 살림살이를 기반으로 하고, 나눔의 원리로 움직이는 경제로 사회재분배와 지역환원이 주된 경제활동이다. 이 사업은 서울시, 안전행정부, 마을공동체에서 각각 사업을 공모하여 시행하고 있다. 서울시 마을기업 진행절차는 다음과 같다. 마을공동체 활동을 하면서 특정한 문제를 해결하고자 하는 내용을 가지고 서울시 사회적 경제 홈페이지에 스토리를 등록한다. 그러면 자치구의 인큐베이터가 찾아가 상담을 하고 마을기업으로 이어질 수 있도록 안내한다. 그리고 필수교육을 통해서 마을기업을 할 수 있는 기본교육과 정책에 대해서 이해를 시킨다. 필수교육 후에 조사와 의제발굴 과정을 통하여 지역에서 관계망을 형성하도록 한다. 마을기업을 구체적으로 준비하게 되면, 마을 멘토 및 경영 멘토와 함께 워크숍을 진행한다.

　이 마을공동체사업은 3년간 지속되면서 보완되고 수정되어 발전하고 있다. 서울시와 자치구에서 추진하는 고유의 사업의 범주를 벗어난 일들이나 주민들이 꿈꾸는 마을상에 대해서 주민들이 직접 고민하고 계획하여 실행에 옮기도록 하고 있다. 앞에서 통계를 보았듯이 주민제안사업들이 큰 폭으로 늘어나고 있다. 처음에는 마을단위의 작은 사업들로 시작하였다. 이것을 네트워크화하여 제법 큰 단위의 네트워크를 구성하고 있는 추세이다. 예를 들어 마을창작소네트워크, 공동육아네트워크 등이다. 또한 자치구마다 자치구 마을공동체 생태계 조성을 위한 지원단을 두고 있고, 이것이 발전적으로 자치구 마을공동체지원센터로 형성되고 있다. 학교와 마을이 상생하는 프로젝트나 다문화가정과 함께하는 사업 등을 공모하고 있다. 그리고 지역에서 마을공동체사업을 묶어서 마을계획을 수립하여 좀 더 큰 마을사업을 할 수 있도록 하고 있다. 이렇게 사업의 종류와 참가자, 사업규모가 커짐에 따라 많은 인력이 필요하게 되고 계속해서 유급인력을 채용하고 있다.[13]

3. 사례 : 이웃들과 '행복'을 노래하는 한남제일교회

마을목회는 '사람'을 세우는 목회이다. 지역사회의 일에 참여하고, 이웃을 당당한 시민으로서 행복하게 살도록 하는 것이다. 행복한 동네를 만들기 위해서 뜻을 모으고 정부의 시책이나 각 자치구에서 추진하고 일에 참여해 보자. 마을목회는 고독한 '섬'에서 탈출하는 중요한 기회이자, 교회의 선교적 본질을 회복하도록 하는 목회이다. 과거에는 교회가 자연스럽게 동네의 구심점 역할을 감당하였고 지역에서 중요한 역할을 감당하였다. 그런데 어느 때부터 교회는 지역사회와 분리된 소외감을 느끼는 존재가 되었다. 지역사회의 아픔과 슬픔에 '참여'해 보자. 교회 밖 상황에 대해서 그저 '세상'이라며 등한시하고 스스로 벽을 쌓지 말고 함께해 보자.

앞으로의 한국교회는 어떤 모습이 될 것인가? 두려워하지 말고, 세상의 흐름을 잘 파악해 보자. 그러면 한국교회가 어떻게 나아가야 할지 방향을 잡을 수 있을 것이다. 가장 지역적인 교회에 희망이 있다. 지역교회는 지역사회와 긴밀한 관계성을 유지해야 한다. 마을을 품는 교회가 되어야 한다. 이를 위해서 목회자는 적어도 내가 속한 지역을 목회한다고 생각해야 한다. 그리고 지역사회의 필요가 무엇인지, 교회가 할 수 있는 부분은 어떤 것이 있는지 적극적으로 살펴서 섬기려는 자세가 필요하다. 작은 교회일수록 더 연구하고 주민센터나 구청에서 하고 있는 사업들에 관심을 가지고 참여하는 것이 필요하다. 그러한 참여를 통해서 교회가 존재하는 이유에 대해서 끊임없이 실천으로 응답해야 한다.

교회가 사회적 공신력을 잃었고, 성장주의 패러다임의 한계를 느끼고, 개 교회 중심주의와 포스트모더니즘, 그리고 대중문화의 파도에 휩쓸려 그 중심과 지도력을 상실한 상황에서 지역교회는 더욱 지역사회의 공동체성을 회복해야 한다. 지역의 필요를 찾아 섬김의 영성으로 문제와 한계를 극복해야 할 것이다. 교회는 그

---

13) 서울시 마을공동체사업의 발전 동향은 서울시마을공동체종합지원센터 홈페이지(http://www.seoulmaeul.org/)에서 확인할 수 있다. 이 사이트에는 현재 공모 중인 사업, 승인된 사업, 사업절차 등이 자세히 공지된다. 그리고 서울시 각 자치구의 사업공모도 이 사이트에 공개하도록 되어 있어서 각 자치구의 상황도 살펴볼 수 있다. 최근에도 행정지원인력에 대한 공개채용 공지가 있었고, 서울시마을공동체종합지원센터 청년사업팀에서 '마을로청년활동가'를 뽑는 공지가 있었는데, 마을미션형 9개소, 마을생태계형 2개소, 인턴형/광역미션 2개소, 총 17명을 선발하였다(2015. 5. 19).

문을 열고 마을을 향해 나아가고 마을을 그 안으로 초청해야 한다. 교회 주변을 깨끗이 가꾸고, 친절운동과 같은 작은 일부터 시작하자. 교회에는 분명 좋은 것이 있다. 공간이 있고, 인력이 있고, 그리스도의 정신이 살아 있다. 그러한 것을 어떻게 지역사회와 나눌 수 있을지 고민해야 한다. 주민들이 필요하다고 할 때에 그들의 필요를 채워 줄 수 있어야 한다. 더 이상 지역사회의 아픔과 어려움을 외면하지 말고, 그들과 함께 아파하고 문제를 나의 문제로 품어야 할 것이다. 그러면 교회가 열어 놓은 세상을 향한 문은 점점 넓게 열릴 것이고 지역사회의 구성원으로서 지역사회와 네트워크하며 그리스도의 생명력을 전하는 목회를 하게 될 것이다. 지역사회와 함께하는 교회에 한국교회의 희망이 있다. 또한 진정한 화해를 위한 디아코니아를 이룰 수 있을 것이다.

1) 마을공동체 만들기의 시작

(1) 사랑이 꽃피는 다문화가정 쉼터 만들기

한남제일교회가 마을공동체사업을 처음으로 접하게 된 것은 2013년이었다. 한남동 동장이 찾아와 서울시에서는 유휴공간을 주민을 위한 커뮤니티공간으로 활용하고 있다고 하였다. 동에서는 이 사업을 추진하기 위해서 유휴공간을 찾고 있었다. 필자는 이것이 교회에게 주신 좋은 기회로 알고 긍정적으로 검토해 보았다. 그리고 그 결과 '사랑이 꽃피는 다문화가정 쉼터 만들기'라는 사업명으로 필자 외 2명의 교역자가 대표제안자가 되어서 사업을 제안하였다. 사업내용은 교회 마당 휴게실을 다문화 가족을 위한 커뮤니티 및 여가활동 공간으로 조성하고, 고향음식 나눔 행사, 그리고 한글교육 및 외국어 교육을 실시하는 것이다. 이 사업은 자치구에서 채택되어 240만 원의 보조금을 받았다. 이 사업으로 다문화가정 및 지역주민 간 소통할 수 있는 공간을 마련하고, 서로 간 교류 및 소통을 통해 사회통합 분위기를 조성하였다는 평가를 받았다. 이 다문화가정을 위한 쉼터가 조성이 되었을 때 교회 인근에 위치한 소망쉼터에서 다문화음식축제를 위한 장소를 대여해 줄 것을 요청하여 함께 음식축제를 세 번 실시하였다. 이 사업을 진행하면서 다문화가정과 다문화가정을 위한 사업을 하시는 분들이 주변에 많이 있고 그들과 어떤 방법으로 도움을 주고받을 수 있을지 알게 되었다. 이 사업은 2014년에도 연속으로 지원받았다.

[고향음식 나누기 행사]

(2) 은빛과 함께 자원봉사단과 행복한 한남동 만들기 사업

2013년에 '은빛과 함께 자원봉사단과 행복한 한남동 만들기 사업'을 신청하였다. 독거노인을 위한 반찬봉사를 하는 사업이었다. 그런데 이 사업을 실시하게 된 배경이 중요하다. 반찬봉사의 배경에는 서울시에서 실시하고 있는 무연노인 고독사 방지 프로그램과 관련이 있다.

그 당시에 홀로 사시는 어르신들을 돌봐 주는 사람들이 없어서 언제 돌아가셨는지도 모르고 지내다가 수개월 후에 발견되는 안타까운 소식들이 방송매체를 통해서 전해졌다. 지자체마다 그런 사건이 관할지역에서 발생하지 않도록 하는 것이 구정사업의 목표가 되었다. 한남동주민센터에서도 비상이었다. 교동협의회에서 이 안건이 나왔다. 동장은 이 문제를 함께 해결해 줄 것을 요청하였다. 마침 교회에서 사순절 기간에 지역사회와 좋은 친구가 되는 훈련을 하려고 계획 중이었다. 총회주제도 "그리스도인, 작은이들의 벗"이었다. 오창우 목사는 지역의 어려우신 분들과 어떻게 친구가 될 수 있을까? 고민하고 있었던 때였다. 동장에게 이 문제해결을 위해서 우리 교회가 나서겠다고 하고, 주민센터 사회복지사와 논의한 결과 반찬봉사프로그램을 마을공동체사업으로 추진해 보기로 하였다.

이 사업의 주요내용으로 정이 넘치는 인정 있는 마을 만들기, 독거노인 및 장애인 대상 밑반찬 서비스 지원, 고독사 없는 마을을 만들기 위해 전화를 걸어 안부를 묻는 텔레크로스(Telecross) 서비스 시행 및 노인정 청소 및 말벗 해 주기 등이었다. 과거에도 교회 봉사부에서 교회예산을 가지고 실시한 적이 있지만, 이번에는 구청에서 예산을 지원받아 한 달에 한 번 11가정을 위해서 반찬을 만들고 배달을 하였다.

 2013년과 2014년에 마을공동체사업을 하면서 깨닫게 되는 것은 마을공동체사업에서 실시하는 사업은 지역주민들에게 꼭 필요한 것들이라는 것이다. 그래서 교회의 시각에서 바라보고 교회가 원하는 사업이 아니라 주민들이 원하는 일들을 할 수 있다. 그리고 교회의 이름으로 봉사하지 않고 마을공동체사업이라는 것을 내세울 수 있다. 그래서 반찬봉사를 받은 어르신들에게 지역주민을 위한 사업이니까 당당하게 혜택을 받으라고 말한다. 참여하는 성도들도 보람 있어 하고 동네사람들을 많이 알아 가는 재미가 있다. 또한 2014년도에는 초등학생들과 부모들을 초청하여 반찬 만들기 체험학습을 두 번 실시하였는데, 참가자들이 마을의 어르신들을 위한 공식적인 행사에 참여하는 형태여서 더욱 흥미를 느끼고 지역사회의 일원으로서의 정체성을 갖는 기회가 되었다.

[한꿈봉사단-사랑의 도시락 만들기]

2) 마을공동체 만들기의 활성화

2015년도부터 마을공동체사업을 본격적으로 진행하였다. 2015년 2월 23일(월) 오전 11시 용산구청 4층 소회의실에서 용산구 마을사업지기 간담회가 있었다. 필자는 이런 과정을 통해서 마을공동체사업에 대한 이해의 폭을 넓혔다. 이런 사업을 하는 분들과의 네트워크를 형성하기 위해서 인터넷 카페를 만들었다.[14] 그리고 서울시마을공동체종합지원센터에 마을상담을 의뢰하여 두 번의 컨설팅을 받았고, 용산마을아카데미에 참여하였다. 5월에 네 번의 강의를 받았다. 세 번째 시간에는 은평구 갈현동 마을공동체를 방문하였다. 4월 16일에는 고양시정주민참여위원회 기획분과위원회에서 주관하는 "마을공동체운동과 주민의 역할"이라는 주민세미나에 참여하였다. 이런 활동들이 진행되면서 네트워크가 생겼다. 그리고 마을공동체사업을 교회에서 어떻게 이해하고 어떤 방식으로 추진할 것인지 방향을 잡게 되었다.

(1) 부모커뮤니티 활성화 지원사업

2015년 2월 말에 "2015년 부모커뮤니티 활성화 지원사업 추진계획 공고"가 게시되었다. 이 사업은 3명 이상의 주민모임 및 단체가 지원할 수 있다. 유형은 좋은 아빠들의 모임, 예비부모모임, 청소년 자녀를 둔 부모모임, 직장부모 모임, 어린이집 부모모임, 방과후 프로그램 모임, 토요체험학습, 재능나눔 교육 모임 등이 해당된다. 필자는 이 사업공지를 보고서 떠오르는 것이 '꼬마화가공방'이었다. 초등학교 아이들 10여 명이 참여하는 미술교실인데, 학부모들이 교회에서 장소를 제공해 줄 것을 요청하여 2011년 3월부터 매주 목요일마다 교회 공간을 사용하고 있다. 필자는 학부모들을 만나서 부모커뮤니티활성화사업에 대한 설명을 하고 어떻게 참여할 수 있는지를 알려 주었다. 학부모들은 여러 번의 회의를 거쳐 사업설명회를 참석하였고, 필자의 도움으로 사업계획서를 제출하여 사업이 선정되었다. 그래서 200만 원의 보조금을 지급받았고, 지금은 더 많은 부모와 자녀가 참여하여 다양한 활동을 하는 미술교실이 되었다.

---

14) 필자가 만든 카페는 "http://cafe.daum.net/yongsancommunity 행복하고 살기 좋은 용산구마을공동체"이다. 이 카페에는 현재 17개의 모임이 들어와 있고, 서울시마을공동체종합지원센터와 용산구마을공동체 참여방, 서울시 고시 공모 게시판, 용산구 고시 공모 게시판을 연결하였다. 이 카페에 들어오면 현재 진행 중인 마을공동체 사업지기의 활동내용과 서울시에서 진행하는 마을공동체사업뿐만 아니라 각종 공모사업을 찾아볼 수 있다.

2016년에는 "노래하는 뻔(fun)뻔(fun)한 패밀리"라는 사업명으로 아버지 합창단이 조직되어 활동하고 있다.

[부모커뮤니티-함께 크는 아이들]

(2) 이웃 만들기 사업

2015년에 우리마을지원사업 가운데 이웃 만들기 사업에 4개의 사업이 선정되었다. 꿈꾸는 오케스트라, 청년커뮤니티 '청년의 이름으로', 아버지 합창단 그리고 엄마랑 아가랑 키즈카페이다. 100만 원의 지원금을 받았다. 이 중에서 꿈꾸는 오케스트라는 용산구 푸드뱅크 사랑나눔 오케스트라 페스티벌을 개최하였다. 그리고 '청년의 이름으로'는 지역의 청년들이 독거어르신들을 돌보고 마을을 꽃나무길로 조성하는 등의 활동을 진행하였다. 이번 2016년도에는 마을미디어 사업에 선정되어 700만 원을 받아 영상교육 12주 과정을 진행하였다. 동네방송국을 만들 목표로 열심히 활동하고 있다. 엄마랑 아가랑 키즈카페는 엄마와 아가의 모임이다. 10여 명의 엄마와 아가들이 함께 활동을 하였고, 2016년도와 2017년도에 공동육아지원사업에 선정되어 550만 원을 받아 더 많은 활동을 진행하고 있다.

[공동육아 엄마랑 아가랑(신구대학교 식물원 탐방)]

(3) 마을과 학교 연계사업

"2015년 마을과 학교 상생 프로젝트, 〈마을과 함께하는 학교〉 모임지원사업 공고"가 게시되었다. 이 사업은 3명 이상의 주민 모임이나 단체가 진행하고 있는 마을 주민들과 학교가 함께하는 프로그램이 있다면 지원할 수 있었다. 필자가 이 공고를 보고서 한남초등학교에서 학부모들이 학교와 함께 실시하고 있는 '통통북클럽'이 생각났다. 통통북클럽은 2013년도에 시작되었다. 저학년들이 수업시간에 책을 읽는 능력이 떨어져 힘들어 하는 경우가 많다. 맞벌이하는 부모의 입장에서 아이들을 제대로 가르치기 힘든 현실적인 문제가 있었다. 이것을 보고서 몇몇 학부모들이 방과 후에 아이들을 데리고 교과서를 읽어 주는 일을 하였다. 이것이 발전하여 학년별로 운영되는 북클럽이 된 것이다. 엄마들이 아이들에게 읽어 줄 책을 선정하고 다양한 방법으로 독서교실을 운영한다. 엄마들의 열정과 아이들의 호응으로 학교에서 인정하는 프로그램이 되었다. 이 통통북클럽은 '마을과 함께하는 학교 사업'에 너무나 잘 맞는 모임이었다. 필자는 이 모임의 엄마들을 만났다. 그리고 '마을과 함께하는 학교 사업'의 내용을 설명하고 함께 사업설명회에 참석하고 대표제안자에 필자가 참여하여 신청하였다. 이 사업은 선정되어 400만 원의 보조금을 받아서 사업을 잘 진행하였다. 2016년도에도 재선정되어 495만 원의 보조금을 받게 되었다.

[통통북클럽 독서축제]

(4) 학교, 마을, 교회가 상생하다

앞에서 언급한 '통통북클럽' 엄마들이 학교에서 맡은 일이 한 가지 더 있다. '지구촌문화 이해교육의 날' 행사를 준비하고 진행하는 것이다. 2015년도에는 학교에서 몽골에 대해서 준비하도록 하였다. 엄마들이 시간도 촉박하고 어떻게 준비해야 하는지 난감해 하고 있었다. 네트워크의 장점은 서로 정보를 교환하는 것 아닌가? 어떻게 도울 수 있을까? 가장 최선은 광진구에 위치한 몽골문화원이었다. 엄마들과 함께 찾아갔다. 몽골문화원에서는 협조적으로 도움을 줬다. 게르와 전시물품을 아주 저렴하게 협조받았다. 지구촌문화 이해교육의 날에는 학생들이 몽골의 기후와 동식물, 몽골의 축제와 노래, 몽골의 음식 체험, 몽골의 위치 및 전통문화, 몽골의 주택 체험 등을 할 수 있게 되었다. 엄마들이 이렇게 적극적으로 준비하자 학교에서도 뒤늦게나마 몽골대사관에 편지를 써서 행사에 초대하였다. 필자는 행사 준비 상황을 엄마들과 함께 체크하면서 몽골 출신 바이올리니스트 엘랴 엥헤 씨를 섭외해 주었다. 그래서 6월 3일(수) 오전 10시에는 한남초등학교 행사장에 몽골대사관 직원들과 몽골문화원직원 그리고 학교교사와 학생들이 참여한 가운데 지구촌문화 이해교육의 날 행사를 진행하였다. 엘랴 엥헤는 바이올린으로 몽골 전통음악과 국가 등을 연주하였다. 지역사회 안에서 "학교 – 마을 – 교회"가 서로 연결되어서 도움을 주는 사례가 되었다. 마을공동체사업을 계속해 나가면 이런 일들이 더 많이 생기게 될 것이다.

3) 동네를 춤추게 하는 교회

마을에서 잔치를 배설하는 사람은 분명 좋은 사람이다. 잔치를 통하여 서로 기쁨을 나누고 위로하고 격려하고 힘을 북돋는다. 지역주민들과 함께 마을공동체사업을 하면 잔치자리가 마련되곤 한다. 2015년도에는 '꿈꾸는 마을정원' 오픈식을 하면서 마을잔치를 하였다. 구청장, 국회의원, 구의원, 동장, 통장단, 교인들과 마을주민들이 참여하여 '공유정원'이 생긴 것을 축하하였다. 마을공동체사업으로 조직된 아버지 합창단이 축가를 불렀다. 그리고 며칠 후에 아버지 합창단의 창단행사를 가졌다. 2016년도에는 '한남동청춘음악정거장'(플루트동호회)과 '노래하는 뻔(fun)뻔(fun)한 패밀리'(아버지 합창)가 뻔뻔한 마을공연을 두 번 했다. 그리고 '한남동 리얼스토리'(주민모임연합사업)가 마을박람회를 개최하였다.

이러한 작은 잔치가 여러 번 열리게 되니 참여하는 주민들이 즐거워한다. 우리 동네에 이러한 일들이 자주 있었으면 좋겠다고 이구동성으로 이야기한다. 교회에서는 이러한 마을모임이 이루어지도록 장소를 제공하였다. 공유공간을 교회에서 제공한다는 것은 결코 쉬운 일이 아니다. 그런데 이러한 공간이 지역목회에 매우 중요하다. 주민들이 부담 없이 모이고 자연스럽게 활동할 수 있는 원동력이 된다. 그리고 이 모임에 참여한 사람들이 자율적으로 마을잔치 또는 마을장터와 같은 행사를 계획하여 진행하게 된다. 교회가 마을공동체형성에 관심을 가지고 함께 힘을 합하면 동네가 춤출 수 있다.

[뻔뻔한 마을공연]

4) 행복을 함께 만드는 교회

동네를 함께 만드는 일이 가능하다. 교회가 속한 지역을 돌아 보니 교육문제가 가장 심각하다. 가장 번화가가 유흥업소, 레스토랑, 외제차 대리점, 공연장이다. 그러다 보니 학원이 하나도 없다. 학원이 없다 보니 아이들의 학력저조 문제가 생기고, 부모들은 교육열이 높은 다른 지역으로 떠나게 된다. 초등학교 5학년이 되면 전학 가는 아이들이 많아진다. 그리고 지역에 있는 중·고등학교에는 보내고 싶지 않다는 부모들을 쉽게 만나게 된다. 그럼 교회에는 아무런 영향이 없는가? 그렇지 않다. 교회가 속한 지역의 학교 학생 수가 줄면 교회학교가 줄게 된다. 교회에 올 수 있는 주민수가 감소하게 된다. 문제의 심각성을 느끼고 이 문제를 해결하고 싶은 소망이 생겼다. 지역에 있는 주민들과 함께 나누고, 부족한 부분을 지역주민들과 함께 해결하려는 노력을 해야 한다. 교회가 지역의 교육문제를 고민하며 '마을교육생태계조성'을 해 보기로 하였다. 작년 말에 한남동 교육생태계 조성을 위한 모임을 시작해 보았다. 참여하신 분들이 우리가 함께 아이들을 키우자는 것에 합의하였다. 지역에 있는 교육전문가, 부모커뮤니티, 마을미디어, 공동육아, 봉사단이 최대한 교육생태계 조성에 힘을 모으고 있다. 어떤 결과가 이루어질지 모른다. 전문성은 이러한 부분에 관심을 가지고 참여하려고 할 때 길러진다. 지역사회를 폭넓게 바라보고 그 안에 산재된 문제들을 지역주민들과 해결하려고 노력해 보는 것이다. 지역교회는 지역사회를 책임지는 교회가 아닌가? 고장 난 가로등, 쓰레기 무단 투기, 이 빠진 보도블록 등에 대한 작은 관심과 해결해 보려는 노력이 필요하다.

(1) 함께 쓰는 공간

한남제일교회는 2013년에 교회 유휴공간을 다문화쉼터로 활용하면서 지역주민들과 함께 사용하는 일부터 참여하였다. 지금은 지역주민들이 공동체활동에 잘 참여할 수 있도록 커뮤니티 활동과 공동육아활성화지원사업의 공간을 무상으로 제공하고 있다. 교회를 중심으로 많은 마을공동체사업이 생겨나고 있다(forming). 공간을 통하여 지역주민들의 참여를 잘 이끌어 낸 결과이다. 현재 부모커뮤니티 4개, 동네오케스트라, 공동육아, 마을미디어, 한꿈봉사단 등의 모임 장소를 제공하고 있다.

(2) 마을회의

마을공동체 만들기에서 가장 중요한 것은 마을회의와 같은 주민들의 의사결정구조를 만드는 것이다. 2015년부터는 지역주민들과 함께 마을회의를 한 달에 한 번씩 실시하고 있다. 그래서 지역주민들이 필요로 하는 것이 무엇인지 알아보고 그 문제를 해결하기 위하여 방법을 논의하고 있다. 한번은 아이를 키우는 육아맘이 아이를 어린이집에 보내고 싶은데 어린이집 대기가 많아서 보낼 수 없다고 울상이었다. 그리고 동네 청년들이 마을에서 의미 있는 활동을 했으면 좋겠다는 의견도 있었다. 한남동 동장님도 회의에 참석하셨는데, 요즘 남자들이 너무나 외롭다고 하시면서, 아버지 합창단을 만들자고 제안하였다. 이러한 의제들이 발전하여 문제해결을 위한 방안을 논의하게 된다. 이후에 공동육아모임, 동네 청년 커뮤니티, 그리고 아버지 합창단이 생기는 결과를 낳았다. 지금은 이 모임들이 동네의 마을공동체의 구심점 역할을 잘 감당해내고 있다.

4. 어떻게 할 것인가?

시민사회가 본격적으로 시작되었다. 민·관이 함께하는 시대가 이미 활성화되고 있다. 서울시는 서울시 예산도 시민들과 함께 사용하는 정책을 실시하고 있다. 이미 만들어진 사회에서 사는 것이 아니라, 주민들이 스스로 만들어 가는 세상에서 살고 있다. 지역사회도 마찬가지이고 교회도 이제는 리더십의 변화가 요구되고 있다. 급격한 변화가 이루어지는 시대 속에서 교회가 어떻게 변혁해야 할까를 고민해야 한다. 선교학에서 하나님의 선교(Missio Dei)의 개념과 선교적 교회에 대한 논의가 활발하다. 삼위일체 하나님의 이해가 재고되고 있다. 교회론에 대한 고민을 다시 새롭게 하고 있다. 복음적이면서도 교회의 지경을 세상까지 확대하는 목회관과 리더십을 가져야 한다.

1) '참여'가 최고의 방법이다

필자가 지금까지 확장된 목회현장에서 마을목회를 하면서 보고 배운 것의 결론이다. 클린데이 행사에 참여해 보자. 부녀회에서 주관하는 장터에 참여해 보자. 마을공동체 만들기사업에도 참여해 보자. 평생교육개발과정에도 참여해 보자. 자원봉사센터에서 하는 봉사활동에도 참여해 보자. 시민참여예산교육도 받아 보자. 꽃나무심기행사에 참여해 보자. 에너지절약캠페인에도 동참해 보자.

전혀 방법을 모르겠으면, 각종 홍보물 어딘가 적혀 있는 관공서 전화번호를 찾아 전화해 보자. 그러면 아주 친절하게 응답한다. 경우에 따라서는 방문상담도 해 준다. 뭔가 이쪽에서 의지를 보이면, 자세한 사업안내뿐만 아니라 사업파트너가 되어 달라고 부탁받게 될 것이다.

2) 참여의 결과는 무엇인가?

(1) 관계망 형성이다
소위 '지역기반 관계망'이 형성된다. 교회의 자리매김뿐만 아니라 비로소 내 이웃이 누구인지 알게 된다. 하나님께서 사랑하시는 구체적인 대상을 확인하게 된다.

(2) 동네 리더가 된다
이웃과 함께 지역사회의 필요를 고민하면서 자연스럽게 함께 마음을 나누는 친구가 된다. 우리 신앙인만큼 진정성 있게 이웃의 필요를 염려하는 사람이 드물기 때문에 리더가 될 수 있다. 지역사회의 변화를 이끌 수 있는 주체가 된다.

(3) 관계망이 계속 확장된다
관계망, 네트워크는 확장성이 탁월하다. 계속 네트워크를 확장하고 다른 네트워크와 연결해 나간다. 지역교회들뿐만 아니라 시민단체, 주민모임, 관공서와 연결된다.

(4) 마을에서 전문성을 키울 수 있다
문제의 답을 찾아가는 과정이 전문성을 키운다. 마을에서 꼭 필요한 교회와 성도, 공동체가 된다.

(5) 지역사회가 교회와 복음을 읽어 낼 수 있다
교회가 지역사회에서 영향을 받는 것처럼, 교회가 지역사회에 많은 영향력을 끼칠 수 있다. 교회와 지역사회가 소통하게 된다.

3) 행복한 '마을교회'를 꿈꾸라

선교는 지역교회가 속한 그 지역에서 출발해야 한다. 교회는 지역에서 하나님 나라 운동을 해야 한다. 그 일에는 반드시 지역교회가 속한 지역사회를 선교현장으로 삼아 지역에서 일하고, 땀 흘리는 노력이 있어야 한다. 교회가 지역사회의 공동체성을 회복시키는 데 중심역할을 감당해야 한다.

김혜령은 "이웃과의 생활관계 회복을 통해 일상적 삶의 의미와 행복을 발견하게 하는 마을공동체운동은 노동과 소비에 의해 소외된 인간성을 회복한다는 면에서 기독교 윤리적으로 매우 가치 있는 일이다."[15]라고 평가한다. 그는 한국교회가 "마을교회"로 부활할 수 있는 가능성을 마을공동체운동에서 발견하고 있다. 우리가 마을공동체운동에 관심을 갖는 이유가 바로 여기에 있다. 한편 우려의 목소리로 "마을교회는 마을공동체운동이 벌이는 일상적 실천들의 적극적 참여자가 되는 일에 함몰되지 말고, 끝까지 그것과 구분되는 거룩함의 공간과 시간을 제공하는 일에 정성을 다해야 한다."[16]고 말한다. 그러면서도 마을공동체가 함께 만드는 풍요로운 삶 속에서 마을교회는 풍요를 만드는 일에 동참할 뿐만 아니라, 그 풍요의 의미와 가치를 다시금 묻게 하는 빈자리, 낮은 곳이 되어야 함을 당부하고 있다.[17] 정재영은 지역공동체운동의 확산을 위해서 시행착오를 겪더라도 관심을 가지고 참여할 것을 권한다.[18]

한국교회가 변화에 대처하기 위해서는 "세계일류"라는 말보다는 "동네에서 최고"라는 말을 들어야 한다. 앞에서 말한 것처럼 지역주민들과 함께 지역문제를 해결하려는 노력을 해 보면 좋은 결과가 있다. 동네에서 최고가 되는 것이다. 그 문제를 해결할 수 있는 유일한 사람이 된다. 지역사회의 상황을 살피고 이웃들과 함께 거친 물결을 헤쳐 나갈 '친구', '친구 교회', '친구 목사'가 필요하다. 세계 최고의 리더

---

15) 김혜령, "마을공동체운동과 마을교회," 「기독교사회윤리」 제27집(성남 : 도서출판 선학사, 2013), 229.
16) 김혜령, "마을공동체운동과 마을교회," 232.
17) 김혜령, "마을공동체운동과 마을교회," 233.
18) 정재영, "생명 공동체를 추구하는 마을 만들기," 「마을 만들기와 생명선교」 호남신학교 2013년 학술발표회 논문 제16집(서울 : 한들출판사, 2013), 87. "지역공동체운동은 단기간에 성과를 낼 수 있는 일이 아니다. 특히 교회가 이 일에 참여한 경험이 많지 않기 때문에 많은 시행착오를 거칠 수도 있다. 그러나 지역공동체운동은 기존의 사회봉사, 사회복지의 차원을 넘어 교회가 실제로 지역사회에 뿌리를 내리고 지역을 공동체화 하기 위해 참여하는 활동이므로 향후 십여 년간 가장 관심을 갖고 총력을 기울여야 할 과제이다."

십이 아니라 동네에서 인정받는 리더십이 요구되는 것이다. 이 일은 누구나 할 수 있다. 일단 참여하는 방법을 강구해 보라.

4) 관계망을 생명망으로 변화시켜라

지역교회는 지역사회의 문제해결의 좋은 구심점이 된다. 정부의 시책을 잘 이해하고, 정보를 수집하고, 주민들과 함께 고민하며 문제들을 해결하는 것이다. 교회가 관계성이 좋아진다. 앞에서 언급한 '찾아가는 동주민센터'와 같은 사업이 벌어진다면 주민으로서 마을회의에 참여하면 좋다. 주민들이 모일 장소를 찾을 때 교회 공간을 함께 사용하면 이보다 더 좋은 일은 없다. 교회는 지역주민들이 행복하고 살기 좋은 지역사회를 만드는 일을 함께해야 한다. 좋은 친구가 되어야 한다. 마을 활동을 할 때에 태도가 중요하다. 앞에서 언급한 환대(hospitality)와 그리스도인으로서의 성숙한 시민의식과 헌신적이고 피스메이커로서의 모습을 나타내면 좋다. 그리고 주민들과의 관계망에서 인격적인 대면관계를 형성하고 이것을 복음을 통해서 생명망으로 바꾸어 나가야 한다.

2016년에 청년커뮤니티가 마을미디어사업에 선정되어 '우리 동네 VJ특공대'라는 사업을 진행하였다. 꿈꾸는 마을정원(교육관)에서 교육이 진행되었다. 동네 아저씨 한 분이 참여하였다. 대체 저분은 누굴까? 그런 궁금함을 가지고 12주 과정 미디어교육을 실시하였다. 몇 주의 시간이 흐르면서 이 아저씨와 좀 사귀게 되었다. 마지막 교육이 끝나고 종강파티 때에는 정말 맛있는 스테이크를 대접해 주셨다. 이 분은 이태원에서 30년 동안 술장사를 했단다. 그것도 이태원 텍사스 골목에서 가장 유명한 술가게 사장이었다. 그분은 다음과 같은 고백을 하였다.

"저는 30년 동안 술가게를 하다 보니 교회에는 갈 수 없다고 생각했어요. 그래도 어렸을 때는 교회에 다녔었거든요. 항상 출근하기 위해서 교회 앞을 지나갈 때마다 '언제 교회에 갈 수 있을까?' 하는 혼잣말을 할 때가 많았어요. 그러던 어느 날 교회 교육관 외벽에 '나도 영화감독'이라는 프로그램을 소개하는 현수막을 보았어요. '아, 저 프로그램에는 갈 수 있겠다.' 그래서 제가 전화해서 교육 신청을 했고 오게 된 것입니다. 와서 보니 교회 분들이 정말 동네를 위해서 많은 일을 하고 계시다는 것을 알게 되었어요. 그리고 12주 동안 제 자신이 정말 많이 좋아졌어요. 제 후배들이 알코올 중독으로 힘들어하는데 이런 프로그램이라면 함께하자고 소개하고 싶어요. 요즘 세상사는 게 너무나 힘듭니다. 외롭습니다."

마을공동체사업을 하면서 만나는 사람들은 이런 이야기를 많이 한다. 소위 '가나안 성도'들도 많이 만난다. 그런 분들은 다시 교회로 쉽게 오신다. 그런 분들은 탈출구를 찾고 있지 않았나 하는 생각이 든다. 공동육아현장에서는 더욱 그렇다. 결혼해서 아이들을 키우다 보니 교회에 나갈 엄두를 못 냈다. 그러다가 엄마들이 함께 모여서 힘든 부분은 나누고 서로 의지가 되니까 교회에 나갈 용기가 생긴단다. 시간이 지남에 따라 사람들과의 관계망이 생명망으로 변화되고 있다. 이것은 자연스럽게 이루어진다.

5) 지역 기반이 강한 교회를 만들자

필자는 최근에 주민참여지원사업을 설명하기 위해서 자치구 14개 동을 순회하면서 설명회를 개최하였다. 어느 동에서 설명을 들은 주민이 질문을 하였다. "저희는 모임을 갖고 싶은데 공간이 없습니다. 대부분 유료로 사용하는 공간이라서 모임을 갖기 힘들어요. 이 문제를 어떻게 해결할 수 있나요?" 그때 필자는 혹시 오늘 교회에서 오신 분이 계십니까? 물었을 때에 감사하게도 우리 교단 교회와 성결교단 교회에서 부목사님이 참석하고 있었다. "주민모임을 위해서 교회에서 공간을 함께 쓰실 수 있겠습니까?" "네, 그렇게 하겠습니다. 적극적으로 협조하겠습니다." 설명회에 참여한 주민들이 박수로 환영하였다. 설명회 후에는 동장이 나와서 감사의 뜻을 전하였고, 그 교회에 대해서 소개할 수 있는 시간을 주었다.

동네 주민들이 교회에 어떤 기대를 가지고 있었을까? 어떤 응답을 바라고 있었을까? 동네 주민들의 필요를 채울 수 있는 교회일 것이다. 비단 영적인 부분만이 아니다. 사랑방, 쉼터, 취미공방, 악기연습실, 마을회의 등의 공간을 바라고 있다. 주민간의 커뮤니티 형성에 중요한 역할을 교회가 감당해 주기를 바라고 있다.

지역 기반이 강한 교회를 만들 기회이다. 지리적인 주소가 중요한 것이 아니라, 지역 주민들의 정서 속에 자리하고 있는 지역교회이다. 지역주민들의 기대에 응답하고 지역의 현안을 함께 고민하는 교회이다. 교회 공간을 통하여 아름답고 살기 좋은 마을 만들기가 시작되는 교회이다. '마을교회', '동네목사', '마을지기', '마을살이', '공유공간' 등의 말들이 한국교회의 정체성이 되기를 바란다.

제8장
'건강도시운동'(Healthy Cities Movement)과 마을공동체 만들기

노영상 / 총회한국교회연구원장

1. 건강도시운동(Healthy Cities Movement)의 시발[1]

19세기 말에서 20세기 전반에 이르는 사회적 변화 가운데 가장 중요한 것이 산업화와 도시화라 할 수 있다. 산업화된 공장들이 도시에 들어섬에 따라 농촌인구의 도시 유입으로 도시인구의 팽창이 수반되었으며, 이에 거대 도시들이 출현하였다. 작금의 통계는 세계 60억 인구의 거의 절반이 도시에 거주하는 것으로 말하고 있다. 또한 30년 후 세계 인구는 80억에 이를 것이며, 그중 60억 명 정도가 도시 거주자가 될 것이라 예측된다.[2]

이 같은 도시화는 우리의 삶의 질과 건강의 증진 및 생활의 편리성을 가져오기도 하였지만, 그에 따른 많은 폐해도 있었음을 우리들은 잘 알고 있다. 음식의 안전 문제, 주거 문제, 고용, 수질 및 공기의 오염에 따른 환경 문제, 미래 세대의 건강 문제, 범죄와 폭력과 성 밀매 증가, 약의 남용, 국가적 재앙 및 인재에 대한 취약성,

---

1) 본 글은 이전 「장신논단」(2008)에 게재한 글을 재편집한 것이다.
2) Takehito Takano, ed., *Healthy Cities and Urban Policy Research*(London : Spon Press, 2003), 1.

전염병 확산의 용이성, 사회적 불안정성, 도시 빈곤층의 양산, 출산율의 감소, 스트레스의 증가에 따른 정신적 건강의 문제, 쓰레기 처리의 문제 등이 그것들이다.[3]

이와 같은 급속한 도시화 현상에 주목하면서 1980년 '인구와 도시 미래에 관한 로마 선언'(United Nations Fund for Population Activities, 1980)은 "앞으로 20년 안에 세계는 도시화 과정의 결과로서 사회적, 경제적, 정치적 생활에서 지금까지 어떤 변화보다도 더 근본적인 변화를 겪게 될 것이다."라고 언급했다. 도시화의 진전은 대중소비와 같은 현대 문명의 혜택을 확대한다는 긍정적 의미도 있지만, 도시 성장이 사회개발과 경제 문화적 진보의 원인이 되기보다는, 도시가 무질서하고 불균형적이며 통제 불가능한 방식으로 성장하여 도시에 거주하는 주민들의 건강에 악영향을 미친다는 비판도 높다. 이런 도시화 때문에 여러 건강 및 환경 문제들이 생겨났음을 우리는 잘 알고 있다.[4]

19세기 산업혁명과 더불어 도시화가 진행되면서 인간과 공장의 쓰레기들에 의해 위생문제가 제기되었으며, 환경이 오염되었다. 그리고 더 나아가 교통수단의 발달과 에너지 체계의 변환은 환경오염의 결과를 가중시켰다. 이에 건강의 문제에 생활환경의 문제가 중요하게 고려되기 시작하였던 것이다. 또한 이 같은 환경오염의 문제는 사회체계와 깊이 연관된 것으로, 환경문제와 함께 사회문제는 공중보건에서 중요한 위치를 차지하게 되었다. 1840년대에 비르코우(Rudolf Virchow)는 "의학은 사회과학으로, 정치학은 의학과 크게 다르지 않다."라고 말하기도 하였다.[5] 이제 공중보건이 사회생태적인(socio-ecological) 전망에서 접근된 것이다. 건강에 대한 기존의 생명의료적인(biomedical) 입장과 함께 사회생태적인 이해가 병립하게 되었던 것이다.[6]

건강도시운동은 이 같은 도시의 포괄적인 문제를 모두가 포착하기 쉬운 건강이란 개념을 중심에 놓고 대처하려 한다. 도시와 도시인의 건강은 보건의료상의 건강

---

3) Takehito Takano, ed., *Healthy Cities and Urban Policy Research*, 2-3.
4) http://www.health700.or.kr/board/files/healthy.hwp "WHO 서태평양지역 건강도시연합사무국 건강도시과정 단기해외연수 귀국보고서"에서 인용.
5) E. Ackernecht, *Rudolf Virchow*(New York : Ardo Press, 1981). John K. Davies and Michael P. Kelly, eds., *Healthy Cities : Research and Practice*(London : Routledge, 2002), 2에서 재인용.
6) John K. Davies and Michael P. Kelly, "Healthy Cities : Research and Practice," John K. Davies and Michael P. Kelly, eds., *Healthy Cities : Research and Practice*(London : Routledge, 2002), 1-3.

뿐 아니라 제반 영역에서의 건강을 포함하는 통합적 접근에 의해 증진될 수 있는 것으로, 정부, 지자체와 기업, 그리고 개인 및 지역공동체의 원활한 협력을 통해 개선되어질 수 있는 바, 통전적인 구조 속에서 다루어질 필요가 있다. 건강도시운동은 건강을 결정하는 사회적 결정요인들을 도시의 차원에서 접근해 보자는 취지에서 출발하였다. 따라서 건강도시를 위한 운동들은 도시 수준에서 수행되었을 때 가장 효과적일 수 있을 것이라 생각된다.[7]

1980년대부터 세계보건기구(WHO)에 의해 주도되어 온 운동인 '건강도시'는 다음과 같이 정의된다.[8] "건강도시란 그 도시의 물리적 사회적 환경을 지속적으로 창조하고 개선하며, 삶의 모든 기능들이 잘 수행될 수 있도록 하고, 그 도시의 최상의 잠재성을 개발함에 있어 사람들로 하여금 상호 협력하는 것이 가능하도록 지역사회의 자원을 확대해 나가는 도시를 말한다."[9]

이 같은 세계보건기구의 건강도시운동은 우리나라에도 많이 파급되어 2010년까지 우리나라 광역자치단체(16)와 기초자치단체(230)들 중 58개 지자체들이 건강도시연맹에 가입되었는바 이후로도 계속 늘어나고 있는 추세로서 교회들도 이 운동의 특징들에 대해 잘 파악할 필요가 있다고 생각한다. 현재로는 한국의 70여 개의 지자체가 이 건강도시운동에 참여하고 있다.

2. 건강에 대한 정의

이 같은 WHO의 건강도시에 대한 정의는 건강에 대한 기본적인 정의와 연관되어 있다. 세계보건기구는 건강을 다음과 같이 정의한다 : "건강은 육체적(physical), 정신적(mental), 사회적(social) 복리(well-being)의 온전한 상태로 단지 질병이

---

7) 그러나 '건강마을'과 같은 보다 소규모의 운동도 가능할 것이라 생각된다.
8) http://healthycity.seoul.go.kr/city/hc/hc03.jsp.
9) 핸콕(Trevor Hancock)은 건강도시에 대한 연구의 주요한 특징들 다음의 12가지로 설명하였다 : 질병치료 지향적이기보다 건강 지향적(salutogenically oriented)이고 예방적임, 객관적인 동시에 주관적, 육체적 정신적 사회적인 복리와 적합함의 추구, 통전적(holistic), 간학문적, 사회적인 배려와 인식, 결과와 동시 과정도 중시, 역량을 강화하고 북돋음, 정책 상관적, 해석적, 행동 지향적, 지역사회 통제적(Trevor Hancock, "The Healthy City from Concept to Application : Implication for Research," John K. Davies and Michael P. Kelly, eds., *Healthy Cities : Research and Practice*, 24).

없거나 또는 허약(infirmity)한 상태에 있는 것만을 의미하지 않는다."[10] 1982년 인도의 뉴델리에서 열린 세계기독의사회(World Christian Medical Society)에서는 "건강이란 신체적, 정신적, 영적, 그리고 사회적으로 정상인 상태"라고 정의했다.[11] 1986년의 'The Ottawa Charter for Health Promotion'은 건강증진이란 개념을 다음과 같이 정의하였다.[12]

"건강증진은 사람들로 하여금 그들의 건강에 대한 관리를 강화하며 개선하는 것을 가능하게 하는 과정이다. 완전한 육체적이며 정신적이고 사회적인 복리에 이르기 위해 개인이나 집단은 그들의 열망을 확인하고 실현할 수 있어야 하며, 요구들을 만족시키고 환경을 변화시키며 그것에 맞설 수 있어야만 한다. 그러므로 건강은 삶의 목표라기보다는 매일의 삶을 위한 자원으로 생각된다. 건강은 육체적인 능력뿐 아니라 사회적이며 개인적인 자원들을 강조하는 보다 포괄적인 개념이다. 그러므로 건강증진은 건강부문에 대한 책임만을 말하는 것은 아니며, 복리를 향한 건강한 삶의 스타일을 넘어서는 것이다."

이와 같이 건강도시 운동이 말하는 건강에 대한 개념은 보통 우리가 생각하는 좁은 건강에 대한 개념들을 넘어선다. 그것은 전인적이며 통전적인 건강을 추구하는 것이다. 전인적 건강을 우리는 'WHOLENESS'(온전함)라는 단어의 앞머리 글자를 따서 다음과 같이 설명할 수도 있다.[13]

W – **W**ater and **W**eight Control : 좋은 물의 섭취와 사용, 건전한 식습관 운동 등을 통한 몸무게 관리가 건강에 필수이다.

H – **H**ope, **H**umor and **H**earty Laughs : 기독교 신앙에 기초한 희망, 웃음은 양약이 된다. 인간은 언제나 긴장하며 살 수 없는 것이다.

O – **O**xygen : 맑은 공기가 중요하다.

---

10) John B. Wong, *Christian Wholism : Theological and Ethical Implications in the Postmodern World*(New York : University Press of America, 2002), 110.
11) 김형석, "전인 치유를 통해 본 치유 목회에 관한 연구", 「미간행 석사학위논문」(서울 : 장로회신학대학교 대학원, 1994), 37.
12) http://www.who.int/healthpromotion/conferences/previous/ottawa/en/index.html의 헌장 앞부분의 '건강증진'(health promotion)에 대한 설명에서.
13) John B. Wong, *Christian Wholism*, 110–112.

L - Love : 하나님과 이웃에 대한 사랑

E - Exercise, Enthusiasm(en theos, God within us), Endless Forbearance(끊임없는 자제) : 운동과 자제가 중요하다.

N - Nutrition(영양), Rest(휴식), Relaxation, Recreation : 채소, 과일, 섬유질이 많은 음식 섭취 중요

E - Effort(노력) : 좋은 건강습관을 위한 노력이 필요

S - Search for a Balance(균형을 찾는 것) : 하나님을 의존하는 것과 자기의지 사이의 균형, 재정적 안전함과 자선 사이의 균형, 자기희생과 자기양육 사이의 균형, 관계적이며 사회적 요구와 반성적 자기성찰 사이의 균형, 영적 관심과 육체적 필요성 사이의 균형 등을 말한다. 이런 균형은 이원론적 사고를 지양한다.

S - Spirituality(영성) : 영성을 통한 육체적, 정서적, 지성적, 정신적, 사회적, 심리적 치유

위에서 우리는 건강의 개념이 포괄적이며 통전적인 것임을 파악할 수 있었다. 이러한 건강과 치유의 통전성은 질병의 원인들을 분석하여 볼 때도 알 수 있다. 질병의 원인들에는 여러 가지가 있는 바, 조상과의 관계에서의 유전적인 원인, 자신의 잘못된 생활양식 곧 잘못된 식생활, 과로와 무절제, 운동부족, 열악한 주변과 사회적 환경, 잘못된 인간관계에서 오는 정신적인 스트레스, 적절하지 못한 노동, 하나님과의 그릇된 관계 등 상당히 다방면의 원인들이 질병의 원인이 된다. 질병은 우리의 육적인 부분과만 상관된 것이 아니며, 나와 하나님, 이웃, 자연과 환경, 자기 자신의 자아 및 유전적 원인들을 포괄하는 폭넓은 관계들의 문제에서 발생하는 것이다.

이와 같이 건강 - 질병 - 치유는 세 가지 모두 통전성을 갖는 것으로, 우리는 이 문제를 일차원적인 것으로 다루어서는 곤란하다. 또한 몸의 문제와 마음의 문제는 깊이 연관되어 있다. 우리는 육체적 문제를 단순한 몸의 이상으로만 취급해서는 안 될 것이다. 우리의 육체적인 질병은 많은 경우 영적이며 정신적인 문제와 깊이 연관된 것으로, 육체적 질병을 야기하였을 영적이며 정신적인 원인에 대한 분석이 필요할 것으로 생각한다.

전인치유는 통전적 돌봄(holistic care)을 추구하는 것으로, 육체적 돌봄에 집중하는 의학적인 돌봄(medical care), 영적인 돌봄(spiritual care), 심리적 돌봄

(psychological care), 사회적인 돌봄(social care), 환경적인 돌봄(environmental care)을 포함한다.[14] 시편 103 : 3은 이 같은 통전적 돌봄의 성격을 잘 표현하는 말씀이다. "저(하나님)가 네 모든 죄악을 사하시며 네 모든 병을 고치시며". 이 본문은 죄 용서로서의 영적인 치유와 병을 고치는 것으로서의 육체적 치유 양면을 동시에 강조한다. 영과 육의 치유가 목회의 목적이다. 이러한 전인건강으로서의 통전적 돌봄은 인간의 영과 지정의체 및 생태적 치유의 모든 부분들을 포함하고 있다.[15]

우리는 전인건강의 구성요소들을 몇 가지로 간추릴 수 있다. 전인건강에는 육체적 돌봄에 집중하는 의학적(medical) 건강, 영적인(spiritual) 건강, 심리적인(psychological) 건강, 사회적인(social) 건강, 환경적인(environmental) 건강 등의 요소들이 포함되는 바, 이에 우리는 건강도시를 지지하는 구성요소들로서 육체적이며 물리적인 차원, 환경적이며 생태적인 차원, 심리적이며 정신적인 차원, 사회적이며 제도적인 차원, 영적이며 종교적인 차원들을 언급할 수 있게 된다.

성경은 이러한 다차원적(multidimensional) 관계의 온전함을 '샬롬'이라는 단어를 사용하여 표현한다. 샬롬은 보통 평화라고 번역되지만, '건강함'이나 '완전성'이라는 말로도 번역이 가능하다. 월터스트롭은 이 같은 샬롬을 다음과 같이 정의하고 있다. "우리는 샬롬이 정의와 상호 연관되어 있음을 보게 될 것이다. …… 정의 없이 샬롬이 있을 수 없다. 그러나 샬롬은 정의 이상의 어떤 것이다. 샬롬은 인간 존재가 하나님과 자아와 이웃 및 자연과의 평화로운 관계를 말한다."[16] 이런 의미에서 건강도시 운동은 궁극적으로 기독교적 샬롬을 추구하는 성경적 전인건강의 개념과 맞닿아 있는 것이다.

영어로 질병을 'disease'라고 한다. 평안(ease), 곧 샬롬이 없는 상태가 질병의 상태라는 것이다. 샬롬이 무너진 상태가 건강하지 못한 모습이다. 하늘과 땅이 만나며, 영과 육이 조화되고, 인간과 하나님이 조화되며, 사람과 사람들이 그리고 사람과 자연이 조화를 이루는 곳에 참 샬롬과 주님이 주시는 건강함이 임하는 것이

---

14) 박형렬, 「통전적 치유목회학」(서울 : 도서출판자유, 1994), 51.
15) 몸과 혼의 관계에 대한 책으로 John W. Cooper의 *Body, Soul and Life Everlasting : Biblical Anthropology and the Monism-Dualism Debate*(Grand Rapids : Eerdmans, 1989)를 추천하고자 한다.
16) Nicholas Wolterstroff, *Until Justice and Peace Embrace*(Grand Rapids : Eerdmans, 1983), 69.

며, 그러한 샬롬이 없는 상태를 우리는 건강하지 못한 상태로 규정할 수 있다.

이상과 같은 성경적 전인건강의 개념은 건강도시 운동의 교회적 운동으로서의 가능성을 우리에게 제기한다. 이에 의거 건강도시 운동은 이런 총체적 목적을 향하여 전진하여야 할 것이라 생각된다. 물론 한 교회는 건강도시가 추구하는 모든 지표들을 위해 동시에 노력할 수 없다. 여러 지표들 중의 한 가지만이라도 교회가 정하여 추구해 나가는 것이 필요할 것이다. 궁극적이고 내세적인 구원과 함께, 도시와 도시인의 건강과 생명이란 보다 구체적인 목표를 놓고 기도하고 노력하는 것이 필요할 것이다.

3. 건강도시운동의 평가지표와 마을 만들기에의 적용

건강도시운동을 가장 신속히 파악할 수 있는 길은 그 운동의 평가 지표(indicators)를 파악하는 것이다. 필자는 이에 건강도시의 평가 지표들에 대해 설명하는 여러 책들을 종합하여 평가 지표의 내용을 아래에 정리하였다. 물론 세속 건강도시운동에선 영적 건강 등과 같은 마음 건강의 문제에 대해서는 소홀히 한다. 하지만 기독교적인 건강도시운동에 있어서는 이와 같은 정신적이며 영적인 문제가 중요할 것 같아 우선하여 아래에 열거하였다.

필자는 아래와 같은 지표들이 마을목회에 있어서도 중요할 것이라 생각하고 있다. 교회가 마을을 위해 노력하는 데 있어 가장 중요한 것은 마을을 위해 어떤 일을 할 것인가를 정하는 일인데, 그러기 위해서는 마을이 행복하기 위해 먼저 하여야 할 일이 무엇인지를 파악함이 필요하다. 이에 우리에게 마을의 행복도를 정하는 지표들이 요구되는 바, 그런 지표들을 만들 때, 건강도시운동의 지표들이 유용할 것이라 생각한다.

[건강도시의 지표들의 종합][17]

---

17) Keiko Nakamura, "Indicators for Healthy Cities : Tools for Evidence-based Urban Policy Formation," Takehito Takano, ed., *Healthy Cities and Urban Policy Research*, 78-89엔 지표들에 대한 상세한 설명들이 있다.

기본 구성 요소		세부 지표들	비고
(1) 마음 건강 [18]	영적 건강	종교기관(교회)의 활성화 정도, 시민들의 영성형성 정도, 종교인구 분포, 시민들의 종교에 대한 참여 정도, 종교서적의 판매 비율	하나님과의 관계
	정신건강	정신병 치료와 재활, 알코올 중독의 치료와 재활, 퇴폐와 향락문화, 시민들의 행복도 지수, 사회적 스트레스 분석, 건강한 국민정서	자아와의 관계
	도덕적 건강	건강한 가치관 형성, 시민들의 정직성 지수, 정부의 부패성 지수, 기업들의 투명성과 윤리성, 낙태율, 타민족에 대한 기본적 태도, 범죄율과 범죄의 흉악성	
(2) 육체 건강	인구통계학적 자료	연령과 성별 분포, 출생률, 임신율, 연령대별 사망률, 야간의 인구밀도, 야간 인구의 성비, 주간 인구밀도, 인구증가율, 인구 중 65세 이상의 비율(고령화 정도), 1인 가정의 비율	자신의 몸 건강의 문제
	건강한 삶의 스타일 및 역학조사	질병률, 상해와 사고, 범죄, 장애인 분포, 자살률, 직업상의 상해, 예방 접종률, 영양, 금연, 운동, 암 진단율, 술 담배의 소비량, 술 담배에 대한 청소년들의 접근 용이도, 한 사람이 일주일에 운동하는 시간, 규칙적인 식생활, 레저 시간	
	건강서비스의 재정위 (reorienting)	10만 명당 의사 수, 10만 명당 병원 수 및 병원의 침상 수, 병원의 건강검진에 참여하는 비율, 인구 10만 명당 앰뷸런스 수, 의료시설에서 500m 이내에 거주하는 거주자의 비율, 의료 보험률, 응급서비스와의 지리적 거리, 외국어로 소통 가능한 의료서비스 상황, 건강교육 정도, 호스피스 운동의 활성화와 자원자의 상황, 시민건강을 위한 정부의 예산, 질병예방과 통제, 음식물 위생	
(3) 주거 환경 건강	주거환경 건강	주거시설 중 소유주가 거주하는 비율, 1인당 거주면적, 기준 이하의 주거시설 비율, 6m 이상 도로의 50m 이내에 거주시설의 비율, 재래식 변기가 설치된 거주시설의 비율, 주거 공간의 질, 집 없는 사람의 비율, 노숙자 수, 특별한 집단을 위한 주거 공간 예비, 5시간 이상 햇볕이 들어오는 집의 비율, 가구당 평균 면적	집의 문제
	공원과 스포츠 시설	인구 10만 명당 헬스장, 축구장(잔디구장), 야구장, 테니스 코트, 탁구장, 볼링장, 수영장, 골프장, 생활체육장, 게이트볼 구장, 육상트랙, 공원, 동물원, 어린이 놀이터, 놀이공원, 수상스포츠 공간 등의 숫자에 대한 조사, 1인당 도시공원의 면적	
	지리적 환경 건강	기후, 강수량, 지형학, 토양의 건강, 하천의 분포, 연간 기온 분포, 사막화 상황, 동물과 식물의 종의 다양함	
	기본 도시 기획 및 인프라 구조	도시의 지리적 위치, 도시구성에 대한 적합성, 도시 전체의 건물 배치, 전체 토지 중 도로가 차지하는 비율, 5.5m 이하의 도로비율, 녹지공간의 배치, 보도 및 산책로의 충분성과 쾌적성, 차량 대비 도로면적의 적절성, 도로 1km 당 자동차의 수, 인구 10만 명당 우체국의 수, 전기가 들어가는 주택의 비율, 상수도가 들어가는 주택의 비율, 도로에서 500m 이내의 주택의 비율	
(4) 생태 환경 건강	기본적 자연환경 건강	환경의 질, 공기 청정도, 수질 오염도, 소음의 정도, 악취의 정도, 전자기파, 토양의 건강함, 앞의 것들에 대한 도시가 마련한 기준의 유무, 경관, 녹지와 공원 비율	자연과의 관계

	쓰레기 및 하수처리의 건강성	쓰레기 관리, 하수처리의 유용성, 해충과 설치류의 통제, 고형 쓰레기 수집의 범위, 재활용 정도, 1인당 하루 쓰레기 무게	
	친환경에 대한 노력	금연 문제와 연관된 불만의 정도, 외부 소음과 연관된 불만의 수, 토지 중 공원이 차지하는 비율, 1인당 1일 쓰레기 무게, 녹지면적, 생태공원, 경관개선, 친수공간정비, 자원절약과 자원재활용, 수질 및 대기질 개선, 환경단체 지원, 친환경 프로그램의 운영, 생태마을 조성, 각종 공해에 대한 지역 행정부서 차원의 규제 입법, 환경감시 구조의 실효성	
	교통 환경 건강	자전거 이용 실적, 자전거 도로, 보행환경 개선 실적, 대중교통에 대한 정책(대중교통의 정도와 범위), 교통안전 투자실적 및 교통사고율 감소, 교통위반 정도	교통문제
(5) 사회 건강	가정환경 건강	이혼율, 적령기 인구의 결혼율, 아동보호, 가족구조 조사, 초산여성의 평균연령, 가정폭력 신고 건수	어울려 사는 주변 사람들과 이루는 사회적 환경의 문제
	경제와 산업 환경 건강	1인당 소득, 1 가구당 소득, 저축률, 1인당 주민세, 건강에 대한 경제의 영향력에 대한 평가(주요 산업과 기업, 경제의 건강함, 발전의 수준), 도매와 소매의 비율, 빈곤층을 줄임, 직업들의 창출	
	복지환경 건강	전체 가구 수 중 복지혜택 수혜자 가구 비율, 전체 복지 혜택비 중 의료혜택비가 차지하는 비율, 사회복지 시설들의 분포와 활성화 정도, 사회복지 비용 향상도, 사회복지 체계에 대한 평가	
	노동환경 건강	실업률, 전체 노동인구 중 3차 산업 종사자들의 비율, 전체 노동인구 중 관리자나 사무자의 비율, 전체 노동인구 중 고용인의 비율, 1,000명당 각 공공시설(학교, 병원, 회사, 호텔, 가게 등)의 수, 전체 노동인구의 성장률, 전체 회사 중 고용인원이 4명 미만인 소규모 회사의 수, 빈곤의 수준, 장애인 취업률	
	교육 및 역량강화	건강교육과 환경교육과 식생활 교육 등의 강화, 학교급식의 충실성, 문맹률, 고등교육 혜택자 비율, 대학의 수준, 평생교육 제도의 활성화, 장학제도, 초등학교당 학생수, 중학교당 학생수, 고등학교당 학생수, 중학교 졸업생들의 고용비율, 고등학교 졸업생들의 고용비율, 연령에 따른 교육수준, 50세 이하의 교육수준에 따른 성비, 10만 명당 도서관의 수, 시민들의 도서관 이용률, 지역 학교들에서 공부하는 학생들의 학교 및 교육자에 대한 만족도, 시민들의 독서량	
	문화환경 건강	인구 10만 명당 유형별 식당 및 레스토랑의 수, 인구 10만 명당 커피 전문점의 수, 인구 10만 명당 유형별 박물관 및 전시장의 수, 인구 10만 명당 백화점 및 기타 쇼핑 장소들의 수, 인구 10만 명당 영화관 극장 오페라 하우스, 인터넷 사용 현황, 인구 10만 명당 자동차의 대수, 각종 박물관 등의 공영관의 수, 위의 시설들의 질적 관리 문제, 지역문화의 비전과 정책, 지역문화 시설의 확충 및 이용 실적, 지역문화 프로그램의 육성, 문화 및 역사 유적지의 수와 그에 대한 관리	

	평화의 권리[19]	평화는 건강의 근본적 전제이다. 평화의 획득이 없이 도시 공동체의 진정된 건강의 상태를 유지할 수 없다. 핵전쟁으로부터의 위협, 국제적인 전쟁과 국지적 분쟁 등 그리고 인종적이며 종교적인 차이에서 오는 전쟁의 위협 등을 막기 위해 노력하는 것이 필요할 것이다. 군비축소에의 노력, 각종 무기들의 확산을 금지하는 노력, 소형무기 확산에 대한 통제 등 우리는 다양한 평화에의 노력을 하여야 한다.	
(6) 가버넌스 건강	토대가 되는 기본행정의 건강성	내무 외무 국방 외교 등을 포함하는 정부의 기본 되는 행정능력과 행정 원활성, 행정정보들의 접근 용이성, 도시계획과 지역체계의 서술, 의사소통과 정보통신 기술의 가용성, 행정정보에 대한 공개 정도, 공중매체의 이용, 재난구조체계, 화재 위험이 있는 목재 등으로 지어진 주택의 비율, 기타 위험지구나 시설들에 대한 체크	국가와의 관계
	지역행정의 건강함	도시재정 자립도, 지역경제 활성화를 위한 정책 운영 실적, 고용 자족률 향상도, 규제완화 및 민간위탁 실적, 자연재해 예방실적, 도시안전을 위한 대책, 주택보급률 및 주택개량 지원 실적, 생활환경 개선실적, 장기비전 수립 실적, 각 부서와 지역과 지역사회와 지역 행정부서들의 관리 구조에 대한 기술, 현존하는 부서 간의 협력 체계의 효율성에 대한 기술과 평가, 병원들과 지역사회 보건시설(모자보건, 장애인, 노령자 보호)들과 학교들과 커뮤니티 센터들과 스포츠 시설들과 환경 건강 감시 시스템 등의 유용성에 대한 기술, 건강도시 프로젝트의 실시 유무	
	주민참여도	주민정보 공개, 자원봉사 참여 실적, 전문가 참여 실적, 주민 의견 수렴 실적, 지자체의 비전 및 정책 설명, 주민창안 유도, 주민참여위원회의 구성, 주민협력 공익사업 추진 실적, NGO나 NPO들의 활동상황, 도시문제에 참여하는 여성들의 비율	

한 지역을 행복한 곳으로 만드는 일을 평가하는 결정적인 지표들이 있다. 우리는 그런 지표들을 위의 지표들을 통해 가늠해 보게 된다. 한 마을의 행복지수를 정하는 데 있어 결정적 지표들은 다음의 것들로 예상된다. 그 마을의 자살률, 이혼율, 강력범죄의 빈도, 교통사고 사망률, 자기주택 보유율, 실업률, 고령자의 분포와 출생률, 공기의 질 및 수질 오염도, 그 지역의 1인당 소득액, 대학진학률, 종교인 분포(기독교인 비율), 시민 1인이 차지하는 공원의 면적, 초중고 학생들의 행복지수, 낙태율, 전국에서 학업성취도 위치(백분율), 지자체의 민주화 정도, 상습침수 지역 등의 위험지대의 분포, 구청이나 면사무소의 마을 만들기 사업 실행률 등이 될 것이다. 이런 전체적인 윤곽이 있어야 마을목회의 방향을 진단할 수

---

18) '마음건강'의 지표는 일반 건강도시운동에서 언급되지 않지만, 필자는 기독교의 건강도시운동에선 필수적인 것으로 포함시켰다.
19) WHO, "City Planning for Health and Sustainable Development"(1997), 27.

있으며, 교회가 구체적으로 무슨 일을 하여야 마을에 가장 도움이 될지를 가늠해 볼 수 있게 된다.

　우리는 마을목회를 하며 여러 가지의 과제들을 개발하여 왔다. 청소년들의 자원봉사 체계를 만드는 일, 마을공부방의 운영, 마을축제를 만드는 것, 마을주민을 향한 마이크로크레디트 사업, 학생들을 위한 진로교육 등 많은 사업들이 실시되었다. 우리는 마을목회를 통해 개발된 이런 사업들은 우리가 마을목회에서 무엇을 하여야 하는지를 보여 준다. 그러나 이 같은 사업을 발굴해 나가는 다른 방안 중 하나는 위와 같이 마을의 행복을 위한 지표로 정리된 일 중에서 마을에게 필요한 할 일들을 개발하는 것이다. 지역의 자살률을 막기 위해 교회에서 할 일들을 찾을 수 있을 것이다. 이혼율을 낮추며, 출생률을 높이는 방안도 구상해 낼 수 있을 것이라 생각한다. 이와 같은 핵심 지표상의 일들을 우리에게 꼭 필요한 마을목회의 관심 사업들로서 이런 방법을 통해 마을목회의 과제들을 개발해 나갈 수 있을 것이라 생각한다.

　이런 지표를 정하는 것을 통해 우리는 마을의 행복도를 점수화할 수 있는데, 그런 노력들이 모아지면 한국의 관 행정과 정치에 대한 평가를 할 수 있는 계기를 마련할 수 있을 것이라 생각한다. 어느 지방자치기관들이 일을 잘했고 어느 기관들이 부족하였는지를 평가하는 잣대를 마련한다는 것은 한국정치를 선진화하고 과학화하는 길이 될 것이다. 이와 같이 마을목회의 갈 길은 멀다. 한 번에 다 이룰 수도 없는 일들이다. 역사는 하루아침에 이루어지는 것이 아니다. 시간이 걸린다. 중요한 것은 누가 그것을 시작하며 실천에 옮기느냐는 문제다.

　필자는 아래에서 행복한 마을을 평가하는 지표들을 정리해 보았다. 100점 만점으로 하여 대충 아래의 지표들을 살피면 그 마을의 행복도가 어느 수준인지를 알 수 있을 것이다. 이에 우리의 마을목회는 아래의 지표들을 올리는 사역이라 볼 수 있다. 마을의 행복도를 가장 빠르게 올릴 수 있는 사역들을 잘 생각하여 선택하는 것이 마을목회의 효율성을 높이는 일이 될 것이다. 아래의 배점들을 기준으로 5단계로 나누어 점수를 주도록 하는 것이 좋을 것 같은 바, 그 기준을 정하는 것이 쉽지는 않을 것 같다.

[행복하고 건강하며 안전한 마을의 평가지표]

번호	평가지표	배점	설명
1	자살률	10	현재 우리나라는 고령인구의 자살이 많은 편이다.
2	이혼율	6	이혼율은 가정의 행복도를 재는 중요한 지표이다. 이혼을 하면 많은 결손 자녀들이 생긴다.
3	실업률	7	실업은 가정의 행복에 가장 큰 장애 중 하나이다.
4	출생률	4	아이를 마음 놓고 낳지 못하는 마을은 행복하지 못한 마을이다.
5	지역의 1인당 소득액	8	1인당 소득액은 그 마을의 경제활동을 재는 주요 지표이다.
6	교통사고 건수(사망자 수)	3	지역의 안전도에 있어 교통사고만큼 중요한 것은 없다.
7	전국에서의 초중고 학업성취도 백분율	4	행복한 마을이 되려면 행복한 학교가 있어야 한다.
8	강력범죄 건수/ 인구 1,000명당	4	살인, 강간, 유괴, 방화, 강도 등의 강력범죄를 말한다.
9	자기주택 보유율	3	자기주택, 전세, 사글세 비율
10	지역의 행복지수(자신들이 생각하는), 초중고 학생들의 행복지수	4	행복지수에 대한 여러 기관들의 평가가 있다.
11	관청의 마을 만들기 예산 %/ 주민 위탁 실적	6	전체 재정에 대한 %
12	종교인구(기독교인 %)	5	기독교인의 수가 몇 %인지 정확한 통계가 필요할 것이다. 예배에 참석하는 정도도 조사될 필요가 있다.
13	수질 및 대기 오염도	5	수돗물 오염도, 대기 오염도, 오존 지수, 미세먼지 오염도 등의 측정이 중요하다.
14	생활보호자 %	4	극빈층의 %
15	시민 1인이 차지하는 녹지 및 공원 면적	3	녹지 면적과 문화시설 면적이 시민들의 행복에 중요하다.
16	가정폭력 신고 건수	4	가정폭력에 대한 강한 제재가 필요할 것이다.
17	술집 등의 퇴폐업소 수/ 인구 1,000명당	3	향락 업소가 많을수록 안 좋은 동네다.
18	관의 사회복지 지원 수준, 사회복지 체제	5	노령자와 처음 출생한 아이들에 대한 사회복지 수준은 특히 중요하다.
19	고독사 %	2	한국 사회의 고독사 비율이 점증하는 것이 문제이다.
20	낙태율	2	혼전 낙태율이 관심의 대상이다.
21	적령기 결혼율	3	적령기를 25~35세 정도로 보면 될 것 같다.
22	지역 주민의 건강도(건강진단 자료 점검)	3	지역의 건강검진의 결과들로 파악할 수 있다.
23	정신질환자 %	2	정신과에서 치료한 환자 수를 점검해 보면 될 것이다.
	총 점	100	

4. 왜 한국교회는 오늘의 시점에서 건강도시운동을 추진하여야 하는가?

건강도시운동은 이와 같이 우리 기독교인들이 비기독교의 세계와 소통할 수 있는 채널을 제공해 주고 있다. 우리는 이 건강도시란 개념을 통해 우리 교회 내에 임하는 하나님의 은총을 강조할 뿐 아니라, 교회 밖의 사람들에게도 관심을 나타내는 하나님의 선교적 마음을 표현할 수 있다. 그러나 우리는 보통의 건강도시운동의 지표들에 더하여 인간과 하나님과의 관계의 온전함의 문제로서의 영성적이며 교리적인 문제를 추가함으로 건강도시운동을 교회가 추진해 나가는 운동으로 포섭할 수 있을 것이라 생각한다. 오늘의 이 같은 건강도시운동은 교회 내의 사람들이 교회 밖의 사람들과 연대할 수 있는 바람직한 통로를 우리에게 제공하여 준다고 생각된다.

이 같은 세계보건기구(WHO)가 주도적으로 벌인 건강도시운동은 오늘날 한국의 많은 구청과 도시들에서 시행되고 있는데, 이 운동이 교회 내에서 적용될 경우 다음과 같은 여러 장점들이 있을 것이라 사료된다.

1) 교회의 건강도시운동에의 참여는 이전의 교회 일각에서 있었던 사회에 대한 비판적인 운동의 대안으로서, 사회에 대한 긍정적 참여의 가능성을 열어 준다.
2) 교회가 하는 사회봉사의 내용을 기독교적 구원으로서의 샬롬(shalom)과 인간의 통전적 복리(wholistic wellbeing)라는 큰 틀에서 이해할 수 있는 기회를 우리에게 제공한다.
3) 교회의 사회에 대한 봉사의 내용을 도시의 건강이란 개념에 집중함으로써, 교회가 하는 사회봉사의 내용이 추상화하는 것을 막을 수 있을 것이다. 이것은 기독교 밖에 있는 사람들이 언급하는 바, 기독교의 사회봉사가 오늘의 사회에 적절하지 못하다는 비판을 막을 수 있을 것이라 생각한다.
4) 이러한 건강도시운동에의 참여는 교회가 비기독교 세계와 소통할 수 있는 기회를 넓힘으로써, 선교의 장을 확대하는 기회가 될 것이다.
5) 오늘에 만연해 있는 행복 개인주의에 대한 생각을 수정할 기회를 이 운동이 제공할 수 있을 것이라 생각한다. 나만의 복리가 아니라 우리 모두의 복리를 추구하는 바의 건강도시운동은 우리로 하여금 함께 잘 살아가는 것을 추구할 수 있도록 한다. 우리는 하나님으로부터 받은 축복을 나만의 것으로 삼으려 해서는 안 되며 모두를 위한 축복이 되게 해야 할 것이다.

6) 오늘의 우리 대학을 평가하는 대학종합평가와 같이, 이러한 건강도시운동은 도시의 행복도와 도시의 행정의 질을 평가하는 지표를 제공할 수 있을 것이라 생각한다. 그 도시의 행정과 오늘의 우리의 정치가 진정 시민의 복리를 증진하고 있는지에 대한 구체적인 판단기준을 제공함으로써, 우리는 현재의 우리의 통치와 행정이 잘되고 있는지를 판단할 수 있는 기회를 갖게 될 것이라 생각한다. 이와 같은 지표들은 도시의 행정가들을 자극하여 그들이 시민들을 위하여 구체적인 봉사를 하게 하는 계기를 마련할 수 있을 것이다.

7) 이 같은 건강도시운동은 사회 및 정치권의 쓸데없는 이데올로기 논쟁 및 정치이념 논쟁을 불식시킬 것이다. 중요한 것은 그런 논쟁이 아니라, 어떤 정당이 구체적으로 시민의 복리증진을 위해 노력하고 있는 것인가 하는 것이다. 앞에서 언급한 바 건강도시 지표의 활용을 통한 행정내용에 대한 평가는 여러 정치적 선거들에 있어 누가 우수한 후보인가를 판단할 좋은 기준이 될 수 있을 것이다.

8) 교회의 주요한 사명은 복음을 전파하고 이 땅에 하나님의 나라를 구현하는 것이다. 물론 우리는 이 땅 위에 주님의 나라를 건설할 수는 없다. 우리의 노력을 통해 이루어지는 것은 그 나라의 그림자 정도가 될 것이다. 그러나 우리는 천국의 영광을 소망하는 자로서 이 땅을 주님이 보시기에 아름답게 만들어 나갈 책임이 있다. 세계적으로 수천의 도시에서 진행 중인 이 같은 건강도시운동에의 참여는 교회봉사의 공공성(publicity)을 증진시킬 것임에 분명한 바, 교회의 운동적 차원에서 고려할 때 많은 가능성을 내포하는 것이다.

한국교회는 이제 사회봉사를 위한 실험단계에서 벗어나 필수적으로 해야 하는 일들을 붙잡고 디아코니아의 일을 추진할 필요가 있다. 사회에 진정한 도움이 되지 않는 피상적이며 추상적인 일들에 착념하는 것에서 탈피하여 모두가 열정을 갖고 추진할 수 있는 사회적 목회(social ministry)의 목표를 한국교회는 이 시점에서 정하고 나가야 한다. 사회적 책임을 논하며 사회에 확실한 대안을 주지 못하는 논의만을 반복하는 현 한국교회의 현실에서 탈바꿈하여 확실한 목표를 주는 건강도시운동을 한국교회의 실천과제로 정하는 것이 우리에게 필요한 일이라고 필자는 그간 여겨 왔었다. 환경운동은 환경단체에서, 교통문제는 그것을 연구하는 단체에서, 건강문제는 다른 기관들에서, 복지 문제는 교회의 다른 시민운동 단체에서 운동을 벌이는 등 이와 같이 분산된 노력을 하는 것에서 전환하여 이런 문제를 하나의 큰 틀에서 묶어 추진하는 통전적 사회변혁운동 단체가 필요하다고 본다.

건강도시운동은 기독교 세계관을 가진 서구 사회에서 출발되어 그간 세계 각처에서 실험되어온 신빙성이 있는 프로젝트로서 그것의 실효성에 대해서는 상당히 입증된 바 있었다. 차제에 건강도시운동에 대해 적실성을 보다 명백히 하고, 그것을 교회가 주체가 되어 하는 운동으로 변환한 후 교회구성원들과 시민 전체가 협력하는 운동으로 승화해 나갈 때, 오늘의 부패한 사회도 정화될 수 있는 계기가 마련될 수 있을 것이다. 필자는 지구환경을 위해 오늘에 벌일 수 있는 가장 효과적인 한국교회의 운동을 건강도시운동으로 강조하고 싶다. 필자가 소속된 교단인 통합 측에서도 건강도시운동의 다른 형태로서의 '생명공동체' 만들기 운동을 추진하자고 논의된 적이 있다. 총회뿐 아니라, 기독교 NGO 차원에서도 이 운동이 활발히 전개되길 바라는 것이다.

5. 건강도시운동과 마을공동체 만들기

필자는 여기까지에서 세계보건기구가 펼쳤던 건강도시운동에 대해 설명하였다. 이에 있어 이러한 건강도시운동은 작금의 마을공동체 만들기 운동과 그 궤를 같이 한다. 마을공동체 만들기 운동은 개인적 행복만을 추구하는 우리의 삶에서 마을 공동의 행복으로 우리의 눈길을 돌리게 한다. 나 개인만의 행복이 중요한 것이 아니라 공동체 모두의 행복이 중요함을 일깨우는 것이다. 교회에 나가 나만의 잘됨만을 위해 기도하던 우리의 관습에서 벗어나 마을의 복리와 행복을 위해 주님께 기도하는 우리가 되기 위한 노력이 이 마을공동체 만들기 운동을 추동하는 힘이 될 것이라 생각한다.

우리는 인간의 행복과 구원의 문제를 너무 개인주의적으로 생각해 온 경향이 있다. 인간의 행복은 개인에 국한된 행복만으로 완결되지 않는데, 우리는 공동체와 분리된 개인의 행복만을 추구해 왔던 것이다. 예를 들어 가족을 폭행하는 아버지가 있는 가족들의 행복은 나 개인의 정신적 안정만으로 보장되지 않다. 아버지의 폭행 상황 가운데에서 나만의 행복만을 지키고자 하는 노력은 진정한 행복에 도움이 되지 않는 것이다. 이 같은 어려움에 있는 가족 구성원을 구해 내려면, 먼저 아버지의 폭력이 방비되어야 하며, 이를 위한 법률적이며 사회적인 많은 조처들이 필요할 것으로 사료된다. 아버지의 폭력을 근절시키는 것이 그 가족 구성원 모두의 행복을 위한 필요조건이라는 것이다.

여기서 우리 개인 행복의 외연인 공동체의 행복을 강화하기 위한 주요 목표는 무엇인지 묻게 된다. 이 땅에 하나님의 나라를 건설하는 것, 정의와 평화의 나라를 이루는 것, 모든 사람들이 경제적으로 잘사는 나라를 만드는 것 등 그것의 구체적인 목표들이 제시될 수 있을 것 같다. 이런 여러 목표들도 구체목표들로서 가능하지만, 무엇보다 건강한 생명공동체를 만든다는 목표가 성경의 입장에서나 교회 밖의 사람들과의 공동적 차원에서 바람직한 목표가 될 수 있을 것 같다.

성경 중 특히 요한복음은 기독교의 구원을 영생이라는 개념으로 정리한다. 주 예수를 믿어 영생을 얻는 것이 기독교의 구원의 제일 목적이라는 것이다. 이러한 영생의 개념은 주님이 주신 '조에'로서의 생명을 중시하는 개념으로 우리는 그 개념을 공동체적인 입장에서 생명공동체 만들기 운동으로 승화시킬 수 있을 것 같다. 오늘날 강조되는 생명공동체 만들기 운동을 위해 필수적인 요소는 마을을 생명이 숨 쉴 수 있는 생태적인 환경으로 만드는 것으로, 우리는 이 운동의 목표를 생태적 생명공동체 마을 만들기 운동으로 정리할 수도 있을 것 같다. 나 개인을 행복하게 만드는 것도 중요하지만 우리 마을 전체를 생명이 보호되는 생태적이며 건강한 마을로 만드는 것이 중요함을 강조하려는 것이다.

이 같은 생태적이며 건강하고 행복한 마을공동체 만들기 운동은 건강도시운동과 일맥상통하는 것으로, 우리는 그 마을공동체 만들기 운동을 건강도시 만들기 운동으로 시작하여도 무방할 것이라 생각된다. 물론 이 땅에 하나님의 나라를 건설하는 것은 건강한 도시 만들기 운동으로 마무리되는 것은 아니며, 그보다 더 크고 심오한 목표를 가지고 있는 것이지만 그 시작에서 서로 조우하는 것임을 언급하고 싶다.

이 같은 건강도시운동은 선교적인 차원에서 CHE(Community Heath Evangelism, 지역사회 보건선교)라는 개념으로 실천되어 온 바 있다. 이 지역사회 보건선교 운동을 가장 선두에서 진행하여 온 단체는 월드비전으로, 이 단체를 중심으로 많은 기독교 선교단체들이 세계의 마을들을 건강한 마을로 만들기 위한 선교적 노력을 해 왔던 것이다. 이들의 입장은 이러한 가난한 국가의 사람들을 경제적이며 육체적으로 돕는 것과 주님의 영적인 복음이 서로 나뉘지 않는다는 것에서 출발한다. 그들을 사랑하여 그들에게 주님의 복음을 전하려는 선교자들은 그들의 육체적인 어려움에 무관심할 수 없다는 견지이다.

이 같은 CHE 운동은 일종의 지역사회 봉사 프로그램을 가지고 가서 그 마을에 실천하는 운동이기보다는 피선교지의 사람들이 자신들의 건강하지 못한 상황들을 스스로 개척해 나갈 수 있도록 자각하게 하고, 그들이 그들 자신에게 필요한 일이 무엇인지를 파악하게 하며, 그들의 힘을 결집하여 그것을 타개해 나가도록 하는 운동이다. 이런 의미에서 이러한 CHE의 선교 방법은 일종의 역량강화(empowerment)의 방법을 채용한다. 역량강화란 고기를 잡아 주는 것이 아니라, 스스로 고기를 잡을 수 있는 방법을 가르쳐 주는 것이라 할 수 있다. 자신들이 자신의 행복을 일구어 나가는 주체가 되어서 공동체의 행복을 키워 나가는 일을 하게 만드는 것이다.

이러한 역량강화의 방법을 더 깊이 고찰하기 위해서는 지역사회 개발(community development) 이론들을 검토할 필요가 있으며, 아울러 경영학의 조직이론(organization theory)에 대한 폭넓은 이해가 요청된다. 이런 이론들은 한국에서 아직 깊이 논의되지 않은 분야로서, 한 마을을 행복하고 건강하게 만들려는 운동을 실천하는 데에는 없어서는 안 될 기초적 연구일 것이라 생각한다.

무엇보다 이 운동이 성공적으로 정착하기 위해서는 그 마을이 경제적으로 자조할 수 있는 마을이 되도록 만드는 것이 중요한데, 이를 위한 방안으로 '사회적 기업'(social business)의 방식이나 '선교로서의 사업'(Business as Mission, BAM) 및 마이크로크레디트(Micro-credit) 이론들이 연구되어야 할 것이라 생각한다. 그들에게 빵을 주는 것이 아니라 그들이 그들의 생계를 스스로 지탱할 수 있게 하는 역량강화의 방법으로서의 이 같은 실천들은 마을공동체 만들기 운동에서 없어서는 안 될 중요한 방안들이다. 오늘의 한국교회의 국내선교를 위해서도 이런 운동들에 대한 깊은 이해가 요구되는 바, 우리는 교회의 봉사가 구제의 차원과 정신적 위로의 차원을 넘어 사회구조적인 개선의 노력까지 파급되게 하여야 할 것이다.

우리가 살피는 마을공동체 만들기 운동은 적은 규모의 농촌마을만을 위한 환경운동으로만 국한해서는 안 되는 것으로, 우리는 이 운동들을 도시의 동네들을 위한 운동으로도 확대 실천해 나가야 한다. 이러한 마을 만들기 운동의 도시에서의 실천을 위해서는 도시선교(urban mission)의 방법들에 대한 전이해가 필요하며, 이를 위한 연구가 병행되어야 할 것이다.

한 마을을 건강하게 만들어 주님이 기뻐하는 복음공동체로 변화시키기 위해서는, 영적이며 정신적인 변화가 없이는 불가능한 것으로, 이를 위해 복음과 성령의 힘을 의지할 수밖에 없게 된다. 기독교의 마을공동체 만들기 운동은 일면 인간의 보이는 육체적 건강과 생명을 증진함과 동시에 인간의 정신적이며 영적인 건강을 되살리는 것이 요구된다는 것이다. 각 마을에 교회를 세워 사람들로 하여금 영적인 각성을 하게 하며, 새 삶의 목표를 갖게 하는 것이 이 운동을 위한 주요한 자원이 된다.

건강도시운동은 오늘 우리 교회가 공공신학적 입장에서 할 수 있는 일의 예를 우리에게 보여 주고 있다. 기독교인뿐 아니라 교회 밖의 사람들도 공감할 수 있는 주제를 채택하여 서로 힘을 합해 아름다운 마을을 만들어 가다 보면 서로가 가지고 있는 뜻을 이해하게 될 것이며, 이러한 소통을 통해 그들도 복음에 접목될 것이라 생각한다.

6. 이런 연구를 위해 참고할 서적들

1) 기초 연구
노영상, 「기독교사회윤리 방법론에 대한 해석학적 접근」(서울 : 장로회신학대학교출판부, 2006).

2) 전략기획(strategic planning) 방법에 대한 논의
Aubrey Malphurs, *Advanced Strategic Planning : A New Model for Church* (Grand Rapids : Baker Book, 2005).
노영상, 「미래신학과 미래목회」(서울 : 장로회신학대학교출판부, 2008), 제6장.
Aubrey Malphurs, *Strategy 2000*(Grand Rapids : Kregal, 2000).
Rebecca Station-Reinstein, *Success Planning : A "How to" Guide for Strategic Planning*(North Miami Beach : Tobsus Press, 2003).

3) 기독교 사회봉사 방법과 기술 및 프로그래밍에 대한 논의
Derrel R. Watkins, *Christian Social Ministry : An Introduction*, 노영상 역, 「기독교사회봉사입문」(서울 : 쿰란출판사, 2003).

4) 기독교 사회봉사의 글로벌 전략과 건강도시(Healthy Cities Movement)에 대한 연구
노영상, 「기독교와 생태학」(서울 : 성광문화사, 2008), 제5, 7장.

5) CHE(Community Health Evangelism)에 대한 연구
스탠 롤랜드, 「전인적 지역사회 개발선교」(서울 : 에벤에셀, 2009).

Robert C. Linthicum. *City of God, city of Satan : A Biblical Theology for the Urban Church*(Grand Rapids : Zondervan, 1991).

Robert C. Linthicum. *Building a People of Power : Equipping Churches to Transform Their Communities*(Colorado Springs : Authentic Publishing, 2005).

Michael Jacoby Brown, *Building Powerful Community Organizations : A Personal Guide To Creating Groups That Can Solve Problems and Change the World*(Arlington : Long Haul Press, 2006).

브라이언트 L. 마이어스, 「가난한 자와 함께 하는 선교」(서울 : 기독교문서선교회, 2000).

6) 선교로서의 사업(BAM)
매튜 튜내핵, 「BUSINESS AS MISSION」, 해리 김 역(서울 : 예영커뮤니케이션, 2010).

Steve Rundle and Tom Steffen, *Great Commission Companies : The Emerging Role of Business in Mission*(InterVarsity Press, 2003).

C. Neal Johnson, *Business as Mission : A Comprehensive Guide to Theory and Practice*(Inter-Varsity Press, January 2010).

7) 하나님 나라 기업(Kingdom Business)에 대한 이해
데쓰나오 야마모리, 케네스 엘드레드, 최형근 역, 「킹덤 비즈니스」(서울 : 죠이선교회, 2008).

Kenneth A. Eldred, *God is at Work : Transforming People and Nations Through Business*(Regal Books, 2005).

8) 사회적 기업(social business)에 대하여
무함마드 유누스, 송준호 역, 「사회적 기업 만들기」(서울 : 물푸레, 2011).

9) 지역사회 개발(community development) 이론에 대하여
정지웅 편, 「지역사회개발과 사회교육」(서울 : 교육과학사, 2000).

제3부

마을목회 매뉴얼 :
전략기획 방법

제9장
희년법에 비춰 본 마을목회의 과제들

노영상 / 총회한국교회연구원장

1. 신약과 구약에 나타난 희년법의 내용과 시대에 따른 재해석[1]

1) 레위기 25장에 나타난 희년정신

희년사상의 개념은 출애굽기나 신명기의 안식년[2] 사상에서 발전하여 레위기 25장에 이르러 구체화되었다. 레위기 25장(레 25 : 8 - 17, 23 - 55)은 희년법을 선포하는 장이다. 희년은 50년에 한 번씩 돌아오는 것으로, 영어로 'Jubilee'라 칭한다. 이 "쥬빌리"는 히브리어 '요벨'이라는 말에서 나온 것으로, 요벨은 곧은 양의 뿔로 만든 나팔을 의미한다.[3] 희년 중의 7월 10일, 대속죄일에는 양의 뿔로 만든 대사면의 나팔을 불었는데, 그것은 새로운 시기의 도래를 의미하는 것이었다.

---

1) 본 글은 장로회신학대학교 교수논문집인, 「장신논단」(2009)에 게재된 글을 수정한 것이다.
2) 희년은 50년(또는 49년)에 한 번씩 돌아왔으나, 안식년은 7년에 한 번씩 돌아오는 제도였다.
3) '요벨'이나 '쇼파르'는 본래 '숫양'이나 '숫양의 뿔'이란 뜻을 갖는 단어이다(출 19 : 13, 수 6 : 6, 8). 하지만 이 단어들은 '나팔'이나 '양각나팔'이란 의미로 사용되기도 한다. 양각(양 뿔) 나팔에는 두 종류가 있다. 하나는 굽은 양 뿔로 된 '쇼파르'이며, 다른 하나는 곧은 양 뿔로 된 '요벨'이었다.

레위기 25장에 나타나는 희년법의 내용을 우리는 다음의 몇 가지로 간추릴 수 있다. 희년법은 가난 때문에 대부를 한 후 못 갚게 됨으로 자신의 기업과 생산수단으로서의 토지를 상실하고 노예적 삶에 노출된 사람들에 대한 다각적인 도움의 방안들을 제시하고 있다.

(1) 대속죄일로서의 대사면의 해이다(레 25 : 9).
(2) 잃어버렸던 기업의 회복 : 땅 분배 시의 상태로 원상 복귀함을 통하여 경제정의를 실현하려고 하였다(레 25 : 13 - 18, 23 - 28).
(3) 빚을 탕감하여 노예를 속량하고 해방함(레 25 : 39 - 55).[4]
(4) 가난한 동족을 위해 무이자로 대부할 것을 명함(레 25 : 35 - 38).
(5) 땅을 경작치 않고 쉬게 함 : 노동으로부터의 인간의 안식과 환경을 배려하는 자연의 안식으로서의 양면의 의미를 지닌다(레 25 : 18 - 22). 희년은 안식일, 안식년과 연관되는 것으로 그 중심에 쉼으로서의 안식을 강조하였다.
(6) 주택문제에 대한 언급(레 25 : 29 - 34)
(7) '기업을 무를 자'(고엘)[5]로서의 사람의 위치 강조 : 고엘은 토지를 팔아 기업을 상실한 친족을 위해, 그 판값을 대신 물어 주는 자를 말한다. 레위기 25 : 23~28의 희년법은 백성들이 노예로 전락하는 것을 막을 뿐 아니라 과부와 고아를 보호하기 위해, 가난으로 말미암아 자신의 기업이 되는 토지를 상실한 자가 그것을 되찾는 방안을 마련하고 있다. 그가 그것을 되찾을 힘이 없을 경우에는 희년 이전이라도 그의 가까운 친족이 그 토지대금을 주어 그것의 소유자였던 친족에게 돌려주는 제도를 희년법은 명하고 있는데, 그 토지를 매입하여 그것을 판 친족에게 되돌려주는 역할을 하는 자를 '고엘'이라 불렀다. 이스라엘 사회에서는 어떤 사람이 위기를 당했을 때에 그 가까운 친족이 대신 회복시켜 주어야 할 책임이 있었다. 가깝다는 것은 그만큼의 책임을 더 갖는다는 것이다. 이 '고엘' 제도는 인류를 피로써 무르신 그리스도의 사랑의 사역을 암시적으로 보여 준다(요 3 : 16, 엡 5 : 2). 신약성경에서는 그 '고엘'의 의미를 예수 그리스도에게 집중시키는 바, 그리스도는 죄의 타락으로 하

---

4) 부채 탕감의 문제는 레위기에선 암시적으로 나타나고 있으나, 신명기 15 : 1~11에는 명시적으로 나타나 있다(김병하, 「희년사상의 영성화」〈서울 : 대한기독교서회, 2005〉, 59).
5) '고엘'은 '무르는 자'(redeemer)를 뜻한다. 또한 '게울라'라는 단어는 '무르기'(redemption)라는 의미의 히브리어이다. 여기서 '게울라'는 구속이란 의미로 번역될 수도 있다.

나님의 아들 됨의 권리를 상실한 우리에게 그 영광을 되돌려 주는 구속자(redeemer)의 역할을 하시는 것이다.

2) 이사야 61 : 1~3의 희년법에 대한 재해석

이 같은 희년정신은 이사야 61 : 1~3에서 재해석되고 있다. 이사야는 희년을 재해석하며 앞의 레위기와는 또 다른 감각을 우리에게 전달한다.

(1) 레위기에서는 해방의 형식상의 주체 또는 무르는 자의 위치가 사람에게 할당된 반면, 이사야서에서는 해방의 주체가 하나님으로 언급된다.
(2) 사회경제적인 해방과 함께 정신적이며 심리적인 구원의 측면이 함께 강조되고 있다. 마음이 상하고 슬픈 자에 대한 위로는 심리적인 해방과 구원을 말하는 것이다.
(3) 이사야서에서는 '여호와의 은혜의 해'라는 말이 중시되고 있다. 희년의 해방은 하나님의 은혜로우신 구원의 결과라는 것이다.
(4) 레위기는 희년의 주기를 50년(또는 49년)으로 상정하지만, 이사야서에선 희년이 은혜의 해의 도래, 곧 종말의 도래와 함께 선포되고 있다. 희년의 해방이 오늘의 현실에서 주기적으로 시행되는 것이 아니라, 종말론적으로 영성화되고 있음을 나타낸다. 이러한 희년의 종말화와 영성화는 누가복음의 희년사상에서도 그대로 이어진다. 희년사상은 이스라엘 중에 형성된 기득권층의 탐욕으로 인하여 현실 속에서 실현되지 못하였는바, 종말에서야 온전히 이루어지는 것임을 이 본문들은 강조한다.[6]

3) 신약성경 누가복음 4 : 16~21의 희년사상

구약의 희년사상은 신약의 누가복음 4 : 16~21의 말씀으로 이어진다. 예수님께서는 그의 공생애를 여는 취임 설교를 안식일 날 회당에서 하셨다. 누가는 그때 하신 예수님의 말씀을 통해 메시야시대가 도래하였음을 언급하고 있다. 이때 예수님께서 읽으신 말씀은 이사야 61 : 1~2 및 이사야 58 : 8과 연결된다. 그리스도의

---

6) 김병하, 「희년 사상의 영성화」(서울 : 대한기독교서회, 2005), 130.

사역은 레위기 25 : 10에 나타난 희년의 궁극적 해방과 밀접한 관계가 있음을 그의 공생애 초기에 선포하셨던 것이다. 이 본문은 구약과는 다른 변모된 희년사상을 드러낸다.

(1) 누가는 구약의 희년의 정신을 그대로 이어받으면서도 성령의 임재와 함께 그리스도 자신의 '고엘' 되심을 언급하고 있다. 무르는 자로서의 인간의 한계를 고발하면서 하나님의 해방의 역사와 은총의 능력을 강조하였다.

(2) 이사야서에서와 같이 사회경제적인 해방뿐 아니라 영육의 총체적인 해방을 말한다. 신약성경 가운데에선 희년의 실천 범위가 레위기에서보다 확장된 느낌이 있다. 가난한 자, 포로 된 자, 눈먼 자, 억압받는 자 등 사회의 다양한 약자들에 대한 배려의 모습들이 누가복음서에서 나타난다.

(3) 희년의 사상은 신약성경에서 그리스도의 사역을 통해 영성화된다. 각종 억압으로부터의 해방이 죄로부터의 해방이라는 근원적인 문제로 전환된다. 또한 자신이 누릴 마땅한 기업으로서의 토지의 개념이 하나님 나라를 물려받는다는, 보다 영적인 차원의 말씀으로 조망되는 것이다.

(4) 레위기의 희년법에 나타난 가난한 자들에 대한 경제적인 배려는 신약성경에 이르러 코이노니아(koinonia)로서의 나눔으로 확장되고 있으며, 노예해방의 명령은 남을 섬기는 디아코니아(diakonia)로서 해석되고 있다. 남을 노예로 부리지 않는 것에서 더 나아가 남을 섬기는 서로의 종이 될 것을 신약성경은 명령한다. 남을 경제적으로 착취하지 않는 것만으론 부족하며, 남을 적극적으로 도울 것을 언급하는 것이다. 남을 노예로 속박하지 않는 정도로는 부족하며, 남에 대해 적극적인 섬김의 자세를 가질 것을 신약성경은 말하고 있다.

4) 오늘의 시대에서의 희년법의 재해석

이러한 희년법은 시대에 따라 그 모양이 변화된 바 있다. 당시의 상황들을 고려하여 재해석된 것이다. 그러므로 오늘의 시대에 있어서도 희년법의 재해석이 요청된다. 오늘의 시대는 과거 구약의 시대와 사회경제적 상황이 다르기 때문에, 성경의 내용을 그대로 적용하는 것에는 무리가 있다. 그러므로 이 같은 희년의 사상을 오늘에 적용함에 있어 상당한 재해석의 과정이 필요하다. 희년 정신의 근본적 취지를 살피고, 그 정신을 오늘의 상황에서 재해석하여 새로운 내용으로 적용하려는 노력이 요청된다는 것이다.

이전 19세기 말과 20세기 초의 기독교 사회윤리학자들은 기독교의 이상이 오늘의 현실에서 그대로 적용 가능한 것으로 생각하였다. 그 당시의 사상적 흐름을 우리는 보통 사회적 기독교(social Christianity)로서 지칭하는데, 그들은 기독교의 사랑과 평등의 정신이 오늘의 경제 현실에서 그대로 적용 가능한 것으로 생각하였었다. 그러나 제1, 2차 세계대전 등을 거치며 성경의 이상을 그대로 실현하는 것이 가능하지 않음을 기독교회는 깨닫게 되었다. 인간의 타락과 죄성으로 인해, 성경의 이상을 오늘의 정치경제 현실에서 그대로 적용하는 것은 불가능하다는 것이다. 기독교의 사랑이라는 이상은 오늘의 각박한 현실에서는 근사적 접근(approximation)의 가능성만 가지고 있음을 당대의 기독교현실주의(Christian realism)적 입장들은 강조한 바 있다.

예를 들어 50년마다의 토지의 원상회복을 말하며, 토지는 하나님께 속한 것이므로 영구히 살 수도 팔수도 없음을 강조하는 토지공개념 주장자들의 의견은 기독교의 이상을 무리하게 오늘의 현실에 적용하려고 하는 입장임을 말하고 싶다. 물론 그들은 그 같은 현실이 오늘의 대만, 싱가포르, 홍콩 등에서 실현되었다고 설명은 하지만,[7] 그럼에도 불구하고 자유주의 경제체제하에서는 이런 입장을 그대로 적용하는 것에는 어려움이 있다.

이에 우리는 희년정신에 나타난 이런 토지공개념적 의미를 재해석하여 오늘의 현실 정치경제에 적용하는 것이 요청된다. 희년법의 토지공개념은 모든 백성에게 생산수단을 보장하려는 뜻을 드러낸다. 백성들이 나름의 직업을 갖고 그들의 생계를 유지할 수 있는 수단을 국가는 배려해야 한다는 것이다. 이에 실업문제는 개인의 차원으로 처결해서는 안 됨을 우리는 알게 된다. 국가는 모든 국민들이 그들의 직업을 갖고 자신의 가정경제를 유지할 수 있도록 실업자를 구제하는 일에 최선을 다하여야 한다. 국가는 일자리를 지속적으로 창출하여 이들에게 맞는 일자리를 제공하여야 하며, 동시에 실업상태에서 어려움을 겪는 사람들을 돕는 사회보장 정책을 펴는 것은 당연한 일일 것이다.

이에 희년정신의 이상(ideal)의 구현을 위해서는 현실주의(realism)적 감각이 요

---

[7] 남기업, "시장친화적 토지공개념, 왜, 무엇을 어떻게," 성토모, 토지공개념 토론회 자료집 (2005) 참조.

청된다. 희년정신의 이상은 오늘의 현실 정치가 방향을 정함에 있어 중요한 역할을 한다. 하지만 그 희년정신을 오늘의 현실 정치에 문자적으로 그대로 반영하고자 하는 것은 정치적으로 무가치할 뿐 아니라 도덕적 혼란을 야기할 것이 분명하다.[8] 희년의 이상을 오늘의 현실에 반영하기 위해서는 나름의 해석적 기술이 요청된다. 오늘의 상황에서 너무 무리하지 않고 적용할 수 있는 재해석의 노력이 필요하다는 것이다.

이러한 희년의 사상에 대해 말할 때, 우리는 이스라엘의 역사 가운데에서 이 희년의 법이 결코 포괄적으로 시행된 적이 없었음을 간과해서는 안 된다. 희년정신은 역사 가운데에서 인간의 실천을 통해 실현되기 힘든 것으로, 오직 하나님의 은총의 수단을 통해서만 성취의 가능성을 갖는다. 신약성경은 그리스도만이 희년의 완성자가 되심을 강조한다. 인간은 그 스스로의 능력을 통해 이러한 이상 사회를 건설하기 힘들고, 오직 그리스도 안에서 성취된 희년을 바라보며 그것에 참여함으로 희년정신을 구현하게 된다는 것이다. 희년법의 명령은 실현의 가능성 여부를 떠나 하나의 이상을 향하게 해 주는 역할을 하는 것이다. 희년법은 하나님께서 그 백성에게 명하신 하나의 이상사회에 대한 비전이라고 할 수 있다.[9]

희년사상이 오늘의 경제현실에 그대로 반영될 수 있다는 주장 중 헨리 조지(Henry George)의 토지단일세론(the single tax on land)이 있다.[10] 많은 사람들이 헨리 조지의 이론을 토지문제 해결에 대한 근본적이고 유효한 이론으로 알고 있다. 헨리 조지의 주장은 경제성장의 과실이 지가상승을 통해 땅 주인에게 돌아가면서 빈부차가 심해지므로 땅에서 생기는 임대수입을 전부 세금으로 거두고 나머지 세금을 폐지하면 성장과 분배가 조화롭게 달성될 수 있으며, 토지단일세를 통해 사유토지제의 효율적 자원 배분 기능은 유지되지만 토지의 세후 임대수입은 없어지므로 실질적인 토지의 공유화가 가능하다는 것이다.[11]

---

8) 라인홀드 니버, 이한우 역, 「도덕적 인간과 비도덕적 사회」(서울 : 문예출판사, 1995), 272.
9) 희년은 7년 만에 돌아오는 안식년이 7번 반복된 후 도래하는 것으로, 여기서의 7 곱하기 7, 곧 49란 숫자의 의미는 다분히 상징적인 의미를 내포하고 있다. 희년의 50년은 역사 내에 주기적으로 돌아오는 연대기적 해이기도 하지만, 주님의 은혜에 따른 종말적인 시기이기도 한 것이다. 희년법은 안식년의 종말적 완성을 가리키는 이상적 명령이기도 한 것이다.
10) 아래의 헨리 조지에 관한 글은 서강대 곽태원 교수가 「오마이뉴스」 2006년 10월 2일자에 "'헨리 조지'는 토지문제 해결책 아니다"라는 제목으로 기고한 것이다.
11) 헨리 조지의 단일토지세론은 그가 1879년에 저술한 책, 김윤상 역, 「진보와 빈곤」(서울 : 비봉출판사, 1997)을 참조.

헨리 조지는 토지소유로 인한 사적인 지대소득을 부정하면서 토지의 사유제는 유지한다고 한다. 그러나 이러한 이상 속에는 모순이 있다. 지대가 개인에게 주어지지 않고 국가에 귀속될 때 이미 그것은 국유화된 것이나 마찬가지다. 정부가 지대를 받고 토지를 임대하는 완전한 국유화이다. 사적인 지대소득이 부정되는 것은 곧 국유화를 의미한다. 재산에서 얻는 수익이 있기 때문에 재산이 가치가 있게 된다. 헨리 조지의 토지단일세가 시행되어 토지로부터 얻는 것이 전혀 없다면 토지의 시장가치는 없게 된다. 아무도 토지를 소유하려 하지 않아 토지시장이 존재할 수 없게 된다. 토지는 정부가 정한 토지세, 즉 정부가 정한 그 토지의 지대를 납부하려고 하는 사람에 의해 이용되게 된다. 시장은 없고 정부의 토지세에 의해 토지 이용이 정해지게 된다. 시장의 토지자원 배분기능은 사라지게 되는 것이다. 곧 이런 토지단일세론은 일종의 이상적 경제논리일 수는 있어도, 오늘과 같은 자유주의 시장 경제의 현실에서 반영되기는 어려운 이론이다. 토지사용에 있어 국가에 너무 많은 권한이 부여될 수밖에 없다는 것도 문제다. 그러므로 우리는 희년법의 내용들을 오늘에 적용할 때, 오늘의 상황을 고려하는 재해석의 과정이 요청되는 것이다.

2. 희년법의 사회윤리적 주제 및 의의[12]

1) 자유와 해방의 희년과 거족적 회개(레 25 : 9-10, 17)[13] : 자유가 없으면 생명도 없다.

10절에서와 같이 희년에는 자유가 선포되었다. '자유'(liberty)란 히브리어로 '드로르'[14]인데, 이 말은 '해방'으로도 번역될 수 있다. 레위기 25 : 10이 말하는 '전국

---

12) http://kr.blog.yahoo.com/soodosacho/MYBLOG/dist_frame.html?d=http%3A%2F%2Fkr.blog.yahoo.com%2Fsoodosacho%2F11784%3Fm%3Dc%26amp%3Bno%3D11784&s=n. 기타 Ross Kinsler and Gloria Kinsler, *The Biblical Jubilee and the Struggle for Life : An Invitation to Personal, Ecclesial, and Social Transformation*(New York : Orbis, 1999) 참조.
13) 본문엔 "자기 이웃을 속이지 말고"라고 되어 있으나, 본뜻은 "억압하지 말라"이다.
14) 자유(liberty)를 의미하는 히브리어 명사 '드로르'는 본래 '재빠르게 움직임'(moving rapidly)이란 뜻을 갖고 있다. 이것은 창공을 재빠르게 날아다니는 제비류(a kind of swallow)의 비행과 연관된 말이다. '드로르'는 육체적인 구속과 억압, 또한 영적인 죄와 사망의 사슬로부터

거민에게 자유를 공포하라'고 할 때의 '자유'는 노예 해방과 재산권 복귀를 함의하는 용어이다. 희년법은 종교적이며 사회적인 죄로부터, 정치경제적 억압으로부터, 포로 됨으로부터, 노예 됨으로부터의 자유로워짐을 선포하는 것이다.

희년은 이와 같이 우리에게 죄의 사면을 통한 자유를 우선적으로 약속한다. 그 같은 사면은 하나님 앞에서의 우리의 회개를 전제하는 것으로, 희년에 불었던 대속죄의 나팔은 회개를 촉구하는 나팔로 보아야 할 것이다. 희년이 되는 50년 7월 10일 속죄일에는 전국에서 숫양의 뿔로 된 나팔을 불었다. 7월 1일은 나팔절이어서 새해를 시작하는 날이었으며, 7월 10일은 속죄일로서 희년을 선포하는 나팔을 불었던 것이다. 50년째 되는 7월 10일 속죄일로부터 이듬해 속죄일까지 1년간을 희년으로 지켰다. 이는 하나님의 구원과 자유, 은혜와 회복에는 반드시 죄의 속죄가 선행되어야 하기 때문이다. 이에 희년은 50년째인 7월 10일 대속죄일로부터 시작하여 다음 해 대속죄일까지로 정해진 것이다. 회개로부터 시작하여 회개로 마무리되는 것이 희년이었다.[15]

2) 토지로서의 기업의 문제(레 25 : 23-28)

위 본문은 희년에 나타난 토지 조항의 기본정신을 언급한다. 토지의 원주인은 하나님이시다. 이스라엘은 스스로 땅을 취할 수 없으며, 오직 하나님의 선물로서만 소유할 수 있었다. 성경에서는 땅을 주시는 분은 여호와 한 분이심이 거듭 강조되고 있다. 토지를 영원히 파는 것은 금지되었다. 이스라엘 백성은 하나님 앞에서 단지 소작인에 불과하였다. 사람들이 생활을 하다가 불가피하게 토지를 팔았다고 하더라도, 하나님께서 원주인인 이상 영원히 매입자에게 넘어가는 것은 아니었다.

토지를 매매할 때에는 다시 되돌려받게 될 희년을 기점으로 하여 값이 매겨졌다. 즉, 소출을 거둘 횟수가 많이 남아 있으면 그 토지는 비쌌고, 적게 남았으면 토지의 가격은 쌌다. 그러므로 희년 바로 다음 해가 땅 값이 가장 비쌌으며, 희년 전 해가 가장 쌌다. 왜냐하면 그해에는 그 땅을 1년밖에 경작할 수 없었기 때문이다. 그들은 그 남아 있는 기간의 토지의 소출에 해당하는 돈만 지불하면 그 땅을 언제든지

해방되어 '그리스도의 품 안'이란 창공에서 제비같이 재빠르게 날아다니는 것을 의미한다 (http://blog.naver.com/dadaoang?Redirect=Log&logNo=20004837478).

15) http://blog.chosun.com/blog.log.view.screen?blogId=24779&logId=3790262.

도로 찾을 수 있었던 것이다.

모든 기본 자산은 하나님의 소유이므로 항상 본래의 형태로 회복되어야 한다는 것이 희년법의 근간이다. 인간이 가지고 있는 기본 자산은 하나님으로부터 주어졌기 때문에 인간은 기본 자산을 영구히 팔 수 없으며, 하나님의 것을 자기 소유로 사유화하여 무한정 불려 나갈 수 없었던 것이다. 하나님께서 이스라엘의 각 사람에게 주신 기업은 절대로 영구히 양도될 수 없다. 이 같은 희년법은 능력 없고 가난한 사람들에게 부자들이 자비를 베풀 것을 요구하였던 것이다. 재산에 대한 우리의 소유권은 자기가 물려받은 조상의 기업을 제외하고는 영원한 것이 아니다. 희년법은 소유의 한도가 50년임을 우리에게 말한다. 우리에게 주어진 재산은 영원히 우리의 것이 아닌 것으로, 그에 대한 소유권의 주장에는 한계가 있다.[16] 버는 것은 자유이지만 그것의 사용은 공익을 위한 것이어야 하며, 우리는 다른 사람을 위해 우리의 가진 것들을 나눌 수 있어야 하는 것이다. 우리는 우리의 재산의 청지기이지 주인은 아니다.

인간의 탐욕과 무기력함으로 사람들이 각자의 기업을 유지하는 것이 쉽지 않았으며, 이에 빈부차가 심해지게 되었다. 하나님께서는 이러한 사회적이고 경제적인 문제들을 주기적으로 회복시켜 줌으로써, 그들이 그들의 경제생활을 유지할 수 있도록 하셨던 것이다. 희년법을 통해 이스라엘 백성들은 사회구조상의 모순에서 오는 빈익빈 부익부의 문제를 해결할 수 있었을 것이다.

3) 주택 문제(레 25 : 29-34)

(1) 일반인 주택(29-31절)

레위기 25 : 29~31은 일반인의 주택에 대해서, 그리고 레위기 25 : 32~34은 레위인의 주택 및 토지 문제에 대해 언급하고 있다. 주택 문제에 있어서도 기본적으로는 '토지 무르는 법'과 별 차이가 없다. 달라진 것이 있다면 성곽 안에 있는 주택과 성곽 밖에 있는 주택 사이에 구별을 두었다는 것이다. 즉, 성곽 밖의 주택은 희년법을 적용하여 희년이 되면 팔렸던 집을 자동으로 원상 복귀하게 되어 있으나, 성곽 안의 집은 1년 이내에 무르지 못하면 영원히 무르지 못하게 하고 있다. 아마

---

16) Maria Harris, *Proclaim Jubilee : A Spirituality for the Twenty-First Century*(Louisville : Westminster John Knox Press, 1996), 80.

도 성곽 안에 있는 주택이 희년법을 적용 받지 못하는 것은 희년법이 목축이나 경작에 사용되는 땅(farm land)과만 관계되었기 때문인 것 같다.

(2) 레위인의 주택(32-34절)

또 다른 예외가 레위인들에게 적용되었다. 레위인의 집은 성안에 있더라도 언제든지 팔았다가 다시 무를 수가 있었으며, 희년이 되면 희년법을 적용받았다. 레위인들은 땅 분배를 받을 때에 원래 48곳의 성읍을 분배받았는 바, 그들에게는 그 성읍이 그들의 가진 전 재산이었다. 그러므로 그들이 이 재산을 팔게 되면 그들의 고유한 재산이 없어지기 때문에 그것을 파는 것이 금지되었던 것이다. 이는 마치 일반 사람들의 땅이 영원히 팔릴 수 없는 이치와 같다.

4) 이자 문제(레 25 : 35-38)

본문은 얼핏 보면 희년과 상관이 없는 것처럼 보이지만, 레위기 25 : 35을 시작하는 도입 문장이 조건절로 연결되기 때문에 이자 문제 역시 '희년법' 및 '무르는 법'과 관련성이 있는 것으로 보아야 할 것이다. 희년법은 경제적으로 어려움이 있는 동족과의 관계에서는 이자 받는 것을 금하고 있다.

이식 행위에는 두 가지가 있다. 첫째는 빌려 준 돈에 대한 이자(interest)이며, 둘째는 먹는 것을 빌려 주고 받는 장리(increase)였다. 하나님께서는 이 두 가지 모두에 대해 형제끼리는 취하지 말라고 하셨다. 가난한 사람들이 무거운 이자로 인해 점점 더 가난해지는 것을 막기 위한 조처였다. 그러므로 그들은 형제들이 어려움을 당할 때에 이식을 취하기보다는 "넉넉히 도와주고", "심한 이자는 받지 않고" 빌려 줄 수 있도록 하였다.

5) 가난한 자가 진 빚의 탕감과 노예해방 문제(레 25 : 39-55)

(1) 이스라엘 백성이 동족에게 종으로 팔렸을 경우(39-43절)

마지막으로 희년법은 노예해방을 강조한다. 하나님을 경외하는 이스라엘인들은 형제와 동족들을 본질적으로 노예로 삼을 수 없었던 것이다. 그러나 그의 형제가 경제적 어려움으로 자기 몸을 팔았을 경우에는 그를 종처럼 대하지 말고 '품꾼이나 식객'처럼 대우해야 했으며, 주인 된 사람은 그의 가족들도 돌보아 주어야 했다. 왜냐하면 이스라엘 백성들은 애굽으로부터 인도하여 낸 '여호와의 종들', 곧 '특별한 백성의 일원'이었기 때문이다. 이스라엘 사람들은 모두 다 여호와의 종이므로 다른 사람들의 종이 될 수 없었다. 그러므로 하나님께서는 경제적인 곤궁으로 인해서 노예가 된 히브리인들을 품꾼이나 식객처럼 대우하다가, 희년이 되면 빚을 탕감하여 노예를 속량함으로 자유인의 몸이 되게 하라고 지시하셨던 것이다.

(2) 이방인이 종이 된 경우(44 - 46절)

하지만 이스라엘인들은 다른 민족들을 종으로 살 수 있었다(44절 이하). 그리고 이들은 주인의 재산이 되어 상속할 수 있게 하였다. 이와 같이 희년법은 이방 사람들에게는 적용되지 않았는데, 그들은 하나님의 약속 있는 백성들이 아니었기 때문이다(42, 55절).

(3) 이스라엘 사람이 이방인에게 팔려 종이 되었을 경우(47 - 55절)

그러나 이스라엘 사람들이 잘못하여 이방인에게 팔리게 되면, 그들은 노예 취급을 받을 수밖에 없었다. 그러므로 하나님께서는 이러한 경우에는 가능하면 그들을 속량하라고 하셨다. 이스라엘인이 이방인에게 노예가 되었을 경우에 그들이 해방 받을 수 있는 길은 세 가지가 있었다. 첫째는 그의 형제나 삼촌, 사촌, 또는 가까운 친척이 대신하여 속량해 주는 경우였다. 하나님께서는 자기 형제가 이방인에게 종으로 팔리는 것을 막기 위하여 그들 중에서 가장 가까운 친족들이 그를 속량하라고 지시하셨다. 여기에서 그 형제를 속량하는 근족을 가리켜서 '고엘'이라고 불렀다(48 - 49절). 둘째는 자신이 몸값을 벌어서 속량하는 경우였다(49하 - 53절). 셋째는 이 두 가지가 모두 불가능할 경우에 희년까지 기다렸다가 희년에 이르러서 자동으로 탕감을 받게 되는 경우였다(54절 이하).

하나님께서는 이와 같이 해야 할 이유를 말씀해 주셨다. 그것은 이스라엘 사람들은 하나님의 품꾼이므로 사람들의 종이 될 수 없었기 때문이다. 그들은 하나님께서 애굽에서 인도하여 낸 하나님의 백성이었다. "이스라엘 자손은 나의 종들이 됨이라 그들은 내가 애굽 땅에서 인도하여 낸 내 종이요 나는 너희의 하나님 여호와이니라"(55절). 이 같은 희년법은 '하나님 경외 사상'(레 25 : 17, 36)과 자유와 평등의 '출애굽 신앙'(레 25 : 38, 42, 55)에 기초하는 것이다.[17]

6) 인간과 땅의 안식 문제(레 25 : 2-7) : 생태신학적인 주제[18]

창세기 2 : 2은 하나님께서 천지를 창조하시고 안식하셨음을 말한다. 또한 출애굽기 20 : 8~11의 십계명 중의 제4계명은 우리에게 안식의 중요성을 강조한다. 그 본문은 노예를 포함하는 인간뿐 아니라, 인간이 기르는 육축도 안식일에는 쉬어야 함을 언급한다. 언약법전 중의 출애굽기 20 : 10~13에서는 위의 제4계명 중의 안식의 범위를 확장하여, 땅을 갈지 말고 묵혀서 그 밭에 나는 것을 가난한 자를 위해 주라고 명한다. 희년법 중의 레위기 25 : 4의 말씀은 제7년째의 안식년에는 땅의 안식년을 선포한다. 언약법전에선 밭을 쉬게 하는 이유를 가난한 사람들을 위한 것으로 강조하지만, 레위기에선 밭의 휴식 자체를 위해 땅을 갈지 말 것을 명하는 것이다.

천지 창조를 마치시고 하나님께서 최종적으로 쉬셨다는 말씀은 창조의 궁극이 안식에 있음을 우리에게 나타낸다. 인간은 일을 위해 쉬는 것이 아니라 안식을 위해 일하는 것이다. 일을 통하여 쓸 것을 예비하고, 그것을 바탕으로 우리는 노동으로부터의 안식을 갖게 되었다는 것이다. 이스라엘 백성들은 이집트와 바벨론에서 노예의 삶을 통해 그러한 삶이 안식에서 얼마나 먼 삶인가를 체험하였다. 살인적인 노동과 쉼의 여지를 주지 않는 폭압은 그들의 삶을 피폐하게 하였으며, 하나님의 얼굴을 찾는 것도 불가능하게 하였다.

3. 희년법의 사회윤리적 문제를 마을목회의 과제로 실천하기

필자는 앞에서 희년법의 주제들을 분석하고 그의 의의에 대해 설명했다. 이에 그 주제들의 순서에 의거, 오늘의 교회가 오늘의 상황 가운데에서 희년정신을 구현하는 마을목회적 과제들이 무엇이 될 수 있는지 검토하고자 한다. 이 같은 희년정신의 재해석에 따른 실천적 사항들이 오늘의 교회가 펼치는 마을목회의 사역에 도

---

17) http://kr.blog.yahoo.com/soodosacho/MYBLOG/dist_frame.html?d=http%3A%2F%2Fkr.blog.yahoo.com%2Fsoodosacho%2F11784%3Fm%3Dc%26amp%3Bno%3D11784&s=n.
18) Ross Kinsler and Gloria Kinsler, *The Biblical Jubilee and the Struggle for Life*, 36-38.

움이 되었으면 하는 것이다.

교회가 하는 사회선교에는 크게 두 가지가 있다. 사회봉사와 사회적 행동이다. 전자는 가난한 사람들을 구호하는 것을 주목적으로 하는 반면, 후자는 가난한 사람을 양산하는 사회구조와 정책을 변화시켜 나가는 데에 초점을 두고 있다. 오늘 우리 한국교회는 약자들을 향해 시혜적인 사회봉사의 차원을 넘어, 사회적 약자들이 그들의 두 발로 일어서 자립할 수 있는 기반을 만들어 주는 일종의 역량강화로서의 도움 주기에 관심을 갖기 시작하였다. 이러한 사회적 약자의 자립을 위한 사회선교의 일로서, 우리는 희년법에 나타난 과제들에 주목할 필요가 있으며, 그러한 희년법이 말하는 내용들에서 오늘의 우리 사회에 적용할 수 있는 방안들을 간추려 보고자 하는 것이다.

1) 노예 상태에서의 해방과 자유

희년법은 인간과 하나님의 관계뿐 아니라, 인간과 인간의 관계에서 나오는 여러 모순들을 지속적으로 해결하여야 함을 강조한다. 희년법은 영적인 구원과 함께 사회경제적 구원의 내용을 강조한다. 사회적으로 노예 된 상태에서 해방되며, 경제적으로 빚을 탕감받고, 범죄로 인하여 갇히게 된 자가 사함을 받는 등 희년법은 다각적인 사회경제적 해방의 모습을 우리에게 전해 준다.

오늘 우리 사회에는 예전과는 다른 의미의 노예 상태에 있는 많은 사람들이 있다. 술집과 멍텅구리배에 팔린 사람들, 사채 이자에 삶이 묶인 사람들과 신용불량자들, 술과 마약 및 도박 등에 중독된 사람들, 다니는 직장의 상사에게 많은 억압을 받는 사람들, 자신의 가난을 헤어나지 못하고 비관하며 사는 사람들, 범죄 등으로 인해 사회의 그늘진 곳을 헤매는 자들 등 갖가지의 상황에 짓눌려 노예적 삶을 사는 많은 사람들이 있는 것이다. 이와 같이 성서의 시대와는 또 다른 의미의 노예 상태에 처한 사람들을 하나님께서는 구원하길 바라신다. 그들의 구출을 위해서는 돈이 필요하고, 사랑과 관심이 필요하며, 그에 알맞은 법제화의 절차가 요청된다. 그들이 묶인 상황에서 해방될 수 있도록 희년정신을 가지고 그들을 돌볼 책임이 우리에게 있는 것이다.

2) 영원히 양도할 수 없는 토지와 사회적 기업(Social Business)

희년법은 이스라엘 백성들이 자신의 기업으로서의 토지를 잃고 거의 노예 상태가 되었을 경우, 50년이 되는 해에 자신의 본래적인 기업을 회복할 수 있는 길을 마련해 주고 있다. 이에 있어 자신의 기업으로서의 토지는 당시로서는 거의 유일한 생산수단으로서 그들의 직접적 생계수단이었던 것이다. 이에 토지를 되돌려준다는 것은 직업을 상실하여 벌어먹고 살 수 없는 자들에게 생산수단을 되돌려줌으로써 직업을 찾게 해 주는 의미를 갖는다. 이 같은 희년법의 명령은 오늘과 같이 실업이 만연한 사회에 많은 상상력을 준다. 우리는 직업이 없어 가난에 처할 수밖에 없는 사람들에게 그들이 먹고살 수 있는 직업을 보장해 주는 것이 하나님의 뜻임을 다시 확인하게 된다.

오늘의 이 같은 경제적 고통과 실업문제를 해결하기 위한 대안으로, 최근 높은뜻숭의교회가 추진하고 있는 사회적 기업에 대해 소개하고자 한다. 사회적 기업은 다음과 같이 정의된다. "사회적 기업은 사회적 증진을 생성하고 더 광범위한 인간 개발의 목적을 위해 일하는 행동으로부터의 그 기업의 이윤을 추구한다. 사회적 기업의 핵심 되는 면은 기업 이윤의 증대와 사회적 유익의 증대 양자 사이에 균형을 맞춘다는 것이다. 곧 일면은 경제적인 이윤을 그리고 다른 한편으로는 사회적인 유익을 추구하는 기업이다."[19] 사회적 기업은 이윤 극대화를 궁극의 목표로 삼는 일반 기업들과는 달리, 사회적이며 윤리적이고 환경적인 목적을 추구하기 위해 세워진 공동체 소유의 기업이다. 이 같은 사회적 기업은 빈곤층에게 싼 값에 음식을 공급하거나, 저렴한 의료서비스를 제공하거나, 재생에너지 사업을 벌이는 등 사회적 약자들을 도우며 환경을 보존하는 사업을 함으로 그 기업을 하는 가난한 사람들을 도움과 동시에, 그 기업의 활동 자체가 사회적 약자들과 환경을 위해 유리한 사업을 전개하는 기업인 것이다. 교회는 가난한 사람들이 이 같은 사회적 기업을 형성하여 자신의 생계를 유지할 수 있도록 돕는 장치를 만들 필요가 있을 것이다.

높은뜻숭의교회는 이러한 각도에서 교회의 가난한 사람들에게 자본을 대 주어 김밥 집을 하게 하며, 탈북자들을 지원하여 박스공장을 운영하게 하는 등 사회적 기업을 확산해 나갔다. 이 같은 사회적 기업의 운영으로 그들은 일종의 직업을 갖

---

19) http://en.wikipedia.org/wiki/Social_business.

게 된 것이며, 스스로 독립할 기회를 얻게 된 것이다. 현재 그 교회는 재단을 세워 이런 일을 확대하였는 바, 그러한 발전에 대해 기대하는 바가 적지 않다.

3) 주택문제에 대한 대안으로서의 '해비타트 운동'(Habitat Movement)[20]

희년법은 이스라엘 백성들을 향해 그들이 거주하는 주택의 문제에 대해 언급한다. 먹고 입는 문제의 해결뿐 아니라 주거할 알맞은 집을 가지지 않고는 인간다운 삶을 영위하기 힘들다. 이에 희년법은 이스라엘의 주택법을 제도화하여 강조하고 있는 것이다. 물론 오늘에 있어서도 기독교인을 중심으로 한 집 지어 주기 운동으로서의 '해비타트 운동'이 추진되고 있기는 하지만, 이런 주택문제에 대한 해결이 보다 사회정책적인 입장에서 구조화되기를 기대하는 것이다.

그간 한국교회는 해비타트 운동에의 참여를 통해 가난한 많은 사람들이 그들에게 필요한 주택을 갖도록 노력한 바 있다. 새로운 주택을 지어 주는 것도 필요하지만, 해비타트 운동에서도 전개된 바와 같이 어려운 사람들의 낡고 험한 집들을 새롭게 개조해 주는 운동도 긴요할 것이다. 또한 동네의 아파트 몇 채를 구입하여 거리로 내몰려 노숙자가 될 어려움에 처한 사람들을 위한 피난처(shelter)를 임시적으로 제공하는 것도 많은 도움이 될 것이라 생각한다. 이런 운동은 특히 미국 수도 워싱턴에 있는 구세주교회(The Church of the Savior)[21]가 활발히 전개하였던 운동인 바, 그 교회의 활동을 벤치마킹(benchmarking)하면 좋은 방안들이 나올 수 있을 것이다.[22]

4) 무이자로 가난한 사람들에게 대부하는 문제와 '마이크로크레디트'를 실천하는 '그라민 은행'(Grameen Bank)

희년법은 자국의 백성에게 저리나 무이자로 재화를 빌려주는 제도에 대해 언급

---

20) http://ko.wikipedia.org/wiki/해비타트 운동.
21) 미국의 수도인 워싱턴에 있는 구세주교회의 좌석 수는 300석 안팎이다. 예배드리는 성도들의 숫자도 100명이 안 되는 작은 규모의 교회임에도 불구하고, 이 교회는 워싱턴 안에 10층 이상 건물을 17개나 가지고 있으며 봉사자의 숫자가 3천 명 이상이라고 한다. 노숙자들의 자립을 돕는 프로그램을 운영하는 이 교회는 오늘 우리 한국교회들에 시사하는 점이 많다. 체계적인 사회봉사 프로그램을 가진 이 교회의 활동은 우리 한국교회에 많은 아이디어를 준다(http://www.sumgimnara.com/bbs/zboard.php?id=nakwonilji&no=369).
22) 유성준, 「참된 교회를 이끄는 작은 공동체 : 세이비어 교회 실천편」(서울 : 평단, 2006).

한다. 가난한 사람들이 그들의 힘든 상황을 극복하고 경제적으로 자립할 수 있도록, 이스라엘의 해방된 사회는 여러 면에서의 조처를 취했던 것 같다. 이에 우리도 가난한 사람들이 금융기관들을 통해 용이하게 대부받을 수 있는 제도를 마련하는 것이 좋을 것이다. 무엇보다 그들의 형편을 이해하여 그들의 상황에 맞는 융자제도를 만들어 사업에 실패한 서민들이 새로운 기회를 가질 수 있도록 하는 것이 필요할 것이다.

우리는 이러한 취지하의 제도로서 방글라데시의 그라민 은행을 소개할 수 있다. 일종의 빈민을 위한 은행으로, 빈민들에게 저리로 자금을 빌려 주어 그들을 자립시키고자 하는 은행이다. '그라민'이란 방글라데시말로 '마을'이란 의미로서, 그라민 은행은 '마을은행'이라는 뜻이다. 그라민 은행은 마이크로크레디트(Microcredit) 사업의 대표주자다. 마이크로크레디트란 저소득층의 자활을 위해 자금을 대출하고 교육하는 무담보 소액대출 서비스를 말한다. 이 은행을 설립한 방글라데시의 무함마드 유누스(Muhammad Yunus)는 2006년 노벨평화상을 받았는데, 그는 이 은행을 통해 그간 빈곤층 1억 가구가 혜택을 받게 하였다. 그의 이러한 노력은 우리나라에서도 출판된 「가난 없는 세상을 위하여」[23]에 잘 소개되어 있다. 이런 마이크로크레디트 운동의 선두격은 정성진 목사의 거룩한빛광성교회가 추진한 일종의 미소금융으로서의 복지법인 해피월드의 해피뱅크 사역일 것이라 생각한다.[24]

이러한 그라민 은행과 같은 가난한 사람들을 위한 무담보 소액대출의 제도는 우리나라에서 신용조합의 형태로 많이 운용되기도 하였다. 예전에는 우리나라의 교회들이 비영리 금융기관으로서의 신용협동조합을 설립하여 많이 운영하기도 하였는데, 요즈음에 들어 그 수가 현저히 줄어든 것 같다. 그러나 이전의 이 신협 운동은 교회의 가난한 사람들에게 유용한 금고 역할을 하였는 바, 오늘의 그 취지를 잘 살려 보다 안정된 시스템 하에서 잘 운영하면 교회와 지역사회에 좋은 영향을 미칠 것이라 생각한다.

더 나아가 최근 지역공동체 운동으로서의 협동조합 운동이 마을목회를 하고자 하는 사역자들에게 다시 부각되고 있다. 2012년 12월 1일 정부는 협동조합기본법을 반포하였으며, 이에 5명 이상만 모이면 협동조합을 만들어 활동할 수 있도록 하였다. 이에 있어 국제협동조합 연맹은 협동조합을 다음과 같이 정의하고 있다.

---

23) 무함마드 유누스, 김태훈 역, 「가난 없는 세상을 위하여」(서울 : 물푸레, 2008).
24) http://femi.tistory.com/63.

"협동조합은 공동으로 소유되고 민주적으로 운영되는 사업체를 통하여 공동의 경제, 사회, 문화적 필요와 욕구를 충족시키려는 사람들이 자발적으로 결성한 자율적인 조직이다."[25] 협동조합은 자본주의 체제하에서 사회적 약자들이 자신들의 인권과 이익을 보호받고자 만든 자구적 결사체인 것이다. 이 협동조합은 자본 중심의 조직이 아니라 사람 중심의 조직으로, 인간다운 사회를 건설하기 위한 지역민의 협동의 산물인 것이다. 이에 교회가 중심이 되어 협동조합을 결성하여 교회와 마을공동체를 하나로 하는 운동들이 최근 일어나고 있는 바, 이러한 조직을 통한 교회 안의 교인들과 교회 밖의 주민들의 만남은 함께 지역공동체를 만들어 가는 일에 많은 도움이 될 것이라 생각한다.[26] 협동조합과 신협은 모두 공동체의 하나 됨을 위한 좋은 매개체가 될 수 있는 것이다.

이 같은 협동조합 운동의 일환으로 교회가 세운 단체 중 가장 대표적인 것이 전남 장성의 한마음공동체라 할 수 있다. 장성 남면 백운교회의 남상도 목사와 성도들은 1980년대 현실 사회와 농업, 농민문제의 해결을 위한 여러 노력들을 하는 중, 농촌의 근본문제를 해결하기 위해 정의, 생명, 민족공동체에 근거한 생산, 유통, 소비가 함께 어우러지는 유기농업 단체인 한마음공동체를 설립한 바, 우리는 이런 모델들을 통해 협동조합이나 신협의 운동들을 벤치마킹할 수 있을 것이다. 아울러 성남의 한 작은 교회인 이해학 목사의 주민교회 역시 서민금융으로서의 주민교회신용협동조합과 주민 스스로의 삶을 만들어 가는 생활공동체로서의 주민교회생활협동조합을 설립 운영하고 있는 바, 이를 통해 신협과 생협의 가능성을 새롭게 타진할 수 있을 것이라 생각한다.[27]

5) 빚 탕감의 희년정신과 '생명 길을 여는 사람들'의 활동 및 '주빌리2000 운동'(Jubilee2000, 외채탕감운동)[28]

희년에는 백성들의 전반적인 빚이 탕감되었다. 이런 희년정신을 잘 보여 주는 오늘날의 또 다른 운동으로 우리는 '주빌리2000(jubilee2000) 운동'[29]을 들 수 있

---

25) 강성렬 편, 「협동조합과 지역공동체 운동」(서울 : 한들출판사, 2014), 31.
26) 강성렬 편, 「협동조합과 지역공동체 운동」, 31-37.
27) 강성렬 편, 「협동조합과 지역공동체 운동」, 70-83.
28) http://www.wcc-coe.org/wcc/assembly/fprc2c-e.html.
29) www.jubilee2000uk.org.

다. 주빌리2000은 제3세계 채무국의 상환 불가능한 외채를 공정하고, 투명한 과정을 거쳐 2000년까지 완전 탕감하자는 운동인 바, 오늘도 후속단체를 통해 계속되고 있다. 이 운동은 1996년 가톨릭, 영국의 성공회 등 종교계를 중심으로 성경의 희년정신에 따라 일어난 국제연대운동으로, 전 세계 50여 개 국의 종교·시민사회단체가 참여하고 있는 국제비정부기구(NGO) 연합체이다.[30] 주빌리2000은 그간 경제의 세계화, 시장경제화가 촉진되면서 빈곤국의 처지가 더욱 악화됨에 따라 10년 이상 중채무국의 채무를 삭감해 주자는 캠페인을 벌여 왔었다.

'주빌리2000'은 2000년 12월 2일 본부 소재지인 영국 런던에서 해체식을 갖고 4년간의 활동을 마감했다. 이 운동 지도자들은 그러나 채무국 외채문제가 아직 해결되지 않았다는 점에서 2001년 이후 '주빌리2000' 대신 '주빌리사우스'(Jubilee South), '희년부채캠페인'(Jubilee Debt Campaign), 영국을 중심으로 한 '스코틀랜드희년'(Jubilee Scotland and Jubilee Research), 그리고 '희년미국'(Jubilee USA) 등의 후속단체(Post 2000)들이 활동을 계속하는 중이다.[31] 세계가 이젠 정말 하나의 마을과 같은 시대가 되었다. 한 나라의 경제는 다른 나라들의 경제와 깊은 연관을 가지는 것으로, 이에 따른 광범위한 국가 간의 경제 종속이 일어나고 있는 상황이다. 오늘날 가난한 다른 나라의 빚을 탕감해 주는 일은 이전 희년법이 명하는 바를 구체적으로 실천하는 예가 된다고 볼 수 있다.

하지만 이런 빚진 자들의 빚을 탕감해 주었던 희년의 실천은 국외적인 외채 탕감에만 적용되는 것이 아니며, 국내적으로 빚 때문에 어려움에 처해 있는 사람들의 빚을 탕감해 주는 일에도 적용되면 좋을 것이다. 오늘날 우리나라의 농어촌의 많은 사람들이 그들의 일을 위해 많은 빚을 수협이나 농협에 지고 있는데, 정부 차원에서 매우 어려운 이런 사람들의 빚을 탕감하고자 하는 노력이 필요할 것으로 생각한다. 그들이 신용불량자의 굴레에서 벗어나 자유로운 경제생활을 할 수 있도록 조처하는 것도 희년정신에 입각한 일인 것이다.

"현재 우리 사회의 가계부채가 1천조 원이 될 정도로 엄청난 사회문제로 대두되고 있습니다. 특히 가난한 이들에게는 대출의 문이 막혀 있어 할 수 없이 고금리

---

30) 「한겨레21」 1999년 10월 21일(제279호). 가톨릭교회는 2000년은 이 성년과 새로운 천년의 시작이 겹치는 해로서 대성년(大聖年, great jubilee)으로 정한 바 있었다(http://www.hani.co.kr/h21/data/L991011/1pauab9l.html).
31) http://en.wikipedia.org/wiki/Jubilee_2000.

대부업체를 사용해 그 고통은 더욱 커지고 있습니다. 우리 '생명의 길을 여는 사람들'이 비록 규모는 작지만 이 시대에 꼭 필요한 일을 하고 있다고 자부합니다."[32] 이 단체의 상임이사 류태선 목사의 말이다. 이 '생명의 길을 여는 사람들'은 생활이 어려워 고금리의 사채를 쓴 사람들에게 거의 무이자로 500만 원 정도씩을 대부해 주어, 그들이 갚았던 이자만으로 원금을 갚게 해 주는 장치를 마련하고 있다. 500만 원 정도의 작은 지원이지만 정말 이들에게는 피와 같은 돈이며 그들의 삶의 안정을 위해 이런 단체들의 공헌은 이루 말할 수 없는 것이다. 이에 이 같은 운동에 교회가 적극 동참할 필요가 있으며, 앞으로 이 단체가 재단으로 잘 발전하기를 기대하여 보는 것이다.

6) 범죄의 사슬로부터의 해방과 아가페재단에 의해 주도되고 있는 기독교교도소 운동

실업으로 가난해지고 종속적인 삶을 살면 살수록 더욱 범죄에 노출되기 쉽다. 가난한 사람들의 딸들이 술집에 나가게 되고 범죄인들과 접촉하기 쉬운 것도 그런 이유이다. 사람들은 범죄가 모두 개인이 책임져야 할 문제라고 생각하지만 그렇지가 않다. 범죄에는 많은 환경적이고 사회적인 이유들이 있다. 어느 사람이 도둑질하고 강도질하였을 경우, 그것은 전적으로 그 사람만의 책임이라고 말하기 어렵다. 그의 불우한 환경이, 그리고 가정교육의 열악함이, 더 나아가 기본적인 생계도 보장하지 못하는 사회적 제도가 그를 그러한 지경으로 몰아넣었다고 볼 수도 있다. 물론 그와 동일한 환경에서 그 환경을 인내하며 범죄하지 않고 사는 사람들도 많다. 심하면 그런 상황을 이기지 못하고 도둑질하느니 차라리 자살하는 것이 낫다고 생각하여 이를 실행하는 사람들도 없지 않다. 그럼에도 불구하고 이런 범죄들을 개인이 모두 책임져야 할 일로 생각해서는 곤란할 것 같다.

이런 의미에서 최근 한국교회의 기독교교도소로서의 '소망교도소' 설립은 매우 바람직한 운동으로 보인다. 현재 아가페재단을 설립하여 추진되고 있는 이 운동은 꼭 실현되고 성취되어야 할 운동이다. 범죄의 환경적 영향을 인정하고, 범죄인의 삶에서의 고충을 이해하면서, 그들이 보다 나은 삶과 도덕적인 삶을 영위할 수 있도록 격려하고 지원하는 체제를 만들 필요가 있다.[33] 필자는 이 운동을 통해 범죄

---

32) http://www.pckworld.com/news/articleView.html?idxno=58313.
33) http://christiantoday.co.kr/view.htm?id=201150. 현재 교회와 성도 등이 약정한 후원금

인에 대한 우리의 이해가 달라지는 계기가 되기를 바란다.[34] 현재 소망교도소는 부채로 인해 어려움을 겪고 있는데, 관심 있는 분들의 많은 지원을 기대하는 것이다. 아울러 소망교도소는 소년교도소의 병립도 추진 중인 바, 이를 위한 교계의 지원이 있어야 할 것이다. 필자는 한국교회가 실천한 사회봉사 프로그램 중 이 기독교교도소 프로그램이 하나님께서 가장 기뻐하실 프로그램 중 하나라고 확신한다. 필자가 기독공보에 게재한 글을 아래에 실어 보았다.

〉〉 2010년 12월 아가페재단에 의해 경기도 여주에서 문을 연 아시아 최초의 민영교도소인 소망교도소가 설립된 지 7년이 넘었다. 필자는 한국교회가 우리 역사 가운데 한 일 중 소망교도소의 설립이 중요하게 남지 않을까 생각한다. 재소자를 돌보는 일만큼 복음의 내용에 부합한 일도 없을 것이다.

예수님은 이 세상에 사시며 자신을 죄인의 친구로 자처하셨다. 서로 의인 되길 경쟁하며, 좀 더 좋은 사람들과 사귀고자 하는 세상 속에서 주님은 죄 된 사람들을 가까이하시길 기뻐하셨던 것이다. 그런 의미에서 우리 사회에서 분명한 죄인들인 재소자들은 예수님의 가장 가까운 친구들인 것으로 교회는 이들을 가까이 두기에 노력해야 한다고 생각한다.

기독교의 중요 교리 중 칭의 교리가 있다. 죄인을 의인으로 인정하는 교리이다. 어떻게 말하면 죄인이 의인이 되고 성화되어 좋은 사람으로 변화되는 것이 기독교의 근본교리라 할 수 있다. 기독교는 죄인이 의인으로 변화될 수 있다는 중생의 교리를 강조한다. 한 번 죄인이 영원한 죄인으로 낙인찍히는 것이 아니라 착한 사람으로 거듭날 수 있음을 기독교는 강조하는 것이다. 그런 의미에서 기독교는 사람들이 죄를 지어서 교도소에 들어온다고 하여도 그들이 변화될 수 있음을 믿는다. 말 그대로 교도가 가능하다고 믿는 것이다. 이런 의미에서 기독교의 중생의 교리는 교도소의 교화의 의미를 받히고 있다고 할 수 있다. 교도소에 있는 그들이 의인으로 변하여 그곳을 나가 다시는 죄의 종이 되지 않도록 하는 것이 기독교의 중요한

170억 원 중 101억 원이 입금됐다.

34) 존 웨슬리(John Wesley)는 감옥에 있는 사람들을 돌보았을 뿐 아니라, 감옥제도의 개선을 위해 노력한 자였다. 그는 지옥 같은 감옥의 환경, 비도덕적 행위를 배우는 감옥, 장기간의 재판과정, 부자와 가난한 자 사이의 재판의 불공정성, 전쟁죄수(포로)의 비인간적 대우가 개선되어야 함을 강조하였다(김홍기, 「존 웨슬리의 희년사상」〈서울 : 감리교신학대학교출판부, 1995〉, 106-107).

책무 가운데 하나일 것이라 생각한다.

그간 소망교도소는 재범률을 현격히 감소시킨 바 있다. 일반교도소의 평균 재범률은 20% 이상인데, 2.6%로 낮춘 것이다. 다시 말해 소망교도소는 재소자들을 변화시켜 교도소 문을 나가게 하고 있는 것이다. 예수 안에서의 중생의 힘이 발휘되고 있는 현장이라 할 수 있다.

예수님께서는 우리 모두가 하나님 앞에서 죄인임을 말씀하셨다(롬 3 : 9 - 12). 우린 감옥에 있는 사람들과 감옥에 있지 않은 사람들을 전혀 다른 존재로 생각할 때가 많은데, 그러한 차별적인 생각을 버려야 할 것이다. 주님이 보시기에는 모두가 주님의 사면, 곧 죄 사함이 필요한 죄인들이다. 범죄자들도 좋지 않은 환경과 순간적인 실수로 잘못한 것으로, 그나 나나 동일한 죄인임을 생각하며 기독교인들은 재소자들을 섬기는 일에 더욱 열심을 내야 할 것이다. 이에 교도소 전도는 언제나 교회의 중요한 일 중 하나가 된다.

이런 기독교적 신념 가운데 소망교도소는 그간 교화 프로그램을 개발하기 위해 많은 노력을 해 왔다. 소망교도소에는 두 가지 특징이 있다. '호텔급' 시설과 기독교 정신의 교화 프로그램이다. 이곳에 수용된 재소자는 300명을 넘는데, 자원봉사자는 220여 명에 달할 정도로 이들에 대한 다양한 배려를 하고 있다. 그러나 무엇보다 가장 좋은 교육이 되는 것이 신앙 있는 사람들과의 만남이라고 생각한다. 좋은 프로그램이 좋은 사람을 만드는 것이 아니라, 좋은 사람이 좋은 사람을 만드는 것이다. 이런 의미에서 교도소의 직원과 자원봉사자들을 세심히 뽑는 일은 중요한 일이다.

이제 설립된 지 7년을 보내며 소망교도소는 또 다른 기획을 하고 있다. 소년교도소를 만드는 것이다. 250~300억 원이 들 것으로 예상하고 있다. '가족 만남의 집' 건설도 계획 중이다. 가족들을 만나게 해야 가정해체를 막을 수 있다. 수용자들도 가족들을 만날 수 있다는 기대를 가져야 열심히 일하고 수용생활도 편안하게 한다. 우리나라에도 만남의 집을 갖추고 있는 교도소가 많다. 하지만 이곳엔 아직 그런 시설이 없어 어려움이 있다고 한다.

어차피 신앙으로 시작하여 무로부터 일군 일들이다. 그간의 이룬 기적을 볼 때 이러한 기획들도 주님 안에서 성취될 것이라 확신한다. 주님이 기뻐하시는 일이라면 해야 한다. 한 번 더 한국교회가 이 일을 위해 힘을 내길 기대하여 본다. 《《

7) 땅의 안식과 녹색교회(greenchurch) 운동[35]

희년법은 우리에게 땅의 안식을 명한다. 인간의 쉼뿐 아니라 땅의 쉼도 필요하다는 것이다. 그간 한국교회는 이런 환경운동을 위해 여러 방면의 노력을 해 왔다. '기독교환경운동연대'도 그런 노력의 일환으로 만들어진 단체이다. 그 단체에서 하는 '녹색교회' 운동은 우리에게 환경에 대한 교회의 실천방향을 명쾌하게 그려 주고 있다. '녹색교회'라는 개념은 '녹색교회의 10가지 다짐'으로 파악할 수 있다. 본 '기독교환경운동연대'는 1981년 '한국공해문제연구소'로 처음 문을 연 뒤 오늘의 이름으로 이어진, 우리나라에서 가장 이르게 세워진 시민운동 단체로 우리는 이 운동이 활기차게 진행될 수 있도록 많은 지원을 해야 할 것이라 생각한다.

8) 나그네에 대한 환대와 한국교회의 이주자 선교(migrant mission)

최근 한국 내에 머무는 외국인의 숫자가 백만 명을 넘어선 것으로 추산되고 있다. 2015년 11월 '인구주택총조사'의 통계에 따르면, 외국인 주민 합계가 1,711,712명으로 총 인구 대비 비율 3.4%를 점하는 것으로 발표되었다.[36] 이런 통계는 오늘의 우리 한국 사회가 점점 다문화 사회(multicultural society)로 변화되고 있음을 여실히 보여 준다.

[2015년 인구주택총조사 중 외국인 주민 통계]

총인구 (A)	총인구 대비 비율 (B/A)	외국인 주민 합계 (B)	국적미취득자						국적취득자			외국인 주민 자녀
			계	외국인 근로자	결혼 이민자	유학생	외국 국적 동포	기타 외국인	계	혼인 귀화	기타 귀화	
51,069,375	3.4%	1,711,013	1,363,712 (79.7%)	573,378 (33.5%)	144,912 (8.5%)	82,181 (4.8%)	216,213 (12.6%)	347,028 (20.3%)	149,751 (8.8%)	93,249 (5.4%)	56,502 (3.3%)	197,550 (11.5%)

한국교회는 그간 탈북민을 포함한 이주자 문제에 대해서 활발한 활동을 전개하여 왔다. 서경석 목사, 박천응 목사, 박찬식 원장 등 본 교단 목사 외 여러분들의

---

35) 기독교환경운동연대 홈페이지(http://greenchrist.org/) 참조.
36) http://tareee.blog.me/220861332838.

활동 또한 괄목할 만한 것이었다. 이런 분들의 움직임을 통해 교회뿐 아니라 우리 사회가 이주자의 문제를 더욱 깊이 이해하기 시작하였으며, 이주자들의 실질적인 권익증진에도 많은 영향을 미친 바 있다. 이주자와 그들의 가족들, 그리고 이주자를 받는 사회의 구성원들 모두의 필요와 권리를 지키는 것이 되어야 할 것이다.[37] 이런 교회의 노력은 한국의 세계화와 인권신장에 긍정적인 효과를 가져왔다. 그간의 노력을 바탕으로 교회가 이주자들을 위한 선교와 지원에 더욱 노력한다면 국가의 발전에도 큰 유익이 될 것이라 생각한다.

9) 청소년들의 학교교육과 연계하여 교회가 도움을 줄 수 있는 일들

희년법에 이 문제가 언급되어 있진 않지만, 탄탄한 지역공동체를 만드는 일에 있어 학교교육에 대한 고려는 매우 중요한 것 같다. 앞서 보았듯, 과천교회나 한남제일교회 그리고 손달익 전 총회장이 중심이 되어 펼치고 있는 '좋은학교만들기네트워크' 등이 이와 같은 일에 많은 성과를 낸 바 있는데, 우리는 이런 청소년들의 고민을 함께 공유할 수 있어야 할 것이다. 그들이 더 보람된 자원봉사활동을 할 수 있도록 교회가 가이드하며, 진로교육을 실시하고, 인문학 강좌들을 학생들을 위해 개설하는 등 다각적인 노력들이 펼쳐지고 있는 것이다. 우리의 학교교육의 진전은 이 같은 학생들과의 노력만으로 이루어질 수 없는 것으로, 우리는 교회와 학교기관, 교사, 학부모 등과의 다각적인 접촉을 통해 지역의 학교교육이 더욱 바람직한 방향으로 진전할 수 있도록 관심을 가지고 노력하여야 할 것이다. 좋은학교만들기네트워크에 관해서는 여기저기에 있는 이근복 크리스천아카데미 원장과 배경임 실장의 글을 참고해 볼 수 있을 것이다.[38]

4. 마을목회를 위해 긴히 할 수 있는 과제들을 다시 정리해 본다

이상에서 우리는 희년정신의 기본 입장을 검토하였다. 희년법은 우리에게 빈민

---

37) "PONTIFICAL COUNCIL FOR THE PASTORAL CARE OF MIGRANTS AND ITINERANT PEOPLE-Erga migrantes caritas Christi(The love of Christ towards migrants)."
38) https://www.facebook.com/goodschoolnetwork.

의 구제 이상의 내용을 언급한다. 추수 시 낙수를 모조리 거두어들이지 않고, 휴경지의 소산을 가난한 사람의 몫으로 주며, 밭의 모퉁이까지 전부 추수하지 않는 등, 구약성경은 빈민구제를 위한 방안들을 마련해 놓고 있다. 그러나 희년법은 그에서 더 나아가 그러한 빈곤을 야기하게 된 근본원인에 대한 치유방안을 우리에게 말한다. 곧 토지의 재분배와 빚의 탕감 및 주택문제에 대한 사회보장적 대책 등, 백성들이 가난의 비참함에 빠지지 않게 하는 제도적 조처들을 취하고 있는 것이다. 그간 한국교회는 빈민구제를 위한 많은 봉사의 일들을 하였다. 무료급식소, 탁아방의 운영, 가난한 사람들을 위한 김장 및 반찬봉사, 무료병원의 운영 등 가난한 자들을 구제하기 위한 여러 사회적 활동들을 벌인 바 있는 것이다. 그러나 이런 일만으론 부족하고, 더 나아가 사회 정책적 관여가 필요함을 희년법에 대한 연구를 통해 분명히 알게 되었다. 실업한 사람들을 위한 사회안전망, 취업의 안정적인 보장, 주택문제에 대한 지속적인 대책, 범죄로 감옥에 있는 사람들이 그들의 삶을 회복할 수 있도록 하는 노력 등 다양한 사회 정책적 행동들을 위해 한국교회가 앞장서야 할 필요가 있다. 필자는 이를 위해 앞에서 교회가 할 수 있는 구체적인 방안들을 제시하였는 바, 각 교회들이 자신의 교회의 정황에 맞는 과제들을 선택하여 실행에 옮기는 것이 중요하다.

　이상에서 우리는 희년법이 말하는 바에 따른 마을목회의 과제들을 도출하였다. 그러나 우리가 떠올릴 수 있는 마을목회의 사역들에는 앞의 것들만 있는 것은 아니다. 전통적으로 교회가 많이 해 왔던 푸드뱅크, 공부하는 학생들을 위한 장학혜택과 장학관 제공, 노인대학, 지역 주민들의 건강을 위한 봉사들, 주민들을 위한 음악회 개최, 교회 체육관을 동네에 개방하는 일, 평일 교회 주차장의 개방, 사회복지 사각지대에 있는 사람들에 대한 관심과 케어, 호스피스 봉사, 법률 및 심리 상담, 피난처 제공, 탈북민들을 위한 프로그램 등 교회가 마을을 위해 할 수 있는 과제들에는 끝이 없을 것이다.

　필자는 앞에서 건강도시운동에 대해 설명하며, 마을목회의 평가지표 및 사업을 개발해 내는 방법에 대해 설명한 바 있다. 그 내용을 잠시 반복하면 다음과 같다. 한 지역을 행복한 곳으로 만드는 일을 평가하는 결정적인 지표들이 있다. 한 마을의 행복지수를 정하는 데 있어 결정적 지표들은 다음의 것들로 예상된다. 그 마을의 자살률, 이혼율, 강력범죄의 빈도, 교통사고 사망률, 자기주택 보유율, 실업률, 고령자의 분포와 출생률, 공기의 질 및 수질 오염도, 그 지역의 1인당 소득액, 대학진학률, 종교인 분포(기독교인 비율), 시민 1인이 차지하는 공원의 면적, 초중고 학생들의 행복지수, 낙태율, 전국에서 학업성취도 위치(백분율), 지자체의 민주화 정도, 상습침수 지역 등의 위험지대의 분포, 구청이나 면사무소의 마을 만들기 사업 실행률 등이 될 것이다. 이런 전체적인 윤곽이 있어야 마을목회의 방향을 진단할 수 있으며, 교회가 구체적으로 무슨 일을 하여야 마을에 가장 도움이 될지를 가늠해 볼 수 있게 된다.

이와 같이 마을목회의 사업을 발굴해 나가는 좋은 방안 중 하나는 위와 같이 마을의 행복을 위한 지표로 정리된 일 중에서 마을에서 필요한 일들을 개발하는 것이다. 지역의 자살률을 막기 위해 교회에서 할 일들을 찾을 수 있을 것이다. 이혼율을 낮추며, 출생률을 높이는 방안도 구상해 낼 수 있을 것이라 생각한다. 이와 같은 핵심 지표상의 일들은 우리에게 꼭 필요한 마을목회의 관심 사업들로서 이런 방법을 통해 마을목회의 과제들을 개발해 나갈 수 있을 것이라 생각한다.

우리는 마을목회를 하며 여러 가지의 과제들을 개발하여 왔다. 청소년들의 자원봉사 체계를 만드는 일, 마을공부방의 운영, 마을축제를 만드는 것, 마을주민을 향한 마이크로크레디트 사업, 학생들을 위한 진로교육 등 많은 사업들이 실시되었다. 마을목회를 통해 개발된 이런 사업들을 통해 우리는 마을목회의 과제들을 검토할 수 있다.

마을목회의 여러 과제들을 생각해 보면서, 각 지역의 교동협의회가 실천하였으면 하는 열 가지 정도의 중요 과제에 대해 제안하려 한다. 여러 사례들을 분석해 보면서, 필자가 생각한 마을목회에 매우 유용한 과제들에는 다음과 같은 것들이 있다.

1) 도움이 필요한 주민들을 사회복지기관에 효율적으로 연결하기

지역의 사회복지 기관들의 리스트를 입수하여 그 기관들이 하는 일에 대한 동사무소 직원의 설명을 들은 다음, 교회가 그 지역의 어려운 사람이 있으면 그 기관들과 효율적으로 연결해 준다. 교회는 구역 조직을 갖고 항시 심방하면서 그 마을에 사는 주민들의 상황을 잘 파악할 수 있는 바, 이 교회의 조직을 활용하면 지역의 사회복지기관들이 도움이 필요한 사람들을 찾는 데 유용할 것이라 생각한다. 예전의 '동사무소'라는 이름이 최근에는 '동주민센터'로 바뀌었는데, 그것은 일종의 '동

복지센터'라는 의미를 내포하기도 한다. 우리나라의 행정부는 사회복지를 중앙이 관리하는 체제에서 일선 기초자치단체로 많이 이양하였는데, 이런 취지를 잘 살펴 동주민복지센터와 지역의 교회들이 잘 협력하여 복지협의회 등을 운영하면 더 효과적인 복지행정을 수행할 수 있게 되리라 믿는다. 인터넷에서 찾아보면 '종류별 사회복지 기관 리스트'가 엑셀 파일로 정리된 것을 볼 수 있는데,[39] 이런 자료들을 종합하여 용이하게 지역의 복지기관 및 복지체제에 대해 알아볼 수 있을 것이다. 동주민센터의 직원을 초청하여 이에 대한 설명을 들어 보면 이에 대해 더 잘 파악할 수 있을 것이다. 오늘날 우리나라도 복지체계가 많이 좋아져 많은 사람들이 혜택을 받고 있는 상황이지만, 복지 사각지대가 없는 것은 아니다. 이와 같이 지자체가 다 돌볼 수 없는 주민복지의 일들을 교회가 지원하여 할 수 있을 것이며, 이를 통해 지역과 교회는 더 일체감을 갖게 될 것이다.

2) 자원봉사 시스템의 마련

두 번째로 효율성이 있는 과제로 생각되는 것은 중·고등학생들의 자원봉사를 교회와 동이 협력하여 가이드하는 체제를 갖추는 것이다. 물론 이것은 중·고등학생들에게만 관련이 있는 것이 아니며, 지역의 모든 사람들과도 연관된다. 의미 있고 보람 있게 봉사할 수 있는 기관들의 리스트를 먼저 교회가 입수한 다음, 그 기관에 학생들을 배치하여 자원봉사하게 하는 시스템이다. 이러한 리스트를 만들며, 봉사하는 학생들에게 그 기관들이 적합한가를 교동협의회가 심사숙고하는 것이 좋을 것이라 생각한다. 가능한 한 너무 어려운 일이나 위험한 봉사의 일은 학생들에게 맡기지 않는 것이 좋을 듯하다. 봉사하는 학생들이 즐겁고 보람되게 할 수 있는 곳들을 찾아내어 봉사자들에게 소개하는 책자를 만들면, 더 효과적으로 이런 일을 수행할 수 있을 것이다. 이러한 일을 효율적으로 하기 위해 행정안전부와 관련된 '365자원봉사포털'을 참조할 수 있다. 이런 웹사이트들은 지역마다 만들어져 있는 바, 그런 포털들을 참조하여 지역의 중·고등학생들의 보람 있는 봉사를 지원할 수 있을 것이라 생각한다.

오늘 우리 교단의 노회들은 대부분 사무실로 쓰는 빌딩을 소유하고 있다. 보통

---

39) http://blog.naver.com/e_mnb/90163748311.

노회의 사무실이 회의하는 장으로만 많이 쓰이는데, 효율적인 사용이라고는 생각되지 않는다. 그러한 장소들을 활용하여 푸드뱅크도 설치하고, '자원봉사안내센터'도 만들고 하면, 노회가 주민들에게 크게 호응을 받으리라 생각한다. 이를 위한 웹사이트도 만들면 더욱 효과적인 봉사가 될 것이다. 이런 봉사기관들은 각 노회의 여전도회에 맡기는 것이 바람직할 것이며, 후원금은 사무실 운영을 위해서는 지출하지 않는 것이 좋을 것 같다.

3) 푸드뱅크에 대한 지원

다음으로 현재 지방자치 단체들에 의해 전국에 많이 설치되어 있는 어려운 사람들을 위한 푸드뱅크와 푸드마켓의 운영에 교회가 같이 협조하는 것이다. 지역 푸드뱅크 등의 실태를 조사하고, 교회가 도울 수 있는 일이 무엇인지 관에 체크한 다음, 교회가 이런 일을 위해 관과 연합한다면, 보다 시너지 있게 일을 수행할 수 있을 것이다. 마을 내에 어느 누구도 밥을 굶지 않는 그런 동네를 만들기 위해 함께 노력한다면, 우리 사회는 보다 밝아질 수 있을 것이 확실하다. 이에 관한 정보는 '보건복지부 전국 푸드뱅크' 웹사이트에서 찾을 수 있다. 성경은 성도인 우리가 가난한 사람의 벗이 될 것을 시종일관하여 강조한다. 우리는 이런 하나님의 뜻을 어떻게 성취할 수 있을 것인지 한 번 구체적으로 성찰해 보아야 한다. 굳이 교회가 무료급식소를 하려 하지 말고 지역에 세워진 푸드뱅크를 잘 지원한다면, 하나님의 나라가 우리에게서 멀지 않을 것이라 생각한다.

4) 지역의 자살률을 낮추는 운동

다음으로 교동협의회가 할 수 있는 마을목회의 과제 중 중요한 것은 생명을 소중히 여기는 것과 관련된다. 지역의 자살률을 줄이는 일이다. 최근 광주광역시가 이런 과제를 수행함을 통해 실제 자살률을 많이 떨어뜨렸다는 보도가 있었는데, 그런 사례들을 참조하여 우리도 어떤 기획을 세울 수 있을 것이라 생각한다.

우리 주변에 생활고와 개인의 정신적인 어려움 및 외로움을 이기지 못하여 자살하는 사람들이 있다면, 그런 동네는 결코 행복한 동네라고 할 수 없다. 우리는 어떻게든 이런 자살률을 줄이기 위해 노력하여야 하는데, 이 같은 일을 잘 수행하기 위해서는 사람들이 왜 자살을 하게 되는지에 대한 실제적인 검토가 전제되어야 할 것이다. 왜 사람들은 그런 극단적인 선택을 하게 되는 것일까? 특히 우리나라에 있어 자살률을 많이 증가시키는 원인 중 하나는 고령층의 높은 자살률이다. 왜 고령자들이 그렇게 높은 비율로 자살을 선택하게 되는지 우리는 심사숙고할 필요가 있다. 그들이 스스로 연금과 보험 등을 들지 않아 생활고를 겪게 된 것이라고 해석하는 한 이런 문제를 풀 수 없을 것이다.

오늘 우리 사회의 고령자들에 대한 복지 시스템에 무슨 문제가 있는지를 잘 살펴야 할 것이며, 기타의 노인들의 심각한 문제가 무엇인지를 이해할 수 있어야 할 것이다. 우리는 누구나 노인이 된다. 노인들도 삶에 의미와 행복을 느끼며 사는 세상을 만드는 것 또한 우리의 책임이 아닌가 생각해 본다. 성경은 우리에게 네 부모를 공경하라고 명한다. 노령자에 대한 존경을 의미하는 것이기도 하다. 과연 우리의 어른들이 우리 사회에서 존경을 받으며 사시고 있는지 다시 반성해 보는 것이 필요하다. 교회는 효를 가르치는 센터가 되어야 할 것이다.

우리는 자살을 그 개인만의 문제로만 보아서는 안 된다. 그것은 많은 부분 사회 시스템 때문에 생기는 경우들이 많다. 이를 극복하기 위해서는 개인에 대한 상담과 함께 공동체 전체에 대한 치유가 필요할 것이라 생각한다. 우리는 이런 상담을 지역사회 상담(community counseling)이라 하는데, 이것은 지역복지 문제와도 많이 연결된 것으로, 문제를 총체적으로 볼 수 있는 시각이 필요하다. 이러한 일은 좁은 시각의 실천으로 처결될 수 없는 바, 일종의 거시적 실천(macro practice)이 요청된다. 거시적 실천이란 보편적인 사회에서 개선과 변화를 야기하는 데 적합한 사회사업 실천으로, 이러한 활동들에는 정치적 행위(political action), 지역사회 조직(community organization), 공공교육 캠페인, 종합사회서비스 기관이나 공공복지부서 행정의 일부 유형들이 있다.[40]

모두가 천수를 누리고 사는 행복한 마을을 만드는 것이 우리의 꿈이다. 그리고 그러한 이상은 노인들에 대한 강력한 복지로부터 시작되어야 할 것이라 보고 있다. 필자의 장인이 미국의 요양센터에 계시는데, 가 볼 때마다 놀라움을 금할 수 없었다. 필자는 미국이 선진국인 이유를 그런 노인들에 대한 복지에서 느낄 수 있었다. 나의 노년을 국가가 보장해 줄 수 있다는 믿음은, 재산을 많이 축적하려는 경쟁을

---

40) http://terms.naver.com/entry.nhn?docId=468684&cid=50298&categoryId=50298.

하지 않을 수 있게 한다. 재정을 핑계로 이런 일들을 미루어서는 안 된다. 우리 모두가 허리띠를 졸라 매는 고충을 겪는다 하여도 해야 할 일은 해야 되는 것이다. 그런 일들은 돈으로 계산해서 되는 일이 아니며, 뜻을 세우는 데에서 가능한 일이 되는 것이다.

5) 마을신문 만들기

거의 모든 교회들이 주보를 만든다. 그러나 주보는 교회 내의 일에만 관련이 있고, 교회 밖에 일들엔 상관이 없는 프린트물이다. 필자는 교회 밖과 연관된 프린트물이 필요함을 말하려 한다. 먼저 떠올릴 수 있는 것은 마을신문 만들기이다.

한 농촌 마을의 예를 들어 보자. 대부분의 농촌에는 어르신들이 많이 사신다. 그 지역의 교회들이 힘을 합쳐 마을신문을 만들기 시작했다. 그 지역의 돌아가는 사정과 어르신들의 삶의 모습들을 담아 신문으로 만들어 도회지에 떨어져 사는 자녀들에게 프린트물과 인터넷을 통해 정기적으로 보낸다면, 그 마을에는 어떤 변화가 생기게 될까? 자녀들이 명절에 마을로 찾아와 성묘도 하고 어른들에게 인사도 하겠지만, 동시에 교회에도 찾아올 것이라 생각한다. 목사님 사택에 와서 차 한 잔 하면서 마을에 대한 이야기도 나누고, 부모님의 건강에 대한 말도 오갈 것이라 생각한다. 부모와 자녀, 농촌과 도시, 교회와 지역이 연결되는 일이다. 우리는 다시 한 번 생각해 보아야 한다. 교회가 지역을 위해 존재하는 것인가, 아니면 지역이 교회를 위해 존재하는 것인가의 질문이다. 다 마음에 답이 있을 것이라 생각한다. 우리는 도회로 나가 고향을 잊고, 아니 상실하고 살기 쉽다. 어떤 때는 고향에 두고 온 부모님도 잊어버릴 수 있다. 내 직계가족을 부양하기 위해 나는 너무 많은 것을 잊고 사는 것은 아닌가 싶다. 우리는 어릴 적 크리스마스 때 즐거웠던 고향교회를 다시 한 번 마음에 담아 보아야 할 것이다. 고향의 추억을 떠올리게 하는 이야기들을 함께 나눈다면 우리 사회는 보다 훈훈해질 수 있을 것이다.

6) 동네의 출산율을 높일 수는 없을까?

헬조선을 말한다. 삼포시대를 말한다. 세 가지를 포기한 시대다. 삼포시대란 연애, 결혼, 출산을 포기한 시대를 의미한다. 왜 이렇게 각박한 세상이 되었을까? 젊은이들이 결혼과 출산을 감당하기에는 너무 어려운 시대가 되었다. 맞벌이 부부들이 자녀를 낳아 생활하는 것의 어려움을 보고 친정 부모, 시댁 부모들이 팔을 걷고 나섰지만, 감당하기에는 너무 힘든 상황이다. 우리 부부도 해 보았지만 나이 든 부모님들이 아기를 업고 안아 키우는 것이 좀 힘든 일이 아니다. 옛날에는 지금보다 더 경제적으로 어려웠으나 애들을 서넛, 다섯, 여섯 낳고도 잘살았는데, 왜 이렇게 됐는지 젊은이들에게 미안하기만 하다.

좀 그들의 짐을 덜어 주어야 하는 것이 아닌가 싶다. 독일에서는 이런 육아의 문제를 위해 정책적으로 많은 시스템을 갖추었다고 한다. 세제상의 문제 등을 조정하여 아이를 낳고 살아도 큰 문제가 되지 않는 시스템을 만든 것이다. 독일에선 맞벌이를 할 경우 어느 한도 이상을 벌면 한 사람의 봉급을 거의 세금으로 징수한다는 말을 들었다. 이러한 세제에 대해 자세히 검토하지는 않았지만, 어느 정도 일리가 있는 제도라 여겨진다. 둘이 나가 모두 벌이를 할 경우에는 정말 아이를 낳아 기르는 것이 쉽지 않다.

맞벌이 부부로서 둘이 밖에 나가 일하려면 거의 한 사람의 봉급을 육아를 돕는 분에게 지출해야 하는 것이 오늘의 실정이다. 그것이 친정 부모에게 나가든지 육아 도우미에게 나가든지 지출되고 있는 것이다. 기실 오늘날 우리나라의 노인들 중 노후 생활이 준비되지 않은 분들이 많다. 부모님들이 경제적으로 어려우니 부부 모두가 일터로 나가야 하며, 이를 통해 아이를 돌봐 주시는 부모님에게 일정한 보수를 지급하는 것이다. 물론 젊은 부부들 중에는 부모님을 봉양할 필요가 없는 경우도 있겠으나, 상대적으로 그렇게 여유 있는 노년층들은 많지 않아 보인다. 그러므로 부부 중 한 명을 육아를 위해 집 안으로 불러들이려면, 노인복지를 강화하는 것이 다른 한편으로 전제되어야 한다.

지금 체제로는 육아에 전념하기 어려우므로, 무언가 전반적인 전환이 있어야 할 것이다. 부부가 많이 버는 경우 한 사람을 가정으로 돌아가게 하여야 일자리도 더 배분될 수 있는 가능성이 생긴다. 오늘 우리나라에 있어 부부가 모두 일하기에는 일자리가 턱없이 부족한 형편이며, 그러한 상황은 더욱 가속화될 것이라 예측되고 있다. 이에 무언가 전반적 시스템을 바꾸는 것에 대해 생각해 보아야 한다.

이런 것이 능력 있는 사람들을 가정에서 육아나 하게 하는 좋지 못한 제도라고 비판한다면, 또 다른 어떤 대안을 생각해 보아야 한다. 아마도 그런 세제상의 변화는 쉽게 되지 않을지도 모른다. 그럴 경우 우리는 그에 대한 대안으로 공동육아를 생각할 수도 있다. 어차피 집에서 살림을 하는 교인들에게 아이들의 육아를 공동으로 맡기는 것이다. 교회가 이런 일을 잘 수행한다면, 젊은 맞벌이 부부에게는 더 신임이 가는 육아 시스템이 될 것이라 본다. 맞벌이 부부를 위해 믿음직한 어린이집을 교회가 운영해 보는 것은 매우 추천할 만하다. 물론 그렇다고 이런 일을 자원봉사의 일로만 할 수는 없다. 맞벌이 부부는 자기의 자녀들을 교회가 하는 어린이집에 맡기고, 공동육아를 하는 사람들에게 적절한 대가를 지불하여야 할 것이다.

이 문제는 이 정도로 마치려 한다. 생각하면 생각할수록 정말 간단한 일은 아니다. 그러나 삼포시대의 연장은 막아야 하지 않을까 생각해 본다. 이렇게 계속 국가를 경영할 수는 없는 일이다. 교회는 삼포시대를 맞이하여 젊은이들이 아이를 낳을 수 있도록 하는 제도적인 문제에 대해 같이 고민해야 할 것이다. 법을 만드는 국회의원, 국세청의 공무원, 동의 직원 등이 교회의 구성원들과 함께 머리를 맞대고 최선의 대안을 만들어 내려 한다면, 이런 삼포시대도 종식될 가능성이 없지는 않을 것이다.

7) 공부를 잘 가르치는 지역아동센터 운영하기

마을목회의 과제들에서 지역주민들과 가장 소통을 잘할 수 있는 주제는 자녀교육인 것 같다. 우리나라 사람들과 같이 자녀교육에 관심이 많은 민족도 없다. 거의 자녀교육에 자신의 인생을 다 건 것같이 사는 사람들이 대부분이다. 그러나 오늘 우리의 교육 현실은 어둡기만 하다. 충분한 재정적 지원이 없으면, 어린 시절부터 경쟁에 뒤처지게 되는 것이 우리의 사교육 현실이다. 초등학교에 들어가기 전 한 아이를 영어유치원에 보내려면 한 달에 거의 백만 원에 육박하는 비용을 지불해야 한다.

돈이 없어 아이를 어릴 적부터 교육을 제대로 시킬 수 없는 부모의 마음은 쓰리기만 하다. 이런 현실에서 이들을 잘 지원하는 길을 찾는 것이 중요하다. 지역아동센터를 만들어 시간적 여유가 있는 주부들이 이 아이들에게 영어유치원 수준의 교육을 하는 교회시설을 만들어 보는 것을 추천해 본다. 가난한 가정들에게 가장 확실한 희망을 주는 일이 될 것이라 믿는다.

이런 일을 개 교회가 하는 것도 좋지만, 그렇게 할 경우 재정이 열악한 교회들은 건물도 준비하기 어렵다. 동 단위의 교회들이 연합하여 같이 운영해 나가는 것이 더 좋을 것이다. 이렇게 할 경우 주변 영어유치원에 피해를 주는 것이 아닐지 하는 염려도 있을 수 있다. 그러나 교회가 유치원생을 선발할 때, 부유하지 않은 집안의 어린이들을 선발하는 기준을 마련하면 이 문제는 해소될 것이라 생각한다.

예전 미국 워싱턴의 한 목회자가 일하는 교회를 방문한 적이 있다. 흑인 동네에 있는 교회였는데, 이 교회는 그 지역을 위해 두 가지의 일을 하고 있었다. 푸드뱅크와 아이들의 학업을 위해 방과후학교를 운영하는 일이었다. 푸드뱅크가 가난한 사람들의 당장의 문제를 해결해 주는 것이라면, 아이들의 교육은 그들의 먼 미래의 문제를 해결해 주는 방안이다.

우리는 현재의 삶이 어려운 가정들을 위해 무언가의 일을 해야 하며, 그중 가장 보람 있는 일은 그들을 잘 교육하는 것이라 생각한다. 지역아동센터, 방과후학교 등을 잘 만들어 운영하는 것이 그들에게 희망을 주는 일이 될 것이다.

8) 북한이탈주민과 함께하는 교회[41]

2013년 한국의 총 인구는 약 5천만 명이며, 그중 국내 체류 외국인의 수는 150만 명을 돌파한 것으로 보고 있다. 100명 중 3명 정도가 외국인인 셈이다. 외국에서 이주하여 온 이주민들은 크게 서너 유형으로 구분된다. 먼저는 산업연수생 등의 근로를 위해 한국에 들어온 이주근로자들이다. 다음으로 결혼에 의해 한국에 들어오게 된 이주여성과 남성들이 있다. 또한 정치 · 경제 등의 사정으로 인해 북한 등지에서 피난 온 북한이탈주민들의 숫자도 증가하는 중이다. 먼저 이주근로자, 곧 외국인노동자로서 국내에 거주하는 사람들의 수는 2011년 55만 3천 명 정도에 달한다.[42] 결혼이민자의 수는 2013년 28만여 명으로 추정되는 중이다.[43] 대한민국으로 입국한 북한이탈주민의 수는 2013년 2만 5천 명 정도로 추산되고 있다.[44] 나머지의 외국인들은 유학생과 단기 체류자 등으로 생각된다.

오늘 우리나라의 가장 큰 당면과제는 두 가지다. 통일국가와 복지국가를 건설하는 것이다. 남북 간의 긴장관계를 완화하여 한반도 내에 평화를 정착시키고, 경제

---

41) 이 부분은 본인의 논문, "룻기 속에 나타나는 결혼이주여성 룻에 대한 배려에 비추어 본 북한이탈주민 도움 주기 문제에 대한 고찰"에서 일부 가져왔다.
42) http://valley.egloos.com/viewer/?url=http://fischer.egloos.com/4774653.
43) http://www.dgn.or.kr/news/articleView.html?idxno=78454.
44) http://www.dongposarang.com/introduction/04_entry_state.jsp.

적 양극화 현상을 누그러뜨리는 일에 우리의 교회들이 적절한 공헌을 하지 못한다면 우리 교회는 발에 밟히는 소금 같은 존재가 될 것이다.

오늘 남북 간의 평화를 촉진하고 통일을 앞당기는 일을 위해 가장 효율적인 일이 무엇인지 생각해 본다. 생각할수록 우리는 그런 일을 함에 있어 북한이탈주민을 돕는 것이 제1순위일 것이라 생각하게 된다. 북한이탈주민이 오늘의 우리 사회에서 어떻게 정착하고 사회통합(social integration)을 이루느냐 하는 것은 미래 남북통일의 시금석이라고 할 수 있다. 북한이탈주민과 오늘의 한국의 시민들이 융합할 수 있는 길을 모색함을 통해 우리는 통일 후의 혼란을 줄일 수 있을 것이다. 그 같은 사회통합은 사회-경제적인 통합 외에 사회-정치적이며 사회-문화적인 통합을 요청한다. 이러한 다각적인 노력을 통해 오늘 우리 옆에 있는 북한이탈주민과의 사회통합이 성공적으로 수행된다면 남북한의 통일이 더욱 용이해질 것이며, 그러한 통합이 어려움에 봉착하게 된다면 통일에의 길은 더 멀어질 것이라 생각한다. 그런 의미에서 북한이탈주민은 우리에게 제기된 하나의 시험문제와 같은 것이다. 그것은 우리 민족 앞에 놓인 시험임과 동시에, 하나님에 의해서 우리에게 제시된 시험문제이기도 하다. 이 같은 시험문제를 우리 민족이 하나님 앞에서 잘 풀 경우, 우리는 다윗시대와 같은 번영된 통일시대를 맞이하게 될 것이며, 더 나아가 예수 그리스도의 탄생이라는 신비에 접하게 될 것이라 생각한다.

그러므로 북한이탈주민과의 사회통합은 두 가지의 의미를 지닌다. 통일을 촉진하는 수단적 의미로서와 통일 후 달성해야 할 목표로서의 두 가지 방향이다. 오늘 우리 사회 내에 있는 북한이탈주민들의 전반적 복지 향상은 통일의 시기를 앞당길 것이다. 아울러 통일 후 이들의 역할이 매우 중요함을 우리 모두는 인지할 필요가 있다. 오늘의 북한이탈주민들은 통일 후 남한과 북한 사이의 갈등의 폭을 좁혀 줄 첨병들인 바, 우리는 이들과 협력하여 남북한 통일에 따른 갈등들을 줄일 수 있을 것이라 생각하는 것이다.[45]

북한이탈주민들은 우리 사회에서 사회적 약자들에 해당한다. 그러므로 사회적 약자 전반에 대한 우리 사회의 배려의 차원은 이들과의 관계에도 큰 영향을 미치게 마련이다. 우리 사회 내에서 사회적으로 힘이 약한 사람들이 살기 어렵게 된다면 북한이탈주민들의 삶도 동일한 운명이 될 수밖에 없을 것이라 생각한다. 그러므로

---

45) 이기영, 「북한이탈주민의 사회통합을 위한 지역복지 실천의 모색」(서울 : 집문당, 2006), 264ff.

남북통일을 위한 올바른 길은 우리가 사회적 약자들에 대해 어떻게 배려하고 있느냐의 문제에 깊이 연관된다. 힘없는 사람들이 보호받는 사회를 만드는 것이 남북통일을 위한 최선의 지름길이라는 것을 다시 강조하고 싶은 것이다. 그런 의미에서 성경이 가르치는 삶의 방식은 오늘의 한국을 위해 많은 교훈이 되고 있다. 혼자만 잘사는 사회가 아니라, 모두가 잘사는 사회, 모두가 행복한 사회를 만드는 것이 성경이 제시하는 이웃사랑의 길임을 말하고 싶다.

이런 북한이탈주민을 위해 교회가 할 수 있는 여러 일들이 있을 것 같다. 그중 먼저 추천하고 싶은 일은 그들을 경제적으로 돕는 일이다. 그들이 최악의 빈곤의 상태로 빠지지 않도록 경제적으로 돕는 것이 일단 중요하다. 그들의 자립을 돕고, 자립 때까지 시간을 벌 수 있도록 다양한 지원을 할 수 있을 것이다. 그들을 교회와 가까이 두고 교회를 통해 위로와 힘을 얻도록 한다면, 통일 후의 북한선교에도 큰 역할을 할 수 있을 것이라 생각한다.

9) 교동협의회가 운영하는 호스피스센터

호스피스센터는 병원이 운영하기에는 수지가 맞지 않는다고 한다. 비용은 많이 들어가나 수익이 적어 영리를 목적으로 하는 병원들이 맡기에는 어려운 일인 것이다. 인생의 마지막에 육체적 어려움이 있을 때 대부분 병원에서 마지막 숨을 거두게 되는데, 그 임종까지 가족들의 수고는 적지 않은 것이다. 물론 그러한 수고를 기쁜 마음으로 가족들이 담당하곤 하지만, 그 가족을 사랑하는 주변 사람들의 도움이 있다면 사랑하는 자를 보내는 가족들의 짐이 조금은 덜어지리라 생각한다.

항상 생각해 보곤 하였다. 교동협의회가 햇볕이 잘 드는 방 열 칸 정도의 2층집 하나를 구입하여 호스피스센터로 사용하면 어떨까 하는 제안이다. 인생의 마지막 순간을 조용히 회상하고, 가족들과도 정다운 대화를 나누면서 조용히 숨을 거두게 된다면 그것 또한 하나의 행복한 모습이라 생각해 본다. 숨을 거두는 어르신을 앞에 두고 가족들만이 찬송을 부를 수도 있지만, 그를 사랑했던 구역장과 집사님들도 함께 모여 "하늘 가는 밝은 길이"라는 찬송을 함께 부를 수도 있을 것이다. 인생의 마지막이 행복하면 우리의 인생 전체가 행복한 것이다.

교인들이 짬짬이 시간을 내어 마지막 가시는 어르신을 보살피며, 맛있는 음식도 드시게 하면서 웃는 얼굴로 세상을 마치시게 한다면, 그것은 우리 모두의 효도가 될 것이라 생각한다. 삶의 어려움을 같이 져 주는 교회, 요람으로부터 무덤까지 고통을 느끼지 않고 살 수 있는 장치에 도전하는 교회, 아무도 절망하고 좌절하지 않는 세상을 만들기 위해 노력하는 교회, 누구에게든 끝까지 돕는다는 것을 각인시키는 교회, 그런 교회라면 우리의 마을교회가 되기에 충분할 것 같다. 이제 우리는 일을 시작하였다. 여러 핑계와 불만을 말할 수 있다. 그러나 우리 앞에는 우리가 사랑해야 할 이웃들이 있음을 결코 잊어서는 안 되겠다. 우리는 사랑의 실천을 결코 버려서는 안 된다.

10) 마을의 축제 만들기

너무 행복할 때 우리는 같이 즐거워할 사람들의 얼굴을 떠올리게 된다. 어려운 사법고시에 합격했지만, 부모님은 모두 하늘나라에 가셨기에 그들에게 이 기쁨을 전할 길이 없다면 그 이상 아쉬운 일이 없을 것이다. 이와 같이 행복은 나누고 싶은 것이며, 그러한 행복의 기쁨이 나누어지는 장이 바로 축제의 장이다. 마을목회를 통해 우리 마을이 행복해졌음을 모두 기뻐한다면, 우리는 그러한 기쁨을 축제와 예배로 승화시켜야 한다. 하나님께서 우리에게 주신 축복의 기쁨을 함께 모여 나누는 것이다.

자녀가 올림픽에 나가 금메달을 따게 되면 부모님은 그를 위해 마을잔치를 벌이게 된다. 그 행복은 나만의 행복이 아니며, 모두가 누릴 행복인 것이다. 이와 같이 축제는 우리의 공동체성이 확인되는 장이다. 우리의 행복은 개인적인 것이 아니며, 공동적으로 연결된 것임을 우리는 축제를 통해 확인하게 되는 것이다.

우리 조상들은 추수가 끝나는 시기에 중추절, 곧 추석을 지내곤 했다. 그날이 되면 모두가 모여 축제의 장을 열었으며, 성묘도 하면서 감사하는 시간을 갖기도 하였다. 많이 추수한 자도 있고 수확이 적은 자도 있지만, 그런 것은 문제가 되지 않는다. 결국 그 모든 것이 한 동네의 수확인 것이기 때문이다. 중요한 것은 올 한 해 충분한 비도 오고, 햇볕도 쬐고, 자연재해도 없어 이런 풍년을 맞이할 수 있었다는 사실이다. 이런 의미에서 축제는 감사의 마당이기도 하다.

우리의 마을목회는 일만 하는 사역이 되어서는 안 된다. 함께 기뻐하고 즐기는 사역이 되어야 하며, 이에 곳곳에 축제의 장이 펼쳐져야만 하는 것이다. 그것을 표현하는 가장 좋은 길은 우리의 예배이다. 우리의 예배는 이런 기쁨을 경축하는 시간이 되어야 한다. 이웃을 바라보고 하나님을 바라보며 함께 웃을 수 있는 시간이 우리의 예배 가운데 마련되어야 한다. 음악을 가지고, 춤을 가지고, 음식을 가지고, 시를 가지고, 이러한 기쁨이 표현되어야만 우리의 행복은 구체화될 수 있는 것이다. 일 년에 한 서너 번쯤은 이런 축제의 날들이 있어야 하지 않을까? 부활절, 추수감사절, 성탄절, 그리고 한 번쯤 더 추가하여 우리의 기쁨을 표현하는 시간들을 가짐으로 우리 인생의 짐들이 가벼워질 수 있을 것이라 생각한다.

그러나 앞에서 말했듯 마을목회는 이런 과제들을 수행하는 것만으로 마무리되지 않는다. 마을목회가 잘 수행되기 위해 덧붙여지는 몇 가지의 특성들을 염두에 두어야 한다. 이미 설명하였던 바, 마을목회는 교회가 지난 기간 해 온 일반의 봉사활동과는 다르다. 어떤 봉사활동을 하기 전에 마을에 대한 공동체 의식과 마을 구성원들과의 상호 소통이 전제되어야 한다는 것이다. 먼저는 지역의 교회들 간에 끈끈한 연대가 있어야 한다. 경쟁적 목회가 아니라 협력하는 목회 시스템을 만들어야 한다. 동네의 10개가량의 교회들이 초교파적으로 만나 하나의 협의체를 구성하는 것이 중요하다. 필자는 마을목회에서 가장 소중한 부분이 이런 교회 간의 연대라 생각한다. 이어 교회들과 학교, 병원, 관공서 등의 여러 지역 내 기관들이 네트워킹 하는 것이 마을목회의 주요 관심사 가운데 하나다. 교회가 지역과 사회를 위해 많은 일을 하려고 하기보다는, 지역의 주민들과 같이 마을의 문제를 함께 고민하고 의논하는 분위기와 장을 만드는 것이 마을목회에 우선되어야 할 일이다. 어떤 기관이나 관청이 마을의 문제를 정하여 모든 사업들을 추진하는 것이 아니라, 마을주민 스스로가 할 일을 정하고 함께 노력하는 지역사회를 만드는 것이 중요하다. 여러 시행착오도 있고 비록 속도도 느리지만 혼자 성공하는 사회가 아닌 모두가 같이 가는 사회, 모두가 참여하는 사회를 만드는 것이 마을 만들기의 핵심 목표다. 성과주의에 휘둘리지 않고, 비록 많은 것을 하지는 못한다 할지라도 주민 모두의 의견이 경청되는 따뜻한 마을을 만드는 것이 우리의 바람인 것이다.

필자는 한국교회가 기독교의 희년정신을 오늘의 시대에 재해석하여 바람직한 교회의 모습을 다시 추구해 나가는 교회가 되길 바라고 있다. 이에 있어 무엇보다 중요한 점은 희년정신의 구현이 그리스도의 십자가에 나타난 은혜의 도를 온 세상에 전하는 것이 되어야 한다는 것이다. 그리스도 안에 나타난 전 피조물과의 화해의 사건만이 우리를 모순된 이 구조 속에서 구원할 수 있으며, 오늘의 사회를 진정으로 변화시키리라 믿고 있다. 그러므로 희년운동은 그리스도 안에 나타난 해방을 전하는 운동으로, 그것의 그리스도 중심성을 놓치지 않아야 할 것이다. 십자가의 영성으로 훈련받아, 하나님을 더 깊이 느끼고 이웃에 대한 사랑의 봉사에 적극 임함으로써, 오늘의 한국교회는 실추된 이미지를 회복할 수 있을 것이라 생각한다.

제10장
미래교회와 전략기획
(strategic planning)

노영상 / 총회한국교회연구원장

1. 전략기획(strategic planning)[1]과 목적이 이끄는 교회[2]

1) '목적이 이끄는 교회'(the purpose driven church)

필자는 앞의 글에서 교회의 목적을 분명히 하는 것이 오늘의 교회 성장에 얼마나 중요한 일인지를 설명한 바 있다. 그런 교회들로 윌로크릭 교회, 새들백 교회 등을 예로 들기도 했다. 이 교회들은 교회의 사명과 비전을 설정한 다음, 그 목적을 성취할 수 있는 기획적이며 전략적인 접근을 한다. 경영학에 있어 이런 기획을 전략기획이라 부르는데, 그 교회들은 이 같은 전략기획의 방법을 교회의 목회를 위해 잘 사용하고 있는 것이다.

이에 있어 필자가 본 글을 통해 다루려는 것은 목적을 확실히 하는 것을 바탕으로 하는 전략기획의 중요성과 방법을 먼저 설명하고, 구약성경 속의 느헤미야가 벌써 그러한 전략기획의 방안을 사용하였음을 보이는 것이다. 느헤미야의 미션과

---

1) 'strategic planning'은 '전략적 계획'이라고 번역되기도 한다.
2) 이 장의 글은 필자의 책, 「미래교회와 미래신학」(서울 : 장로회신학대학교출판부, 2009), 제6장을 수정하여 실은 것이다.

상황분석 능력과 비전과 과제로서의 목표설정과 그것을 이루기 위한 전략과 이행의 과정 및 평가의 치밀성을 나타내 보임으로써, 우리 교회의 목회가 보다 계획적이 되어야 함을 말하려 한다. 느헤미야 5 : 7은 느헤미야가 "깊이 생각하고", 곧 중심에 계획하고 일을 실행에 옮기고 있는 모습을 우리에게 말해 준다. 그는 치밀한 전략가였으며, '목적이 이끄는 삶'을 살아간 신앙인이었다.

우리는 마을목회의 기획 방법을 이 전략기획의 틀거리로 설명하려 한다. 마을목회의 매뉴얼에 대한 것인데, 마을목회를 실제 운영하는 방법의 틀을 전략기획의 방법으로부터 채용하였다는 것이다. 이러한 마을목회의 매뉴얼을 만들기 앞서 필자가 앞에서 강조한 마을목회의 특징들을 다시 한 번 되새길 필요가 있다.

먼저 소통과 참여의 중요성이다. 이런 소통을 위해 필자는 회의의 중요성을 강조한 바 있다. 또 하나 상기하여야 할 점은 다른 교회, 기관들과 네트워킹 하는 일이다. 마을목회는 혼자 하는 목회가 아니며, 이웃 단체들과 합력하여야 하는 그런 목회인 것이다.

2) 전략기획 정의와 실효성

인터넷상의 위키피디아(Wikipedia) 사전은 '전략기획'을 다음과 같이 정의한다. "전략기획은 한 조직체가 그것의 전략과 방향성을 정의하고, 이러한 전략을 추구하기 위해 자본이나 인력으로서의 자원을 어떻게 할당할 것인가를 결단하는 과정이다."[3] 이 정의에서와 같이 전략기획은 경영학의 한 영역으로서 전략경영을 위해 조직체의 미래적 일들을 계획하고, 그것을 이행하며, 나아가 그 결과에 대해 평가를 하는 일련의 과정을 말한다. 이 같은 전략기획에는 10년 이상의 장기계획뿐 아니라 5년 정도의 중기계획, 2~3년 정도의 단기계획 등이 포함된다.

전략기획의 문제를 오늘의 목회에 직접적으로 적용한 미국의 학자 중 가장 알려진 사람은 댈러스 신학교에서 가르치는 맬퍼스(Aubrey Malphurs)일 것이라 생각한다.[4] 전략기획을 다룬 그의 책 중 유명한 두 권을 소개하면, 「고급의 전략기획」

---

3) "Strategic Planning," From Wikipedia, the free encyclopedia(http : //en.wikipedia.org/wiki/Strategic_planning).
4) 맬퍼스의 책 중 여러 책이 이미 한글로 번역된 바 있다 : 「꿈꾸는 자는 성장할 권리가 있다」(2003), 「역동적 교회 리더십」(2001), 「비전을 넘어 핵심가치로」(2000), 「21세기 교회개척과 성장과정」(1996).

(1999),[5] 「전략 2000」(2000)을 들 수 있다.[6] 그는 이 두 권의 책에서 경영학에서 많이 언급되는 전략기획의 문제를 목회의 현장에 적용하고 있다. 맬퍼스는 「고급의 전략기획」에서 전략기획을 다음과 같이 정의한다 : "그것은 생각하고(thinking) 행동하는(acting) 과정을 말한다."[7] 그는 목회에 있어서의 생각하고 실천하는 과정을 다음과 같은 단계로 설명하고 있다 :[8] 목회분석(ministry analysis) → 가치발견(value discovery) → 사명개발(mission development) → 환경검토(environmental scan) → 비전개발(vision development) → 목표개발(goal development) → 전략개발(strategy development) → 전략이행(strategy implementation) → 목회에서의 우발적 일들(ministry contingencies)[9] → 목회평가(ministry evaluation)의 10단계이다.

[목회에서의 전략기획의 단계]

단계	정의와 과제
ministry analysis(목회분석)	오늘의 목회를 분석하고 무엇이 문제(약점)인가를 발견한다 : NCD 목회리서치 방법의 적용이 가능함.
value discovery(가치발견)	핵심 가치의 발견 : 조직체의 일차적 신념들을 말함.
mission development(사명개발)	조직체의 영원한 사명, 미션과 비전을 만들기 위해 공동체의 의견을 회의 등을 통해 수렴한다.
environmental scan(환경검토)	현재 그 조직체가 처해 있는 주변상황에 대한 분석 : 교회의 상황, 사회문화적 상황, 국가 상황, 세계 상황 등의 분석
vision development(비전개발)	일정 기간의 비전(장기비전은 보통 10년), 무엇을 할 것인가를 분명히 한다.
goal development(목표개발)	비전을 몇 가지의 목표로 나눈다.
strategy development(전략개발)	단계적 사고(시간의 문제), 인적, 물적 자원의 투여 계획을 포함
strategy implementation(전략이행)	행동과 실천으로 옮기는 문제
ministry contingencies(목회에서의 우발적 일들)	우발적인 일들에 대해 대처한다. 이에 의거 일부 전략을 수정하여 가며 행동에 옮기는 것이 중요하다.
ministry evaluation(목회평가)	내부적 평가, 외부적 평가로 나눈다. 설문조사 등이 필요하다.

---

5) Aubrey Malphurs, *Advanced Strategic Planning : A New Model for Church and Ministry Leaders*(Grand Rapids : Baker Books, 1999).
6) Aubrey Malphurs, *Strategy 2000 : Churches Making for the Next Millennium*(Grand Rapids : Kregel, 2000).
7) Aubrey Malphurs, *Advanced Strategic Planning*, 11.
8) Aubrey Malphurs, *Advanced Strategic Planning*, 14.
9) 목회에서의 우발적 사건들이란 전략을 시행에 옮기는 데 있어서의 예상치 않았던 장애들을 말한다.

오늘의 기업과 회사의 경영에 있어 전략기획의 기법들이 많이 사용되고 있으나, 교회의 일에는 이러한 기획적 일들이 생략되곤 한다. 우리는 사회와 세상의 일을 하면서는 나름의 치밀한 계획과 함께 그것을 실천해 나가지만, 교회의 목회에선 그렇지 못할 때가 많다. 중요도로 볼 때 하나님의 일이 이 세상의 일보다 더 소중한 것임에도, 우리는 교회의 일은 주먹구구식으로 할 때가 많은 것이다. 이에 필자는 목회에서의 전략기획의 중요성을 강조하면서 그 구체적인 방법들을 소개해 보고자 한다.

3) 전략기획의 구체적인 과정

전략기획의 구체적인 방법을 검토하는 것은 쉬운 일이 아니다. 일단 우리나라에 나온 책들 중 전략기획의 문제를 명확하게 설명하는 책들이 별로 없다. 필자는 아래와 같은 전략기획의 과정을 설명하는 표를 만들기 위해 여러 책들을 참고하였다. 굿스타인(Leonard D. Goodstein) 등이 펴낸 「응용 전략기획」(*Applied Strategic Planning*),[10] 스태톤-라인스타인(Rebecca Staton-Reinstein)의 책 「성공기획」(*Success Planning*),[11] 브래드포드(Robert W. Bradford) 등이 쓴 「단순화한 기획전략」(*Simplified Strategic Planning*),[12] 레이크(Neville Lake)의 「전략기획 워크북」(*The Strategic Planning Workbook*)[13] 등이다.

[전략기획의 수립과정]

전략기획의 과정	주요개념	비고
1. 수립과정 설명	새로운 발전계획을 하게 된 이유에 대해 밝힌다.	이전의 발전계획 등에 대해 분석한다.
2. 기획과정 계획 (planning plan process)	기획팀(planning team, task force team)의 구성 먼저 전반적인 경영분석이 수행되는 것이 바람직하다.	발전계획의 틀을 정한다. 발전계획 수립을 위한 작업계획표(worksheet)를 마련한다. 전산화를 통한 솔루션을 만든다.

---

10) Leonard D. Goodstein, Timothy M. Nolan and J. William Pfeiffer, *Applied Strategic Planning*(New York : McGraw-Hill, Inc. 1993).
11) Rebecca Staton-Reinstein, *Success Planning*(North Miami Beach : Tobsus, 2003).
12) Robert W. Bradford and J. Peter Duncan, *Simplified Strategic Planning*(Worcester : Chandler House Press, 2000).
13) Neville Lake, *The Strategic Planning Workbook*(London : Kogan Page, 2002).

3. 의견수렴 과정 (consensus process)	발전계획의 결과물 속엔 의견수렴 과정을 언급하여야 한다.	전략기획 수립과정을 보인다. 자료 수집 과정에 대해서도 설명한다.
4. 핵심가치 (core value) 설정	사명과 비전이 교회가 '무엇'(what)을 해야 하는지를 설명하는 것이라면, 가치는 그것을 '왜'(why) 해야 하는지를 설명하며, 전략은 그것을 어떻게 하여야 하는지를 말한다.	핵심가치는 다음의 질문을 수반한다. – 우리는 누구인가? – 우리에게 무엇이 중요한가?
5. 사명(mission)에 대한 진술	사명 선언문(mission statement)의 작성 필요	미션으로서의 사명은 한시적인 비전과는 달리, 시간에 따라 변치 않는 영원한 목적을 의미한다.
6. 목적(purpose)	사명을 이루기 위한 세부 목적을 세울 수 있다.	
7. 환경분석(상황분석, environmental analysis)	외부환경 분석과 내부환경 분석으로 구분된다. SWOT 분석이 포함된다. – 지금 우리는 어디에 있는가?	환경에 대한 분석은 다층적으로 다양한 영역에서 수행되는 것이 좋다. 교회에 대한 사람들의 요구(need)들을 수렴한다.
8. 비전(vision) 수립	비전은 일정 기간의 발전계획의 전반적인 방향을 말한다. 비전선언문(vision statement)의 작성, 비전선언문은 일면 감정에 호소하는 내용이어야 한다. – 우리는 어디에 있기를 원하는가?(상황에 대한 이해를 포함한다.)	비전 선언문 작성법 : 상황 – 기간 – 미래에 할 일(분명한 목표를 제시) – 그것을 성취하는 방법 도전적이며 감성에 호소, 하나 됨을 고취함.
9. 발전목표 (objective) 설정	발전목표는 비전에 의거 각 부서의 제안들을 수렴하여 정한다. 각 부서에서 제안된 발전목표들을 수합하여 조정한다. – 우리는 무엇을 할 수 있는가?	현실과 비전 사이의 간격을 확인한다. 비전의 내용에서 발전목표를 간추린다. 우선순위(priority)의 문제를 정한다.
10. 발전전략 (strategy)	발전전략은 발전목표를 단계적으로 접근하는 것이다. – 어떻게 그것을 해야 하는가?(단계적 전략) – 언제 그것을 할 것인가?(시간의 문제) – 누가 할 것인가?(인적 자원과 물적 자원)	예를 들어 6년의 중기발전계획일 경우, 발전목표를 2년 단위로 나누어 세분하여 발전전략을 정할 수도 있을 것이다.
11. 세부 발전전략	세부적 '사업과제'라고도 한다.	발전전략을 세부적인 내용으로 구분한 것이다.
12. 상세한 사업계획 (action plan) : 실행계획(executive plan, tactical plan)이라고도 한다.	자원(resource) 투여에 대한 사항이 포함되어야 한다. 재정적 자원(financial resource)과 인적 자원(human resource) 투여 계획, 사업과제별로 아래의 사항들에 대해 해당 부서별로 구체적인 계획을 세우도록 한다. 오늘의 상황, 목표 설정, 시행 기간과 단계별 접근, 예상되는 결과, 예산과 담당부서 유의점	자원 할당(resource allocation) 계획의 필요 인력의 문제에 있어 미래에 필요한 인력 고용계획을 세우고, 현재의 인력에 대한 교육계획을 포함할 필요가 있다. MBO(목표관리)[14]를 사용하여 사업계획을 세울 수도 있을 것이다. 모의 실행계획의 수립, 최종 실행계획의 수립

13. 재정소요 분석과 재정확보 계획	재정이 뒷받침되지 않는 계획은 공허한 계획이 된다.	
14. 발전계획 달성 후의 미래상	발전지표에 대한 설명	평가를 정량화 하는 주요 발전지표들을 제시한다.
15. 돌발사태들에 대한 대비(contingency plan)	위험요인 분석(risk analysis)	새로운 위기가 예상될 경우, 전략 및 실행계획 등을 유연하게 수정 보완한다.
16. 이행 (implementation)	계획에 대한 실천	
17. 평가(evaluation)	평가는 실천이 다른 사람에게 미친 결과와 그것의 실천에 참여한 사람들이 배운 점을 포괄한다. - 우리는 잘하였는가? - 하나님을 기쁘게 해 드렸는가?	평가에 대한 기획 : 평가방향, 평가기간, 평가내용 등에 대한 설명이 필요 가능한 대로 정량적 평가를 할 수 있도록 계획한다(측정지표⟨metric⟩에 대한 고찰 필요).
18. 차기 기획에 사용 (improve planning process)	다음번의 계획을 위해 자료들을 정리하여 사용한다.	

이상과 같이 전략기획의 과정에 대해 설명하였다. 전략기획은 크게 계획의 단계, 이행의 단계 그리고 그에 대한 평가의 단계로 구분된다. 계획과 평가도 중요하지만, 기획한 일을 실행에 옮기는 것이 가장 중요한 일이라 할 수 있다. 아무리 좋은 계획이라고 하여도 그것을 실제 이행하지 못한다면 무용지물이 되고 만다. 쓸모없는 계획이 되지 않으려면 먼저 실효성 있는 계획을 세우는 것이 중요하다. 아무리 좋은 계획이라고 하여도 현실에서의 실천 가능성이 없는 것이라면 의미가 없다. 이에 그 계획에 대한 구성원들의 실천의욕을 고취함과 함께 재정과 인력으로서의 자원들에 대한 충분한 투여계획이 요청되는 것이다.

4) 가치와 사명과 비전의 차이

(1) 가치와 사명과 비전[15]

앞에서 전략기획의 과정에 대해 설명하면서, 구별이 용이하지 않은 몇 가지 개념

---

14) Management by Objectives의 약어이다.
15) Steven R. Mills, "Developing Vision in the Smaller Congregation"(http://enrichmentjournal.ag.org/200001/046_developing_vision.cfm).

들에 대해 부연 설명하고자 한다. 먼저 가치와 사명과 비전은 그 개념을 구별하는 것이 쉽지가 않는 바, 이에 그 세 개념의 정의를 다시 한 번 검토하려 한다.

① 가치선언문(value statement)

핵심가치(core value)란 기업이나 단체를 이끄는 바람직하고 올바른 인류의 보편타당성 있는 행동을 제시하는 기본적인 규칙과 규범을 말한다. 그 가치는 의사결정을 할 때, 모든 생각과 행동을 판단할 때 근거가 되는 기업이나 단체의 신념이다.[16] 교회의 전략기획에 있어, 가치란 "목회사역을 움직이는 지속적이며 열정적이고 성경적인 핵심적 신념(belief)"을 말한다.[17] 사명과 비전이 교회가 '무엇'(what)을 해야 하는지를 설명하는 것이라면, 가치는 그것을 '왜'(why) 해야 하는지를 설명하며, 전략은 그것을 '어떻게'(how) 하여야 하는지를 말한다.[18] 사명과 비전이 우리가 하는 일에 방향을 주는 것이라면, 가치는 우리의 일이 그 방향을 향해 움직이게 한다. 핵심가치란 한 조직체를 움직이는 신념인 것이다. 아무리 좋은 방향이 정해졌다고 하여도 그것을 왜 하여야 하는지에 대한 신념이 불명확하다면, 그 일은 진취적으로 추진되기 어려울 것이다.

② 사명(mission), 목적(purpose)

교회의 사명이란 하나님의 보편적이며 변치 않는 교회에 대한 계획을 말한다. 본질적으로 그것은 '위대한 위임'(Great Commission)을 일컫는다. 그것은 교회가 무엇을 하여야만 하는지를 언급하는 것이다. 일반적으로 이 사명은 감정에 호소하기보다는 지성에 호소한다.

③ 비전(vision)

비전은 위의 사명과는 다르게 일정한 기간이 정해져 있다. 정해진 미래에 대해 교회가 도전하여야 할 일을 그리는 것이다. 이에 비전은 영원한 사명의 내용을 일정한 상황에 반영함을 통해 세워지게 된다. 이 같은 비전은 미래에 할 일을 말함과

---

16) http://www.donga.com/e-county/sssboard/board.php?no=225331&s_work=view&tcode=01001.
17) Aubrey Malphurs, *Strategy 2000*, 83.
18) Aubrey Malphurs, *Strategy 2000*, 50.

동시에 그것을 성취하는 방법에 대해서도 언급한다. 이 비전은 구성원들의 마음을 사명을 향해 움직이게 하는 것이다. 비전선언문에는 다음과 같은 내용들이 포함된다.
- 상황에 대한 설명
- 미래의 기간에 대한 설명, 미래에 하여야 할 일들에 대한 내용
- 가슴에 호소하는 도전적인 내용
- 미션과 핵심가치의 내용을 반영하여야 한다.
- 목표를 분명히 하는 내용이어야 한다.
- 이루어질 수 없는 황당한 것이어서는 안 된다.
- 성취 가능성을 보여야 한다.
- 역량을 모을 수 있는 초점을 보여야 한다.

비전은 우리에게 우리가 가야 할 방향성과 초점을 제시하는 반면, 가치관은 우리가 그것을 향해 움직이게 하는 것이다. 비전은 우리가 나아갈 방향을 분명히 알 수 있게 한다. 그러나 가치관은 장래를 제대로 바라보며 그것을 향해 움직이게 한다. 이에 가치관은 비전을 세우는 전제가 되는 것이다.[19]

(2) 미션과 비전의 차이

[미션과 비전의 개념 비교]

	미션(mission)	비전(vision)
정의	변치 않는 것	상황에 따른 것, 기간이 정해짐.
내용 분량	짧다.	길다.
사용	기획을 위한 것	의사소통을 위한 것
목적	정보를 주기 위한 것	고취시키기 위한 것
행동	행함을 위한 것	보는 것
초점	머리	가슴
순서	미션을 비전보다 먼저 세우고	비전은 나중에 세운다.
범위	넓고	좁다.
상황	상황에 의거하지 않는 영원한 것이다.	일정 기간의 상황에서의 비전이다.

---

19) http : //cafe.naver.com/agapao1004.cafe?iframe_url=/ArticleRead.nhn%3Farticleid=453.

5) 핵심가치(core value)와 사명(mission)과 비전(vision)의 예시

최근 한국의 많은 교회들도 전략기획의 기초가 되는 핵심가치와 사명과 비전을 정하곤 한다. 그 내용에 있어 타당한 것들도 있으나, 그 개념에 상응하지 않는 내용들도 많다. 필자는 아래에 핵심가치와 사명과 비전의 예를 들려고 한다.

(1) 핵심가치(core value)

새들백 교회(Saddleback Church)의 홈페이지는 그 교회의 핵심가치를 담고 있지 않다. 이에 윌로크릭 교회의 핵심가치로 설명하려 한다. 윌로크릭 교회는 10개의 핵심가치를 말한다. 교회의 핵심가치란 보통 성경이 언급하는 핵심적 신념들로 구성된다.[20]

- 우리는 삶을 변혁하는 교회의 가르침을 믿는다.
- 우리는 복음전도가 하나님께서 중히 여기는 문제로서, 교회가 이에 집중하여야 함을 믿는다.
- 우리는 교회가 교리적으로 순수하면서도 문화적으로 상관성이 있어야 함을 믿는다.
- 우리는 그리스도를 따르는 사람들이 개인적으로 순전할 뿐 아니라, 계속적인 성장을 도모해야 함을 믿는다.
- 우리는 교회의 일치와 섬김과 영적인 은사와 사역을 위한 소명의 중요함을 믿는다.
- 우리는 사랑의 관계가 교회의 모든 면에 투입되어야 함을 믿는다.
- 우리는 소그룹에서 가장 적절히 삶의 변화가 야기될 수 있음을 믿는다.
- 우리는 탁월함으로 하나님을 경외하고 사람들에게 영감을 줄 수 있도록 노력하는 것이 중요함을 믿는다.
- 우리는 탁월한 리더십을 가진 리더들에 의해 교회가 이끌어지는 것의 중요성을 믿는다.
- 우리는 그리스도에 대한 충분한 헌신이 중요함과 그 헌신을 가능하게 하는 그

---

20) 본문의 내용을 약간 의역하였다.

리스도의 능력을 믿는다.[21]

(2) 새들백 교회의 목적선언문(purpose statement)[22]

사람을 예수 그리스도에게로 인도하여 그의 가족의 일원이 되게 한다. 그들이 그리스도를 닮아 성장하여 하나님의 이름을 높이며, 교회에서의 그들의 사역과 세계를 향한 그들의 선교적 삶을 위해 준비하게 한다.[23]

(3) 새들백 교회의 비전선언문(vision statement)[24]

아래의 비전선언문은 새들백 교회의 것이다. 새들백 교회 창립예배 전 주일인 1980년 3월 30일에,[25] 15명이 모인 자리에서 그 교회의 개척목사인 릭 워렌(Rick Warren)이 설교한 내용이다. 릭 워렌 목사는 그 설교에서 일곱 가지의 꿈을 제시한 바 있는데, 이것은 새들백 교회의 비전(vision)으로서 지금도 교회의 홈페이지에 표명되어 있다. 그 비전으로서의 일곱 가지의 꿈은 다음과 같다.

- 교회가 상처받은 사람들, 침체된 사람들, 좌절감을 느끼는 사람들, 혼란에 빠진 사람들이 찾아와 사랑을 맛보며 받아들여지는 행복감과 함께 용서, 지도, 그리고 격려를 받을 수 있는 곳을 만드는 것입니다.
- 남부 오렌지 카운티에 사는 수십만의 사람들에게 예수 그리스도의 복음을 전

---

[21] Aubrey Malphurs, *Advanced Strategic Planning*, 233-234.
[22] 이 목적선언문은 새들백 교회의 사명선언문(mission statement)이라고도 한다(Aubrey Malphurs, *Strategy 2000*, 173-174. 이 목적선언문은 다섯 가지의 요소로 구성된다. 예배를 통해 하나님의 현존을 경축하는 것(magnify), 복음전도를 통해 하나님의 말씀을 전하는 것(mission), 하나님의 백성을 우리의 친교 안으로 연합시키는 것(membership), 제자훈련을 통해 하나님의 백성들을 교육하는 것(maturity), 봉사를 통해 하나님의 사랑을 드러내는 것(ministry)의 다섯 가지이다).
[23] 새들백 교회의 목적선언문은 새들백 교회(Saddleback Church) 홈페이지에서 찾을 수 있다. "To bring people to Jesus and membership in his family, develop them to Christlike maturity, and equip them for their ministry in the church and life mission in the world, in order to magnify God's name."
[24] 번역은 http://cafe.naver.com/ghanachurchplant.cafe?iframe_url=/ArticleRead.nhn%3Farticleid=98 참조.
[25] 새들백 교회는 1980년 4월 6일 부활절에 창립예배를 드렸다. 그날에 205명이 출석했다.

하는 것입니다.
- 2만 명이 넘는 교인들을 서로 사랑하며 함께 배우고 웃고 화목하게 살아가는 교회 가족의 교제 속으로 끌어들이는 것입니다.
- 성경공부, 소그룹 모임, 세미나, 수련회, 성경학교 등을 통해 사람들을 영적 성숙으로 이끄는 것입니다.
- 모든 교인을 훈련시켜서 하나님께서 그들에게 주신 은사와 재능을 발견케 하여 중요한 사역을 감당케 하는 것입니다.
- 세계 각국으로 수백 명의 전문 선교사와 교사 일꾼들을 파송하고, 모든 신자들을 개인적으로 사명을 위해 무장시키고, 모든 대륙에 수천 명의 교인들을 단기 선교사역을 위해 파송하며, 매년 적어도 하나 이상의 지교회를 세우는 것입니다.
- 6만 평 이상의 땅에 아름답지만 단순한 교회 건물을 세우는 것입니다.

저는 오늘 이러한 꿈들이 실현될 것임을 자신 있게 확신하며 당신들 앞에 서 있습니다. 왜냐하면 그 꿈들은 하나님께서 나에게 영감으로 주신 것들이기 때문입니다.[26]

---

[26] http://www.saddleback.com/flash/vision.html. 위 본문의 번역은 아래의 릭 워렌의 1980년의 비전을 요약한 것이다.
It is the dream of a place where the hurting, the depressed, the frustrated, and the confused can find love, acceptance, help, hope, forgiveness, guidance, and encouragement.
It is the dream of sharing the Good News of Jesus Christ with the hundreds of thousands of residents in south Orange County.
It is the dream of welcoming 20,000 members into the fellowship of our church family – loving, learning, laughing, and living in harmony together.
It is the dream of developing people to spiritual maturity through Bible studies, small groups, seminars, retreats, and a Bible school for our members.
It is the dream of equipping every believer for a significant ministry by helping them discover the gifts and talents God gave them.
It is the dream of sending out hundreds of career missionaries and church workers all around the world, and empowering every member for a personal life mission in the world. It is the dream of sending our members by the thousands on short – term mission projects to every continent. It is the dream of starting at least one new daughter church every year.
It is the dream of at least fifty acres of land, on which will be built a regional church for south Orange County – with beautiful, yet simple, facilities including a worship center seating thousands, a counseling and prayer center, classrooms for Bible studies and training lay ministers, and a recreation area. All of this will be designed to minister to the local person – spiritually, emotionally physically, and socially – and

2. 성경상에 나타난 전략기획의 한 예 : 느헤미야의 비전과 전략

1) 느헤미야의 비전(vision)

당시 페르시아의 술 관원으로 있었던 느헤미야는 조국의 성읍이 훼파되었다는 말을 듣고, 슬퍼하며 수일 동안 금식하였다고 전한다(1 : 3 - 4). 그는 페르시아의 고위공직자로서 현실에 안주하며 살 수 있었다. 그러나 그는 멀리 떨어져 있는 조국을 염려하며 조국의 사정에 대해 관심을 늦추지 않았다. 그는 민족의 괴로움을 지고 하나님 앞에 엎드려 기도하였다고 한다. 평소 민족을 위해 기도로 준비하지 않는 자는 민족을 위해 일할 수 없다. 준비가 없는 자는 기회가 와도 그 기회를 민족을 위한 일로 사용하지 못한다. 생각하고 준비하는 자에게 기회가 온다. 느헤미야의 비전을 간추려 적으면 다음과 같은 것이 될 것이다.

느헤미야의 비전 선언문(vision statement) : 70여 년 전 조국의 왕조는 문을 닫고 바벨론에 예속되게 되었습니다. 조국의 많은 사람들은 바벨론에 포로로 끌려갔습니다. 거의 70년의 세월이 지난 오늘 조국의 수도 예루살렘성은 무너져 내리고, 국가의 모든 분야가 황폐화되었습니다. 우리는 우리의 조국이 이와 같이 몰락하여 사라지는 것에 무관심해서는 안 됩니다. 바벨론에서 나름대로의 행복한 삶을 영위하는 것도 중요하지만, 우리에게 더 중요한 일은 조국을 재건하는 것입니다. 먼저 우리에게 요구되는 일은 조국을 위해 기도하는 것입니다. 그리고 바벨론에서 어느 정도 쌓은 역량을 조국의 재건을 위해 효과적으로 사용하는 길을 찾는 것이 중요합니다. 하나님께서는 우리에게 새로운 조국에 대한 비전을 보여 주십니다. 하나님께서 도와주신다면 우리는 자랑스러운 이스라엘을 다시 세울 수 있을 것입니다.

2) 느헤미야의 당시 상황에 대한 SWOT 분석

---

set in a peaceful, inspiring garden landscape.
I stand before you today and state in confident assurance that these dreams will become reality. Why? Because they are inspired by God.

[느헤미야의 당시 상황에 대한 SWOT 분석]

강점(Strengths)	약점(Weaknesses)
1：11 왕의 술 맡은 관원이 됨. 1：10 주님의 강한 손에 의지함. 9：17 긍휼하신 하나님 * 바벨론에 이주한 유대인들이 어느 정도의 재력과 힘을 갖게 됨.	1：3 예루살렘성의 훼파 2：17 성벽이 다 무너졌고, 성문은 소화되었다. 9：16-17 백성들의 죄와 패역 및 불신앙 13：23-31 이방인과의 혼혈 * 국가의 모든 부분이 쇠락하고, 백성들의 사기가 땅에 떨어짐.
위협(Threats)	기회(Opportunities)
외부적인 장애 : 2：10 호론 사람 산발랏과 암몬 사람 도비야의 위협(2：19, 4：1-7, 6：1-19) 내부적인 장애 : 5：1-5 백성들의 민생과 정치에 대한 불만 * 처음에는 백성들이 느헤미야의 재건 노력에 대해 회의적 반응을 하였다.	2：4 왕이 무엇을 원하느냐고 느헤미야에게 물어봄. 2：8 왕이 여러 가지로 도움을 줄 것을 느헤미야에게 약속함. 7：6 바벨론 포로 되었던 자들이 놓임을 받아 예루살렘으로 귀환함.

3) 느헤미야의 전략(strategy)

일의 이룸은 비전과 열정만으로 되지 않는다. 그 비전과 열정을 뒷받침하는 전략과 구체적인 계획이 없다면, 그러한 비전은 무용지물이 된다.

(1) 느헤미야의 숙고적 행동

2장에 보면, 페르시아 왕이 느헤미야의 근심의 이유를 묻는 장면이 나온다. 느헤미야가 자신의 수심의 이유를 말하니, 왕이 그에게 무엇을 도와줄까 질문하였다. 그 말을 듣고 느헤미야는 하늘의 하나님께 묵도하였다고 되어 있다(4절). 결정적인 순간 느헤미야는 서두르지 않았다. 자신에게 주어진 기회를 어떻게 사용하는 것이 최선인지를 기도하는 마음으로 생각하였던 것이다. 그리고 나서 느헤미야는 왕에게 자신을 도와줄 일에 대해서 조목조목 제시하였다(7-9절). 느헤미야는 민족을 살리는 일에 무엇이 필요한지를 평소 따져 보고 있었던 자였다. 일을 생각 없이 무턱대고 하지 말고 깊이 생각해 보고 필요한 것이 무엇인지 따져 보면서 그 일을 추진해야 한다. 기획이 잘못되고 부실하면 일에 성공하기 어렵다.

(2) 느헤미야의 민족재건을 위한 구체적 전략은 세 가지였다

① 성벽을 쌓아 민족의 구심점을 모음(3 : 1)
느헤미야 7 : 1~2은 성벽이 완성되었음을 말한다. 이 성벽은 두 가지의 의미를 갖는다. 먼저는 외부로부터 보호하는 것이며, 다음으로는 내부적 공동체를 결속시키는 것이다. 외부적 위협과 장애의 극복 및 내부적 결속의 표상이 성벽이다. 서로의 막힌 담을 헐어 민족 전체를 아우르는 성벽을 건축하였던 것이다.

느헤미야는 민족재건을 위해 백성을 전체적으로 아우르는 단합의 성벽을 쌓을 것을 제안하였다. 이제 성벽을 쌓는 작업을 하며, 내적으로 이스라엘의 백성들은 단합되었으나, 외부의 적들이 그 성벽을 쌓는 것을 방해하였다(4 : 7-8). 민족의 문제는 내부의 문제를 해결하는 것으로만 끝나지 않는다. 그것은 시작에 불과하다. 민족이 내부적으로 단합되면, 외부의 적이 무엇인가가 드러나게 된다. 내부적인 문제는 문제의 작은 부분이다. 4장에 이르러 성벽 쌓는 것에 대한 외부 세력의 방해 공작이 나타난다.

② 신앙을 통해 민족을 단결시킴
8~10장은 에스라가 주도한 종교교육을 설명한다. 이스라엘의 민족 재건은 두 가지의 방향에서 추진되었다. 먼저는 느헤미야의 기획이며, 다른 하나는 에스라의 기획이다. 느헤미야는 정치가이며, 에스라는 종교지도자이다. 민족의 개혁은 정치의 힘만으로 되지 않는다. 정신이 바뀌지 않는 한, 외형적인 제도의 개선은 무의미하다. 느헤미야는 민족의 재건이 자기의 힘만으로 되지 않음을 잘 이해하고 있었다. 그는 그 일을 위해 정신적인 지도자 에스라의 도움이 필요함을 잘 알고 있었다.

③ 공동체를 파괴하는 이방적 요소를 제거함(13 : 23 - 31)
느헤미야는 유대 사람들이 이민족 여인을 취하여 결혼하는 것을 용납하지 않았다. 국가가 망한 후 이스라엘 백성들은 민족적인 정체성을 잃고 이방풍속에 쉽게 매몰되었는 바, 느헤미야는 그 원인 중의 하나가 이방의 여인들과의 혼합에 있음을 지적하고 있다.

(3) 느헤미야는 민족재건을 위한 자원(resource)을 지속적으로 확보하였다

먼저 민족재건을 위해 필요한 재정적 자원들을 확보하였다(2:8). 집을 지을 나무, 곧 목재의 조달 문제가 그것에 포함된다. 다음으로 민족을 재건하는 데 필요한 최소 인력의 확보가 중요하였다(2:9). 군대 장관과 마병을 지원받았으며, 느헤미야는 이후 다양한 인력을 동원하여 민족의 재건을 도모한 바 있다.

(4) 순례적 삶

이런 일은 본토에 남아 있던 사람보다는 귀환공동체가 주도한 것이다(7:6-7). 언제나 자기가 이곳의 본토민이라 생각하는 사람에 의해서는 새로움의 역사가 나타나기 어렵다. 모두 잠시 지나가는 것이다. 항상 끝날 때가 있음을 생각하는 나그네 의식이 필요하다. 이 교회의 주체가 자신이라고 생각하는 사람에 의해서는 교회가 변혁되지 않는다. 우리에게 필요한 것은 나그네 정신이다. 다 잠시 있다가 사라지는 존재라는 것을 인식하여야 한다. 그 일을 이루기 위해 우리에게 주어진 시간은 길지 않다.

4) 시간 사용의 문제

당시 사정은 긴박하게 돌아갔으나, 느헤미야는 졸속으로 일을 처리하지 않고 순서를 밟아 일을 진행시켰다. 전략기획에 있어 중요한 것은 서두르지 않는 것이다. 예루살렘에 도착하여 느헤미야는 한동안 두문불출하며, 자신의 일을 본격적으로 시작하지 않았다. 생각하는 시간을 번 것이다. 훌륭한 전략가는 자신의 일을 서두르지 않는다. 의욕을 앞세우다가는 반대세력을 만들기 쉽다. 자신이 하고픈 일이 있을지라도 충분한 주변정리가 될 때까지 기다릴 줄 알아야 한다. 느헤미야는 먼저 그의 일을 은밀히 조신하게 시작하고 있다(2:12). 그리고 때를 기다려 충분히 분위기가 무르익었다고 생각하였을 때, 자신의 민족재건을 위한 청사진을 백성들에게 제시하였다(16-17절). 모든 일은 의욕만 가지고 되는 것은 아니다. 신중한 접근이 필요하다(2:19-3:1).

기획 없이 서둘러 하는 일은 성공하지 못한다. 시간이 걸리지만 순서를 밟아 진행하여야 한다. 의욕을 앞세운 채, 일을 성급하게 처리한다고 하여 그 일이 되는 것이 아니다. 급한 길일수록 돌아가야 한다. 먼 미래를 바라보며 한 걸음, 한 걸음

내딛다 보면, 우리가 오르려는 고지에 이르게 된다.

5) 구체적인 실행계획(executive plan, tactical plan)

느헤미야의 민족재건을 위한 일은 성벽을 쌓는 눈에 보이는 것만으로 끝나지 않는다. 여러 가지 구체적인 사업과제(task)들에 대한 기획들이 이어졌다. 5장에서 그는 경제정의를 회복시키려는 노력을 한다. 부정 축재하는 공무원들을 제압하기 위해, 그는 그 스스로 모범을 보이고 있다. 그는 그가 당연히 백성으로부터 받을 총독의 녹도 요구하지 않으면서 개혁의 고삐를 늦추지 않았다(5:17-18). 느헤미야의 개혁은 이어진다. 에스라가 주도한 종교적인 교육과 개혁(8-10장), 제도의 정비(11-13장), 민족의 순수성과 정체성을 확고히 함 등을 통해(13:28), 그의 개혁을 마무리하고 있다.

중요한 것은 그가 이 일을 추진하는 동안 돌발사태(contingencies)들이 많았다는 것이다. 일을 하다 보면 자신이 예상하지 못한 걸림돌들이 튀어나오기 마련이다. 그러한 장애는 외부적인 것이 될 수도 있고, 내부적인 것이 될 수도 있다. 언제나 더 극복하기 어려운 것은 외적인 것이라기보다 내적인 무력감, 경쟁심, 안일주의 이런 것들이다. 느헤미야에게도 당연히 많은 장애들이 있었다. 그러나 그는 많은 장애에도 불구하고, 그의 비전을 밀고 나가고 있다. 장애가 왔을 때 포기해 버리고 만다면, 그 일은 이루어지지 않는다. 좌절이 있을 수 있다. 방해를 받을 수 있다. 이럴 때마다 요청되는 것은 목표와 신앙으로 표현되는 뚜렷한 신념이다.

6) 피드백(feedback) : 일의 성패는 하나님의 장중에 있다

느헤미야서는 상당 부분을 그들이 이룬 일을 회상하고 그 일을 이루기 위해 노력한 내용을 평가하는 일에 할애하고 있다. 일을 마쳤다고 해서 모든 것이 마무리되는 것은 아니다. 그 일을 마친 후 그 일에 대해 반성하고, 새로운 비전을 세우는 것에 그러한 평가를 이용하여야 한다. 논공행상이 분명하지 않은 집단은 오래 가지 못한다. 일을 잘 추진한 사람들의 이름이 오르고, 일을 망친 사람들은 반성하는 사회가 되지 않는다면, 이 사회는 그러한 우를 계속 반복하게 될 것이다.

에스라, 느헤미야서의 클라이맥스는 느헤미야 2:20, 6:16, 8:1~9 등의 말씀

에서 나타난다. 민족을 개혁하고 재건하는 일은 하나님께서 일하심으로써만 가능하다고 그들은 생각하였다. 사람이 하는 국가 건설이 아니라 하나님께서 하시는 국가 건설을 그들은 강조하였다. 그들은 그들 혼자만이 이런 일을 감당할 수 있다고 생각하지 않았으며, 백성들의 힘을 모아서만 이런 일을 완수할 수 있음을 깨닫고, 성벽을 모두의 힘으로 함께 쌓아 나갈 것을 제안하였다. 이에 백성들은 힘을 합쳐 예루살렘의 성벽을 재건하였던 것이다(3장). 그러나 최종적으로 느헤미야의 장대한 기획을 이루신 것은 이스라엘 백성들의 힘이 아니었으며, 하나님의 섭리였음을 느헤미야서는 강조한다. 이에 느헤미야서는 그러한 일의 추진 중에 나타나는 돌발적 장애들이 있을 때마다, 그들이 하나님을 의지하여 기도하였음을 언급하고 있다(느 4:1-5, 4:7-9, 5:19).[27]

아무 비전과 계획 없이 무심코 세월을 보낼 수도 있다. 그러나 뚜렷한 비전을 세우고 모두가 자신의 삶을 던져 그 일을 위한 헌신의 삶을 살아 나갈 수도 있다. 느헤미야를 세우셨던 하나님이 오늘 우리를 부르신다. "예." 하고 나설 수도 있고, 주저앉아 있을 수도 있다. 그러나 힘을 합쳐 무언가 기획하여 추진함으로 주님의 일을 이룰 수 있을 것이다.

3. 마치는 글 : 전략기획의 중요성에 대한 재강조

시간이 걸리더라도 철저한 계획을 하는 것이 중요하다. 시간을 아낀다고 계획하는 일을 엉성하게 하면 그 일은 잘 진행되기 어렵다. 우리는 성급한 나머지 계획하는 일을 접어 두고 일의 실천에 먼저 돌입하는 때가 많은데, 그러한 계획의 빈곤은 우리의 일을 망치게 하는 주요 원인이 된다. 계획의 철저함은 우리의 개인적인 삶을 풍요롭게 할 뿐 아니라, 공동의 삶도 생산성 있게 할 것임에 분명하다.

계획을 성공적으로 수행하려면 계획하는 방법을 잘 이해할 필요가 있다. 좋은 계획의 틀은 좋은 계획의 내용을 산출한다. 사명을 정립하고, 상황을 파악하며, 그에 의거하여 비전을 수립하고, 다음으로 전략과 실행계획을 세우고, 그러한 계획을 이행에 옮기며, 최종적으로 평가하는 전략기획의 과정을 우리는 숙지할 필요가 있

---

27) Joseph Blenkinsopp, *Ezra-Nehemiah : A Commentary*(Philadelphia : The Westminster Press, 1988), 225.

다. 이러한 과정 중에서 특히 상황을 진단하고 파악하는 일이 중요하다.[28] 의사가 환자를 치료하기 위해서 그 환자의 병이 무엇인지 진단하여야 하는 것처럼, 교회의 발전을 위해서는 그 교회의 발전에 장애가 되는 것이 무엇인지를 파악하는 것은 요긴한 일이다. 이 같은 교회와 사회현실 전반에 대한 파악은 상당히 많은 지혜가 요청되는 것으로, 다방면에서의 사회과학적 도움이 요청된다. 아울러 우리의 실천에 대한 계획들은 교회 내적인 일들에 대한 기획으로 마무리되어서는 안 되며, 온 세계를 향한 보다 열려진 기획을 포함하여야 할 것이다. 교회 내적인 목회사역과 함께, 사회를 변혁하는 교회 외적인 사역이 동반되는 것이 바람직하다.

사도행전 3 : 20은 "또 주께서 너희를 위하여 예정하신 그리스도 곧 예수를 보내시리니"라고 말한다. 성경은 모든 것이 그리스도 안에서 미리 예정되었음을 강조한다. 하나님께서는 이 세상을 계획성 없이 다스리시는 것이 아니며, 모든 것을 다 마음에 예정하시고 다스리신다는 것이다. 하나님께서는 우리 인간의 전 구원 계획을 이미 태초에 예정하셨음을 성경은 말한다. 이와 같이 하나님은 철저히 모든 것을 계획하신 후, 실천하시는 분이다. 우리는 이 같은 하나님을 믿고 의지하는 자들로서 이런 하나님의 모범에 따라야 한다. 하나님의 구원의 계획은 철저한 것이었기 때문에, 우리 인류는 구원될 수 있었으며, 그 하나님의 모든 기획들을 우리는 신뢰하게 된다. 그러므로 우리도 하나님의 치밀한 기획성을 본받아 미래를 예견하며, 실천해 나가는 자들이 되어야겠다. 좋은 기획을 통한 일의 시작은 그 일의 절반의 성취와 같은 것이다. 잘된 계획은 일을 반 이상 이룬 것이 된다.

---

28) 치밀한 진단과 상황에 대한 분석이 되기 위해서는 진단을 위한 지표들의 개발이 필요하다.

제11장
마을목회 매뉴얼 만들기

노영상 / 총회한국교회연구원장

1. 마을목회 매뉴얼의 틀거리

필자는 앞에서 전략기획의 수행과정에 대해 언급하였다. 그 전략기획의 내용을 참조하여 마을목회를 수행하는 매뉴얼을 아래와 같이 만들어 보았다. 물론 전략기획의 틀거리를 배경으로 하여 구성한 것이다.

[마을목회 매뉴얼 틀거리]

전략기획의 과정	설 명	마을목회 매뉴얼(수행과정)
1. 마을목회와 그 기획의 필요성에 대해 교육	마을목회를 왜 하여야 하는지 설명한다. 마을목회의 과제들을 검토한다.	마을목회의 필요성에 대한 설교 및 강좌들을 교인들에게 한다.
2. 마을목회를 위한 전략기획팀 선발	마을목회에 적극 참여를 원하는 교인들로 구성한다.	10인 이내의 인원으로 하며, 목회자가 포함되어야 할 것이다.
3. 전략기획팀 회의	먼저 전략기획팀(strategic planning team, task force team)으로 하여금 마을목회에 대해 공부토록 한다.	1주일에 한 번, 5회 정도 전략기획팀이 모여 앞으로의 사역을 어떤 기획을 통해 할 것인지 논의한다.

4. 교회가 속한 마을의 교회들과 함께 **교동협의회 발족**	먼저 지역의 교회들이 초교파적으로 모임을 갖는다. 처음에는 친교 위주로 모이다가 마을목회에 대해 논의해 나간다. 이후 동주민센터와 구청 등과 조우한다. 교회가 독자적인 마을목회를 하는 것도 가능한 것으로, 상황에 따라 이 과정은 생략될 수 있을 것 같다.	후암동 교동협의회의 정관[1]이 참고가 될 것이라 생각한다. 지역의 교회들이 서로 도우며 할 수 있는 일들을 생각해 본다. 아울러 연합사업 등에 대해 기획한다. 이러한 한 지역사회의 교회들과 동주민센터가 연합하여 구성한 교동협의회의 발족이 마을목회를 수행하는 데에 있어 가장 중요한 일이다.
5. 기획과정 계획 (planning plan process)	발전계획 수립을 위한 작업계획표(worksheet)를 마련한다. 전산화를 통한 솔루션을 만든다.	교회 자체 내에 기획팀을 둘 수도 있으며, 교동협의회 자체가 기획팀이 될 수도 있다. 때에 따라서는 그 지역의 평신도 중에 몇 명을 선발하여 교동협의회의 목회자 등과 같이 기획을 해 나갈 수 있을 것이다.
6. 사업선정을 위한 **의견수렴 과정** (consensus process)	무슨 사업을 무슨 목적으로 할 것인지 등에 대해 논의하는 회의를 한다.	기획팀이 모여 앞으로의 과제에 대해 논의하는데, 최소 6번 이상의 회의를 하는 것이 좋을 것이다.
7. **핵심가치** (core value) 설정	사명과 비전이 교회가 '무엇'(what)을 해야 하는지를 설명하는 것이라면, 가치는 그것을 '왜'(why) 해야 하는지를 설명하며, 전략은 그것을 어떻게 하여야 하는지를 말한다.	교회와 마을목회의 핵심가치를 회의를 통해 정한다. 중요한 것은 마을과 협력하여 목적한 일을 왜 하여야 하는지에 대한 핵심가치를 설명해 주는 것이다.
8. **사명**(mission)에 대한 진술	사명선언문(mission statement)을 작성한다.	교회와 목회의 변치 않는 목적에 대해 설명한다.
9. **목적**(purpose)	사명을 이루기 위한 세부 목적을 세운다.	위의 목적에 따른 세부 목적을 5가지 정도로 정할 수 있을 것이다.
10. **환경분석** (상황분석, environmental analysis)	교회 외부환경 분석과 교회 내부환경 분석으로 구분된다. SWOT 분석이 포함된다. 환경에 대한 분석은 다층적으로 다양한 영역에서 수행되는 것이 좋다. 교회에 대한 사람들의 요구(need)들을 수렴한다. - 지금 우리는 어디에 있는가?	과제와 연관되어 이 마을이 처해 있는 상황이 무엇인지 분석하고, 그 마을 주민들의 필요가 무엇인지 알아본다. 동시에 교회의 환경을 분석하는 과정도 필요하다.
11. **비전**(vision) 수립	비전은 기간을 상정하여 수립된 발전계획의 전반적인 방향을 말한다. 비전선언문(vision statement)을 작성한다. 비전선언문은 일면 감정에 호소하는 내용이어야 한다. - 우리는 어디에 있기를 원하는가?(상황에 대한 이해를 포함한다.)	수행하고자 하는 마을목회의 전반적 내용들을 포괄하는 비전을 세운다. 비전을 세울 때는 기간의 설정이 필요하다. 우리가 세우려 하는 바람직한 마을의 모습, 하나님 나라의 모습을 상정하고 그에 따른 진술을 하는 것이 바람직하다.
12. **발전목표** (objective) 설정	현실과 비전 사이의 간격을 확인한다. 비전의 내용에서 발전목표를 간추린다. 우선순위(priority)의 문제를 정한다. - 우리는 무엇을 할 수 있는가?	비전과 현실 사이의 간극을 파악하여 오늘의 현실을 비전의 단계로 올릴 수 있는 목표들을 설정한다. 지역의 교회, 관청, 학교 등이 함께 의논하여 구체적으로 할 일이 무엇인지를 정한다.

13. 발전전략 (strategy)	발전전략은 발전목표를 단계적으로 접근하는 것이다. - 어떻게 그것을 해야 하는가?(단계적 전략) - 언제 그것을 할 것인가?(시간의 문제) - 누가 할 것인가?(인적 자원과 물적 자원)	발전목표를 달성할 수 있는 구체적인 전략에 대해 서술한다. 발전목표를 이루기 위한 삼사 단계 정도의 과정을 설정하는 것이 좋을 것이다.
14. 세부 발전전략	세부 '사업과제'라고도 한다.	위의 전략의 내용을 세부적으로 기술한다.
15. 상세한 사업계획(action plan) 실행계획 (executive plan, tactical plan)이라고도 한다.	자원(resource) 투여에 대한 사항이 포함되어야 한다. 재정적 자원(financial resource)과 인적 자원(human resource) 투여 계획이다. 사업과제별로 아래의 사항들에 대한 구체적인 계획을 세우도록 한다. 오늘의 상황, 목표 설정, 시행 기간과 단계별 접근, 예상되는 결과, 예산과 담당자, 유의점 등의 내용이 포함될 것이다.	상세한 사업계획에 대한 서식을 미리 만들어 하나하나 서술하는 것이 좋다.
16. 재정소요 분석과 재정확보 계획	재정이 뒷받침되지 않는 계획은 공허한 계획이 된다.	교회 재정, 독지가의 후원, 관청의 지원 등을 수입으로 한다.
17. 발전계획 달성 후의 미래상	평가를 정량화하는 주요 발전지표들을 제시하면 좋을 것이다.	마을목회 후의 교회와 마을의 모습들을 전망하며, 그에 따른 주요 평가지표들을 마련한다.
18. 돌발사태들에 대한 대비 (contingency plan)	위험요인분석(risk analysis)으로서 위기가 예상될 경우 전략 및 실행계획 등을 유연하게 수정 보완할 수 있어야 한다.	이행을 하는 과정에서 최소한 2번 이상 계획을 변경하는 것이 좋을 것이다.
19. 이행 (implementation)	계획에 대한 실천	발전기획에 따라 실천에 옮긴다. 우선순위가 정해진 것이 있으면, 그에 따라 순차적으로 이행한다.
20. 평가 (evaluation)	평가는 실천이 다른 사람에게 미친 결과와 그것의 실천에 참여한 사람들이 배운 점을 포괄한다. - 우리는 잘하였는가? - 하나님을 기쁘게 해 드렸는가?	발전지표 등을 고려하여 달성한 내용들을 분석 평가한다. 그러한 마을목회를 통해 교회가 어떻게 발전하였고, 동네가 어떻게 변화하였으며, 그에 참여한 사람들이 어떤 보람을 느꼈는지를 서술한다.
21. 차기 기획에 사용(improve planning process)	다음번의 계획을 위해 자료들을 정리하여 사용한다.	위의 내용들을 검토하여 피드백한 후 차기 기획에 그 내용들을 적용시킨다.

---

1) **후암동 교동협의회 정관**

〈제1장 총 칙〉
　제1조(명칭) 본회는 후암동 교동협의회라 칭한다(이하 교동협의회).
　제2조(사무소) 본회 사무소는 회원교회의 소재지로 하되 잠정적으로 회장이 시무하는 교회로 한다.
　제3조(목적) 본회는 후암동에 소재한 교회들이 서로 협력과 연합을 통하여 다 같이 발전하고, 지역의 복음화와 이웃을 섬기는 일을 함께 도모함으로써 빛과 소금의 역할을 감당하게 하는 것이다.

〈제2장 조 직〉
제4조(회원) 본회의 회원은 후암동에 소재한 교회의 담임목사와 행정관서의 책임자(동장)로 한다.

〈제3장 임 원〉
제5조(임원) 본회의 임원은 회장 1명, 총무(서기) 1명, 회계 1명으로 하고 사업의 효과적인 수행을 위하여 필요한 부서와 책임자를 둔다.
제6조(직무) 임원의 직무는 다음과 같다.
  1. 회장 : 본회를 대표하며 회무 일체를 총괄한다.
  2. 총무(서기) : 회장 지시에 따른 일반사무와 문서 및 통신 사무를 관리한다.
  3. 회계 : 본회 재정과 금전출납을 관리한다.
  4. 각 부서장 : 각 부서에 해당하는 사업을 관리한다.
제7조(임원 선출과 임기)
  1. 임원의 선출은 매년 정기총회(11월 중)에서 하고 그 임기는 1년으로 한다(연임할 수도 있다).
  2. 보선된 임원은 전임자의 잔여기간으로 한다.

〈제4장 부서 및 사업〉
제8조(부서) 본회 목적 사업을 효과적으로 수행하기 위하여 다음과 같은 부서를 둔다.
  1. 기획부 : 각 교회 수석 부교역자들로 한다.
  2. 예배부 : 각 교회 찬양 부서의 대표자로 한다.
  3. 교육부 : 각 교회 청장년 대표자로 한다.
  4. 봉사부 : 각 교회 여선교(전도)회 대표자로 구성하되 회장 교회에서 대표를 맡는다.
  5. 선교부 : 각 교회 선교담당자(장로)로 한다.
  6. 청년부 : 각 교회 청년부 연합 조직을 하고 회장 교회 담당 교역자가 지도한다.
제9조(사업) 각 부서에서는 다음과 같은 사업을 관장한다.
  1. 기획부 : 본회에서 결정되는 사업을 효과적으로 수행하기 위하여 실무적인 일들을 협력 조정하며 목회적인 차원의 정보 교류와 정책 개발을 하게 한다.
  2. 예배부 : 연합예배, 찬양 발표회, 세계 여성기도회 등 예배적 사역을 주 임무로 한다.
  3. 교육부 : 아버지 학교를 비롯하여 평신도 간 협력과 교육을 위한 임무를 맡는다.
  4. 봉사부 : 사랑 나눔을 위한 바자회 등 이웃을 섬기는 일을 맡는다.
  5. 선교부 : 해외 선교사를 파송하고 지원하는 사업을 주 임무로 한다.

〈제5장 회 의〉
제10조(회의) 본회는 아래와 같은 회의를 가진다.
  1. 정기총회 : 매년 1차(11월 중) 회장이 소집하며 사업과 재정보고, 임원선출, 사업계획 수립 등의 업무를 수행한다.
  2. 임시총회 : 특별한 사정이 발생했을 때 임원회의 결의로 회장이 소집한다.
  3. 월 례 회 : 매월(혹 수시) 아침에 지정된 장소에서 모이며 회원 간 친교와 필요한 사안들을 의결한다.
  4. 임 원 회 : 필요에 따라 수시로 회집한다.

〈제6장 재 정〉
제11조(재정) 본회 재정은 각 회원교회의 부담금, 헌금, 보조금, 특별의연금, 기타 수익금으로 한다.

2. 전략기획 방법에 대한 기술

위의 전략기획 방법을 잘 이해하기 위해 한 예를 들어 설명하려 한다. 많은 교회들이 마을목회 경험을 가지고 있다. 그 교회들이 추진하였던 마을목회 사례들이 여기저기에서 소개된 바 있는데, 그중 가장 인상에 남는 것이 교회학교 중·고등학생들의 자원봉사를 교회가 중재하여 실시한 것이다. 교회가 지역에 사회봉사를 할 만한 기관들을 조사하여 각 곳에 교회의 청소년들을 보내 보람된 자원봉사를 하게 하였는데, 이런 기획력 있는 노력이 그 마을을 행복하게 하는 데 많은 공헌을 하였다고 생각한다. 아울러 지역의 이런 자원봉사기관이나 복지기관의 리스트를 가지고 있으면, 어려운 교인들과 주민들을 효율적으로 기관들과 연결시켜 주는 데 유용하리라고 생각한다. 필자는 마을목회의 방식을 위의 전략기획의 순서에 따라 아래와 같이 자세히 설명해 보려 한다.

1) 마을목회가 과연 필요한가?

마을목회를 실천하기 전에 목회자는 교회가 속한 마을을 위한 봉사가 필요한지에 대한 성서적이고 신학적인 설교나 강의를 할 필요가 있다. 교회는 복음만 전하면 되지 그런 일까지 할 필요가 없지 않느냐는 질문에 대한 목회자 나름의 신학적 정돈이 있어야 한다. 또한 마을목회에 대한 신학적 이해를 위해 신학대 교수들을 초청하여 강연할 수도 있을 것이라 생각한다.

실제 한국교회는 많은 사회봉사를 하는 교회로 새삼 이 문제가 질문될 필요는 없으나, 다시 한 번 이 문제를 곤고히 하는 입장에서 목회자가 설교를 통해 잘 설명하는 것이 필요하다고 생각한다.

이처럼 교회가 마을목회를 시작하려고 할 때 가장 중요한 점은 교육이라 생각한

〈부 칙〉
제12조(규칙개정)
  1. 본 규칙의 개정은 총회에서 출석회원 2/3의 동의로 개정할 수 있다.
  2. 본 규칙에 명시되지 않은 사안은 통상 관례에 따른다.
  3. 본 규칙은 통과일로부터 발효한다.

2007. 12. 1.

다. 교인이 이런 일을 왜 하여야 하며, 어떻게 하여야 하는지에 대한 확신이 없다면 일이 바로 진척되지 않을 것이다. 그러므로 교역자와 교회의 중직자들은 이런 교육의 필요성을 깨닫고 마을목회를 진행하는 중에 지속적으로 교육 프로그램을 시행하는 것이 좋다. 교회가 새롭고 의미 있는 일들을 성공적으로 수행하기 위해서는 그 일에 대한 신학적이며 기술적인 교육이 요청되며, 이를 위해 목회자들의 꾸준한 연구가 요청되는 것이다.

2) 마을목회를 위한 전략기획팀의 선발

한 교회가 마을목회를 하기 위해서는 기획을 담당하는 전략기획팀의 선발을 먼저 해야 한다. 이 팀은 마을목회 신학에 대한 이해가 있어야 하며, 아울러 교회가 마을목회를 수행하는 데 있어 고려하여야 할 점들을 미리 파악하고 있어야 할 것이다.

3) 전략기획팀 회의

전략기획팀을 선발하여 먼저 할 일은 회의이다. 회의 시 목회자는 마을목회의 당위성과 필요성에 대해 더 자세히 설명할 시간을 가질 수 있다. 5~6번의 회의를 소집하여 우리 지역과 교회가 하고자 하는 마을목회의 대강의 틀을 한 번 그려 보는 기회를 가지면 좋을 것이다. 회의 시 팀장과 서기를 먼저 정하여 서기는 의논한 내용들을 상세히 기록하여 두는 것이 중요하다. 인터넷이나 밴드 등에 논의한 내용을 공유할 수도 있다. 서기는 회의를 할 때마다 회의 장면을 사진으로 남겨 두어야 한다.

4) 교동협의회의 발족

관과 교회로 구성된 교동협의회가 할 일을 찾기까지는 어느 정도의 시간이 필요하다. 그리고 본격 가동되기까지도 많은 시간이 있어야 할 것이다. 중요한 것은 먼저 지역 내의 목회자들이 연대하여 정례적인 회의를 갖는 것이며, 이를 통해 지역 내에서 교회들이 힘을 합쳐 해야 할 일을 찾는 것이다. 먼저 지역교회들이 연대한 연후에 동이나 관이 합세하는 것이 좋다. 어떤 구체적 결정을 하지 않더라도 지역의 교회와 관청이 함께 모여 이야기를 한다는 것은 매우 큰 진전인 것이다.

오늘 우리는 너무 개 교회 중심적인 목회를 하고 있다. 한 지역 내 다른 교회들은 무엇을 하고 있는지 모른 채, 자기 교회가 할 일만을 계속 밀어붙이는 상황이다. 이런 파편화된 불행한 목회를 극복하기 위해 한 지역의 목회자들이 모여 그 지역을 복음화하고 행복하게 하기 위한 길에 대해 함께 생각해 본다는 것은 많은 의미를 갖는다고 생각한다. 너무 서두르지 말고 먼저 교제와 소통을 늘려 나가는 것이 중요하다.

한 교회 내의 전략기획팀과 지역교회들이 연합한 교동협의회의 일이 중복될 수 있으나, 상호 일을 잘 분담하면 교통정리 될 것이라 생각한다. 먼저 큰 틀을 교동협의회가 정하고, 각 교회의 전략기획팀이 실천 부분을 나누어 맡으면 좋을 것이라 생각한다. 이 같은 원활한 실천을 위해 교동협의회에 목회자만 참석할 것이 아니라, 각 교회에서 목회자와 평신도가 1인씩 2명이 참석하면 좋을 것이다. 필요하면 지역의 모든 교회들의 전략기획팀들이 함께 모여 회의하는 때도 있으면 한다.

중요한 것은 지역의 교회와 관청이 서로 유대적 관계를 강화해 나가는 것이다. 이런 친근한 관계를 위해 합창제도 같이하고, 부활절 새벽예배도 동 단위로 같이 드리며, 사경회도 지역의 체육관을 빌려 같이하는 등 공동의 행사를 하면 서로에게 격려가 되고 힘이 될 것이다. 지역 내의 교회들이 하나 되어 서로 도우면서 살면 그 지역의 목회가 더욱 건강해질 것이다. 다른 지역의 교회들을 돕는 것도 좋지만, 같은 지역 내의 교회들이 도우면서 목회하는 것은 더 아름다운 모습이 될 것 같다.

5) 기획과정 계획

기획과정 계획은 지금 우리가 하는 마을목회 매뉴얼의 순서를 잘 이해하여 그 순서 각각에 필요한 일들을 먼저 생각해 보는 것이다. 마을목회 계획을 세우는 전체적인 틀거리를 점검하는 과정이다. 마을목회는 개 교회가 독립적으로 할 수도 있으며, 교동협의회가 힘을 합쳐 할 수도 있다. 개 교회가 독립적으로 할 때에는 교회 내에 구성한 전략기획팀의 활동이 중요해질 것이며, 교회가 연합하여 할 경우에는 교동협의회의 역할이 중요할 것이다. 그러나 교동협의회가 주도적으로 추진을 한다고 하여도 각 교회 내의 전략기획팀이 함께 가동되어야 협력이 필요한 일들을 진행할 수 있다.

6) 의견수렴 과정

교동협의회와 함께 각 교회의 전략기획팀이 모여 마을목회를 위해 할 수 있는 일들이 무엇인지 의견을 들어 보는 시간을 갖는 것이 필요하다. 청소년들의 자원봉사 기관을 리서치하기 위해 적절하다고 생각되는 기관들을 방문해 보는 것도 필요할 것이다. 동이나 구청에 이런 봉사를 할 수 있는 기관들이 있는지 물어보면서 의견을 나누는 시간들이 있으면 좋겠다. 아울러 마을의 어려운 사람들을 돕는 관의 복지적 장치들에는 어떤 것들이 있는지 함께 살피는 것도 유용하리라 생각한다.

7) 핵심가치 정하기

의견수렴 과정 중 포함하여야 할 한 가지는 핵심가치를 정하는 것이다. 기독교인의 삶을 결정하는 핵심이 되는 가치가 무엇인지 생각해 보게 된다. 이런 핵심가치에 대한 질문은 우리가 왜 세상에서 살아야 하며, 어떤 일을 하며 살아야 하는지에 대한 답변과 연결된다.

기독교인은 그 핵심가치를 성경으로부터 발견하게 되는데, 성경은 크게 두 가지를 삶의 핵심가치로 언급한다. 하나님 사랑과 이웃 사랑이다. 우리가 기독교교육이나 목회를 통해 구현하고자 하는 것은 다른 것이 아닌 이 두 가지 핵심 사항이다. 우리는 이웃을 사랑하는 일은 무엇인지, 그리고 하나님께 참된 영광을 돌리는 일은 무엇인지를 마을목회를 하며 줄곧 물어야 한다.

교회의 사역 가운데에서 성경이 말하는 핵심가치들을 계속 상기하여야 하며, 그 내용의 요약이 하나님 사랑과 이웃 사랑이라는 것을 시작부터 끝까지 마음에 두어야 할 것이다. 우리는 이웃을 진정 사랑하고 있는지, 그리고 우리가 하는 이 일이 진정 이웃을 사랑하는 일인지를 서로에게 질문하며 마을목회를 진행하여야 할 것이다.

8) 사명에 대한 진술

왜 지역사회를 위한 목회를 하여야 하는지에 대한 분명한 사명진술이 있어야 이런 일이 바르게 추진될 수 있다. 우리는 기독교의 구원의 내용을 크게 두 가지로 간추릴 수 있다. 복음전도를 통한 영혼의 구원과 하나님 나라를 이 땅에 구현하는 것이다. 이 두 가지는 장로회신학대학교의 교육목적에도 언급된 내용으로서 지상의 교회가 잊지 않고 수행하여야 할 과업이다.

우리는 성경의 말씀을 이 세상 사람들에게 선포함을 통해 주님의 구원을 받아들이게 하며, 아울러 믿음의 사람들을 훈련하여 이 세상을 아름답게 변하게 하는 일에 최선을 다하여야 한다. 교회는 그런 선교의 기관으로 말씀을 선포하며 주님께 온전한 예배를 드리는 것과 아울러 성도가 교제하고 교육함을 통해 그들이 주님의 뜻을 바로 이해하게 할 필요가 있으며, 성도는 이 세상을 위한 봉사에 헌신하여야 한다. 이런 교회의 세상을 향한 봉사는 구호적인 일만으로 끝나서는 안 되는 것으로, 마을을 변화시키고 정책을 새롭게 하여 보다 행복한 마을을 만드는 일에 교회가 일조하게 하는 것이 필요한바, 이런 인간의 영혼과 사회를 향한 선포와 봉사를 하는 것에 교회의 가치가 존재하는 것이다.

9) 목적 세우기

교회의 사명을 이루기 위한 여러 목적을 세울 수 있다. 복음전파와 하나님 나라의 구현을 위해 교회가 세울 수 있는 목적은 다음 5가지 정도가 될 수 있을 것이라 생각한다.

- 주님의 복음을 온 세상에 전하자.
- 진리 되는 성경의 말씀을 교육하는 데 힘쓰는 교회가 되자.
- 교회의 성도들이 서로 사랑하여 하나 되는 친교공동체를 만들자.
- 하나님께 진정되고 영적인 예배를 드리는 교회가 되자.
- 마을목회를 통해 세상의 빛과 소금이 되는 교회가 되자.

교회의 목적은 교회마다 조금씩 다를 수는 있겠으나, 대체적으로 위의 내용들을 포함하리라 생각한다. 우리가 마을을 위하는 목회를 한다고 하여 주님을 향한 사랑과 예배를 소홀히 여기는 교회가 되어서는 안 된다. 마을을 향한 봉사도 중요하지만, 교인들을 주님의 말씀으로 양육하고 교육하는 것도 소홀히 할 수는 없기 때문이다.

10) 환경 분석

다음으로 마을목회에서 필요한 과정은 환경 분석이다. 만약 교회가 청소년들의 자원봉사 프로그램을 하려면, 먼저 교회 내 청소년들의 의견들을 수렴할 필요가 있다. 이는 봉사를 위한 교회의 준비정도를 파악하는 것으로 현재 청소년들이 하고 있는 자원봉사들에는 어떤 것들이 있는지, 그것의 문제는 무엇인지와 같은 사전 조사가 필요하기 때문이다. 만약 그런 프로그램을 하였을 때, 참여할 수 있는 학생들은 어느 정도인지 등의 구체적인 상황에 대한 조사가 요청된다.

더 나아가 우리 마을의 인구분포는 어떤지, 마을에서의 신자의 비율에 대한 조사, 지역의 재정 상황과 위치에 대한 이해 등 보다 기초적인 조사 연구들이 선행될 필요가 있을 것이다.

11) 비전의 수립

전략기획을 하며 교동협의회가 수행할 구체적인 과제를 정하는 일은 보통 비전수립의 단계에서 행해진다. 그러나 때에 따라서는 그 과제의 결정이 보다 앞당겨져 어떤 때는 미리 과제를 정해 놓고 전략기획 단계가 진행될 수도 있을 것 같다. 그럴 경우에는 전략기획의 단계들을 적절히 변형하여 활용해야 할 것이다.

비전은 사명과 달리 일정 기간 중 교회가 진력하여야 할 사역에 대한 내용을 진술하도록 되어 있다. 이 비전을 통해 교인들을 그 사역의 중요성을 깨닫고 함께 일하여야겠다는 결심을 할 수 있으면 좋겠다. 지역 내 청소년들이 안전하고 보람되게 자원봉사를 할 수 있도록 지원하는 체계를 만들어 운영하는 마을목회에 대한 교회의 비전을 진술하면 다음과 같을 것이다. 물론 교회는 교회 전반에 걸친 사역에 대한 비전을 따로 가지고 있어야 할 것이다. 아래 비전의 예는 마을목회에 대한 비전이다.

〈비전 진술문의 예〉
우리는 주님께서 생명의 주인이심을 믿는다. 그는 포도나무의 줄기요, 우리는 가지로 그 안에서 하나 될 때 우리는 풍성한 열매를 맺게 된다. 하나님께서는 참생명을 주시기 위해 그의 독생자를 우리를 위해 보내셨다. 우리는 주님을 모르는 자에게 주님 안에 있는 이 생명과 주님의 참 사랑을 전할 의무가 있다.

교회 밖의 많은 사람들이 이 사랑을 깨달을 수 있도록 우리는 사랑을 실천하는 자들이 되어야 한다. 그들의 영혼을 사랑할 뿐 아니라, 이 세상에서 그들의 삶이 행복할 수 있도록 노력하는 교인들이 되어야겠다.

오늘 우리 교회가 이 지역사회를 위해 가장 효율적으로 전할 수 있는 주님의 사랑은 청소년들로 하여금 지역사회에 봉사하는 길을 가르치는 것이다. 젊은이들이 지역의 일에 관심을 갖고 지역을 위해 보람 있게 일할 수 있도록 안내하는 일은 이 지역에 생명을 풍성하게 하는 지름길이라 생각한다.

이에 향후 5년간 우리 교회는 이 일을 위해 최선을 다하려 한다. 지역의 기관들과 주민들 모두 힘을 합하여 우리 교회가 이 일을 할 때 생명이 되시는 하나님께서 기뻐하시리라 생각한다. 지역의 주민들에게 마음의 고향이 되고 안식처가 되는 교회가 되도록 열심히 노력하는 ○○교회가 되어야 할 것이다.

12) 발전목표의 설정

발전목표란 위의 비전이나 목적을 보다 구체적으로 세분한 것이다.

〈발전목표의 예〉
- 사랑을 실천하는 교인이 되도록 훈련하자.
- 지역을 위한 봉사의 실천을 위해 지역의 교회 및 기관들과 연대하는 교회가 되자.
- 지역에서 청소년들이 봉사할 수 있는 기관들을 물색하고, 그곳에서 청소년들이 봉사할 수 있도록 한다.
- 교회 밖 청소년들도 참여하게 하여 그들이 주님의 뜻을 배우도록 한다.
- 이런 지역을 위한 봉사활동이 지역 밖으로 확산될 수 있도록 함께 노력하자.

13) 발전전략

발전전략은 발전목표를 구체적이며 단계적으로 이룰 수 있는 기획을 말한다. 우리는 구체적 마을목회에 대한 발전전략을 다음과 같이 구상할 수 있을 것이다.

〈발전전략의 예〉
- 마을목회에 대한 교재를 만들어 교육한다.
- 봉사할 수 있는 기관들의 리스트를 만든다.
- 이러한 기획에 대해 교회 안팎으로 홍보한다.
- 봉사할 청소년들을 효율적으로 배치할 수 있는 길을 찾는다.
- 이들이 자신의 봉사에 대해 피드백하는 방식에 대해 가르치고, 기관과 봉사자 양측으로부터 평가서를 받는다.

14) 세부 발전전략

위의 발전전략에 대한 세부계획서를 말한다.

- 마을목회에 대한 교재를 만들어 교육한다 : 신학적 교재, 마을목회에 대한 교재, 자원봉사 방법에 대한 교재
- 봉사할 수 있는 기관들의 리스트를 만든다 : 병원, 복지기관, 구청, 동주민센터, 시민단체, NGO, 요양원 등으로 세분하여 리스트를 만든다.
- 이러한 기획에 대해 교회 안팎으로 홍보한다 : 주보, 지역신문, 구청 홍보물, 학교 등을 통해 홍보한다.
- 봉사할 청소년들을 효율적으로 배치할 수 있는 길을 찾는다 : 자원봉사 지원서를 받고, 후보자들에게 자원봉사 시 유의사항, 자원봉사에 대해 설명하는 책자 등을 주어 자원봉사가 효율적인 것이 될 수 있도록 한다.
- 봉사자들에게 자신의 봉사에 대해 피드백하는 방식을 가르치고, 기관과 봉사자 양측으로부터 평가서를 받는다 : 피드백 양식, 평가방법 안내 책자 등을 마련한다.

위의 자료들은 개 교회가 만들기 어려우면 총회한국교회연구원이 용역을 주어 만들 수 있을 것이다. 곧, 연구원이 이런 전략기획에 대한 내용을 정리하여 개 교회들이 바로 쓸 수 있도록 구체 매뉴얼을 만들면 좋을 것이라 생각한다. 교회가 할 수 있는 마을목회의 과제들이 다양할 것인바, 각 사업들에 대해 연구원이 세부적 매뉴얼을 만들 수 있다. 이 일은 연구원의 후속적 연구 과제가 될 것이다.

15) 상세한 사업계획

교회는 위의 목표들을 달성하기 위해 할 일들을 세부과제별로 나누어 분담시키며, 이를 위한 아래와 같은 상세 사업과제에 대한 기획안을 만들어 보게 할 수 있다. 예를 들어 청소년 자원봉사를 안내하는 일을 다음과 같은 세부과제들로 나눌 수 있을 것이다. 교육의 일, 자원봉사 대상 기관들에 대한 조사와 리스트를 만드는 일, 네트워킹 사역, 자원봉사자 모집, 자원봉사 방법에 대한 안내 책자 만들기, 자원봉사 결과보고서 양식을 만들기, 실제 자원봉사팀을 안내하고 가서 함께 봉사의 일을 하게 하는 지도위원들을 양육하고 배치하기, 자원봉사자 모집을 위해 홍보하기, 자원봉사에 드는 재정을 마련하기, 지역의 교회들과 연대하기, 자원봉사의 일을 통해 주님의 사랑을 배우게 하기 등의 과제들이 있을 수 있으며, 이러한 세부과제 기획을 위해 아래와 같은 표를 사용할 수도 있다. 아래의 표는 세부과제를 담당한 사역자들로 하여금 기술하도록 한다.

[사업과제별 실행계획표]

과제명과 담당자(팀)				
해당 목표				
해당 세부목표				
단계적 추진전략	단계	추진기간	추진내용	
	1단계			
	2단계			
	3단계			
중요도 표시	A	B	C	D

과 제 분 석	
1. 현황분석	
2. 추진목표 설정	
3. 소요되는 재정과 소요 인력에 대한 보고	

4. 기대효과 (본 과제가 교회와 지역발전 및 하나님의 구원사역에 미치는 영향분석)	

16) 재정소요와 재정확보 계획

위의 사업계획서를 수합하여 재정소요, 인력소요에 대한 파악을 한 연후에 그에 대한 전체 계획을 세운다.

17) 발전계획 달성 후의 미래상

예를 들어 지역의 자살률을 줄이는 것을 마을목회의 주요 사업으로 정하였다고 할 때, 먼저 전략기획팀은 자살률을 줄이는 일에 교회가 왜 동참해야 하는지를 신학적으로 설명할 필요가 있을 것이다. 다음으로 이를 위한 구체적인 사업들을 계획한다. 자살 위험군에 있는 사람들에 대한 상시 상담, 긴급 상담 및 조처, 자살예방 교육, 주변에 자살 위험이 많은 사람들을 찾아내어 그들을 좋은 길로 안내하는 일 등 여러 가지 방안들이 나올 것이라 생각한다. 특히 광주광역시에서 이런 운동을 하여 자살률을 크게 낮춘 경험이 있는바, 그런 전례들을 잘 살피면 많은 방안들을 찾아낼 수 있을 것이다.

그런 기획을 한 연구와 사업 종료 시 우리는 어떤 미래상을 만들어 낼 수 있는지 그려 볼 수 있다. 이 과제에 있어 생각해 낼 수 있는 미래의 변화는 물론 자살률을 몇 %로 낮추겠다는 내용이다. 그리고 그런 노력의 부대효과들로서 우리는 다른 몇 가지의 변화들을 간추려 낼 수 있을 것이다. 이런 미래상을 그리는 것은 그 과제 수행을 보다 구체적으로 하게 하며, 동시에 과제를 마치고 수행의 결과를 평가하는 데 있어 용이함을 줄 수 있을 것이라 생각한다.

18) 돌발사태에 대한 대비

모든 기획이 계획대로 진행되지는 않는다. 어떤 때는 돌발적인 장애로 인해 기획대로 밀고 나가는 것에 어려움을 느끼게 된다. 이럴 때 우리는 우리의 계획안을 수정할 수밖에 없다. 함께 모여 현재 있는 장애요인들을 확인하고, 기획을 수정하는 유연성을 갖는 것이 필요할 것이다.

19) 이행

이행의 과정은 기획한 내용을 실천에 옮기는 것을 말한다. 우리는 정치가로서, 마을의 행정가로서, 자선 사업가로서 이 일을 수행하는 것은 아니다. 우리는 하나님의 백성과 자녀로서 이 일을 진행하며, 이런 사랑의 정신과 봉사의 의미를 항상 염두에 두어야 할 것이다. 우리의 최종 목표는 이들을 천국으로 인도하고 이 세상에서 하나님의 나라를 맛보게 하는 것이다.

20) 평가와 그 결과를 차기 기획에 사용하는 일

우리나라 사람들이 가장 약한 부분이 평가다. 우리들은 일을 하며 평가나 피드백과 같은 작업을 수행해 본 적이 거의 없다. 필자는 앞에서 성경 느헤미야서의 예를 들어 얼마나 평가의 작업이 중요한지를 언급했다. 평가란 과거의 우리의 한 일이 잘되었는지 못되었는지를 살피는 것임과 동시에, 우리가 미래에 그와 같은 일을 다시 할 때 시행착오를 줄여 주며 더 잘할 수 있는 길을 찾아 주는 역할을 한다.

평가는 크게 세 가지로 구분될 수 있을 것 같다. 그 일을 통해 지역주민이 얻은 유익은 무엇인가? 교회는 그 일을 통해 어떤 변화를 가져오게 되었는가? 그 일에 참석한 교인들과 주민들에겐 어떤 유익이 있었으며, 어떤 배움이 되었는가? 하는 것들이다.

이런 평가를 하기 위해서는 먼저 평가의 방향을 정하고, 다음으로 평가기간을 상정하며, 구체적인 평가의 내용을 만드는 것이 필요하다. 가능한 대로 정량적으로 평가할 수 있도록 측정지표, 곧 평가지표를 미리 만들어 보는 것도 중요한 일이라 생각한다. 그런 정량적 평가가 어려울 시는 정성적인 평가방법을 도입해야 할 것이다. 필자는 이런 피드백을 잘하기 위한 방안으로 다음 장에 피드백을 위한 보고서를 작성하는 방법에 대해 서술하였다. 평가를 위해 이 부분을 많이 참조하길 바란다.

3. 마치는 글

　필자는 실제 마을목회를 할 때 가장 중요한 점이 네트워킹하는 것이라고 말했다. 지역의 교회들이 네트워킹하고 또한 지역의 교회와 관청, 학교, 병원, 기업 등이 네트워킹하는 것이 이 사업의 핵심 전략임을 언급한 것이다.

　이 같은 마을목회 매뉴얼을 만들며 우리는 전략기획의 방법을 채용하였으며, 그 과정은 크게 보면 계획과 이행과 평가로 간추릴 수 있다. 우리는 계획력과 평가에 있어 취약점이 있다는 것도 언급했다. 아무 계획도 없이 선뜻 실천부터 하는 것이 우리에게 습관처럼 배어 있다.

　우리는 이러한 약점을 극복할 필요가 있으며, 먼저 철저한 계획부터 할 것을 주문코자 한다. 기획을 위해 전략기획팀을 구성하는 것과 교동협의회를 설립하는 것의 중요성에 대해서도 말했다. 먼저 이런 기획팀을 가동하여 기획회의를 하고, 사업안을 작성하며, 이에 따라 실천에 옮긴 다음, 마지막으로 평가를 수행하는 전 과정을 항상 기도하는 마음으로 진행해 나간다면 주님께서 큰 힘을 더하시리라 믿는다.

　앞에서도 말했듯 마을목회는 선교의 완결된 형태는 아니다. 세상의 사람들을 하나님의 생명망 안으로 끌어들이는 작업이다. 이 작업은 주님의 말씀을 통해 구체화되어 구원을 향한 개인의 신앙고백으로 이어지게 되는데, 이러한 복음제시에 있어서는 우리 한국교회가 많이 준비되어 있어 후속적인 양육에 대해선 이 책에선 언급하지 않았다. 한국교회는 이 점에 있어 많은 장점을 가진 교회라고 생각한다.

　중요한 것은 선교의 가능성을 넓히는 비옥한 토양을 어떻게 마련하느냐 하는 문제이다. 교회 밖의 사람들은 성도들의 사랑의 선행을 보고 하나님을 감지하게 되며, 그로 인해 하나님께 영광을 돌리게 되는 것이다. 성도들의 사랑의 행동은 무언의 하나님 말씀이 된다고 할 수 있다. 그러므로 마을목회는 하나님 말씀에 대한 이해의 장으로 필경 이어질 수밖에 없다. 오히려 어떤 의미에서 성도들의 이웃에 대한 사랑의 선행은 강력한 하나님의 말씀의 현현이 될 수도 있을 것이다. 한 번 보는 것이 백 번 듣는 것보다 나을 수 있다. 실천이 곧 힘인 것이다.

제12장
각 교회들이 실천한 '마을목회'에 대한 기록을 정리하는 일과 '평가보고서' 작성법

노영상 / 총회한국교회연구원장

1. 피드백을 위한 평가보고서 작성의 기본 틀거리[1]

아래 방법은 장로회신학대학교 목회신학박사(Th.D. in Min.) 과정의 논문작성법으로 우리는 이것을 통해 마을목회의 평가보고서 작성법을 유추하게 된다.[2] 장신대의 목회신학박사 과정은 교회에서 실제 실천한 내용을 학위논문으로 쓰도록 되어 있는데, 그 틀거리를 대충 설명하면 아래의 표와 같다.

[장로회신학대학교 목회신학박사(Th.D. in Min.) 과정의 논문작성법]

대분류 (70쪽 정도)	소분류 및 설명			
1. 상황분석과 과제의 선택(8쪽)	현재 상황	교회의 상황	개 교회 진단(6가지 질적 특성)	NCD의 목회진단법

---

1) 필자의 이 글은 장로회신학대학교 교수학습개발원을 통하여 발표된 글을 축약한 것이다.
2) 장로회신학대학교 목회전문대학원 목회학 박사과정, "목회학 박사과정 교과과정 및 논문작성지침서"(미간행 자료, 2003년 1월) 참조.

		사회의 상황		
	이상적 상황			
	장애	장애배경 분석	장애극복 방안	
	과제의 선택 이유			
2. 이론적 근거 (반성)(20쪽)	교회의 본질과 사명	사명 선언문 (mission statement) 만들기		
	수행하여야 할 과제의 당위성	마을목회를 하여야 하는 이유	선택된 과제의 의의에 대한 진술	
	이론적 기초의 세 가지 축	성서와 신학	성경, 조직신학, 윤리	
		사회과학(인문과학)	사회복지, 사회윤리	
		교회의 경험	종교사회학	
3. 변화를 위한 교육(15쪽)	전략기획팀에 대한 교육	전략기획팀에 대한 교육과 회의를 통해 문제를 인식하게 한다.		
	교회 내 신자들의 교육	과제 수행을 위해 교회의 구조를 변화시킴.	성도들의 태도 변화를 위해 한 교육	마을목회의 필요성을 인식
4. 타개책 (기획과 실천)(20쪽)	비전 제시(만들기)	비전 진술문 만들기		
	전략기획팀 운영	전략기획팀 구성	전략기획팀 훈련	전략기획팀 회의
	계획수립	목사와 신자가 함께	다른 교회 기획 참조	의견수렴 과정과 치리회의 인준
	규범 만들기			
	실천(비전 실현)			
5. 평가와 결론 (평가)(6–8쪽) 사전평가, 결과 평가	평가(2–3쪽)	외부 지향적 효과	교회와 지역에 미친 영향 분석	
	배운 점(1–2쪽)	내부 지향적 효과	프로젝트에 실제 참여하여 일한 사람들이 그 사역을 통해 배운 점을 언급한다.	
	특성(1쪽)	본 논문의 범위와 특성, 한계 등에 대해 기술		
	결론(2쪽)			

2. 틀거리의 기초가 되는 다른 이론들

그러한 틀거리의 배경이 되는 또 다른 이론들이 있다. 먼저 소개할 이론은 돈 브라우닝(Don S. Browning)의 근본적 실천신학(A Fundamental Practical Theology) 방법론이다. 그는 현재 맥코믹 신학교 바로 옆에 위치한 시카고 대학의 실천신학 교수로서, 근거리에 위치하고 있는 대학교의 신학부 교수로 재직하고 있기 때문에, 나름대로 서로 영향을 미쳤을 것이라는 생각을 하게 된다.

다음으로 필자는 디터 헷셀(Dieter T. Hessel)의 사회적 목회(social ministry) 이론을 제기했다. 그는 미국장로교회(PCUSA)의 직원으로 일하였던 분으로, 같은 미국장로교 소속의 신학교인 맥코믹 신학교와도 밀접한 관계하에 있는 사람이라 할 수 있다. 디터 헷셀의 사회적 목회 방법론은 도시선교(urban mission) 등에 강점이 있는 맥코믹 신학교의 성격과도 잘 어울리는 방법론으로, 그 두 가지의 방법론에는 서로 상관성을 지니고 있는 것으로 사료된다. 세 번째로 서로 연관되는 방법론으로 생각되어지는 것은 전략기획(strategic planning)의 이론으로, 경영학에서 강조되는 방법론이다.

1) 돈 브라우닝(Don S. Browning)의 근본적 실천신학(A Fundamental Practical Theology) 방법론

브라우닝(Don S. Browning)에 의해서 저작된 「근본적 실천신학」(*A Fundamental Practical Theology*)은 실천신학의 방법론을 잘 나타내 주고 있다. 먼저 브라우닝은 작금의 실천신학이 이전의 실천신학과 의미하는 바가 다름을 언급한다. 전통적인 의미에서 실천신학은 신학의 네 분야 중의 한 분야였다. 그러나 현대의 실천신학은 신학의 한 분야를 말하는 것이 아니라, 신학 전체의 프락시스를 지향하여야 함을 강조한다. 그는 이전의 실천신학과 오늘의 실천신학을 구분하기 위해 '근본적'(fundamental)이란 단어를 실천신학이란 말 앞에 붙이고 있다.[3] 그는 모든 신학이 근본적으로 실천적이어야 함을 말한다. 그는 이런 근본적 실천신학의 입장을 다음과 같이 설명하였다.

---

3) 이런 각도에서 이전의 실천신학은 보통 '응용신학'(applied theology)으로 구별하여 불리고 있다.

근본적 실천신학은 모든 신학이 그것의 핵심으로부터 실천적일 것을 강조한다. 기존의 네 영역으로 나누어진 성서신학, 역사신학, 조직신학, 실천신학의 모든 분야들이 근본적 실천실학이란 더 포괄적인 영역 속의 한 부분으로서 포섭된다. 많은 사람들은 이런 주장이 상당히 독재적인 것이 아닌가 의심할 수도 있을 것이다. 그러나 이런 주장은 오늘날 실천철학의 대두와 그것에 대한 신학적 반성의 차원에서 생각하여 볼 때, 자연스러운 결과라고 생각된다. 오늘의 실천신학 이론은 가다머(Hans-Georg Gadamer), 리꾀르(Paul Ricoeur), 하버마스(Jürgen Harbermas)의 해석학 이론과 제임스(William James), 듀이(John Dewey) 등의 실용주의(pragmatism) 철학, 그리고 번스타인(Richard Bernstein), 로티(Richard Rorty) 등의 신실용주의(neopragmatism) 이론에 많은 영향을 받고 있다. 이런 사상가들은 그 차이에도 불구하고 하나의 근본 되는 생각을 공유하고 있다. 즉, 실천적 사고가 인간 사고의 중심이며 이론적이며 기술적인 사고는 실천적 사고로부터 나온다는 것이다. 만약에 한 사람이 이런 사고를 심각히 받아들여 신학과 연관짓는다면, 그것은 신학이란 분야의 공식적인 역사적 체계를 근본적으로 변화시킬 것이다. 그것은 오랫동안 연기되어 왔던 혁명을 수행하는 것과 같다. 신학을 성서신학과 역사신학과 조직신학과 실천신학으로 구분한 개신교의 사분법(the Protestant quadrivium)과는 다른 하나의 구성을 말하는 것이다. 근본적 실천신학은 신학을 이와 같이 4분하지 않고 전체적으로 하나로 생각하면서, 그 가운데 기술적 신학(descriptive theology), 역사신학, 조직신학, 전략적 실천신학(strategic practical theology)을 포함한다. 나는 기존 종교교육, 목회상담, 설교, 예전, 사회적 목회 등의 실천신학이란 말 대신 전략적 실천신학이란 말을 사용한다. 그러나 이에 있어 심지어 이런 분야들도 교회 내적이며 교회 밖의 공적인 양면을 갖는 것으로 다시 사고되어질 것이다.[4]

브라우닝은 근본적 실천신학을 구성하는 네 가지의 요소에 대해 위에서 말하고 있다. 기술적 신학, 역사신학, 조직신학, 그리고 전략적 실천신학이다. 먼저 기술적 신학은 상황에 대한 세심한 기술을 목표로 한다.[5] 그것은 상황을 기술하기 위해 심리학, 사회학, 생태학, 문화인류학, 사회인류학 등의 학문들을 사용한다. 다음으

---

4) D. Browning, *A Fundamental Practical Theology : Descriptive and Strategic Proposals* (Minneapolis : Fortress Press, 1996), 7-8.
5) D. Browning, *A Fundamental Practical Theology*, 94.

로 역사신학과 조직신학의 구성요소가 있다. 사회과학을 통해 분석된 오늘의 상황에 대해 역사신학과 조직신학과 윤리신학을 통해 반성하는 과정이다. 이에 있어 역사신학 속에는 성경과 기독교의 전승들이 모두 포함된다. 이 단계의 반성을 위해 성서신학, 역사신학, 조직신학, 기독교윤리가 모두 동원된다는 것이다. 근본적 실천신학의 최종적인 단계는 전략적 실천신학이다. 그것은 전통적으로 실천신학이라 불렸던 영역이다. 오늘에서는 실천신학이란 말에 이와 같은 혼선이 있으므로 전통적 실천신학을 응용신학(applied theology)으로 부르는 추세다.

정리하면 이렇다. 먼저 인간의 상황을 분석하고, 다음으로 그에 대한 반성을 하며, 마지막으로 교회가 사회 변혁을 위한 행동을 전략적으로 수행하게 된다는 것이다. 이상과 같이 브라우닝은 그가 제기한 근본적 실천신학이란 작업 속에 신학의 모든 분야들을 포함시켰다. 계몽주의 이래 신학은 다양한 분야로 분화했었다. 그러나 오늘에서 우리는 다시 이와 같이 분기하였던 신학들을 통합(integration)하려는 움직임을 보게 된다.

이러한 근본적 실천신학의 방법론은 이론적 기반으로 해석학을 채용하고 있다.[6] 이 방법론들은 모두 존재와 행함, 이론과 실천, 그리고 이론신학과 실천신학, 테오리아(theoria)와 포이에시스(poiesis), 에피스테메와 테크네를[7] 상호 교환적으로 통합하는 것이다. 더 나아가 그들은 경험과 전승을, 규범과 상황을, 텍스트와 콘텍스트를, 설명과 이해, 과학과 신학, 특수와 보편, 경험적인 측면과 신학적인 측면,[8] 명료성과 적용 등을 상호 연관시킨다. 이와 같이 근본적 실천신학은 그것의 기반으로 해석학을 강조하고 있음이 분명하다.

2) 디터 헷셀(Dieter T. Hessel)의 사회적 목회(social ministry) 이론

헷셀은 자신의 사회적 목회의 방법적 과정을 그의 책 「사회적 목회」에서 다음과

---

6) The connectedness between hermeneutics and practical theology is explained in the following book. Matthew Foster, *Gadamer and Practical Theology : The Hermeneutics of Moral Confidence*(Atlanta : Scholars Press, 1991).
7) The allusion of Aristotle's theoria-praxis-poiesis and episteme-phronesis-techne is shown in the book of *Nichomachean Ethics*, Book 6 of Aristotle himself.
8) Practical Theology according to relationship between the empirical and the theological is referred in the book, Johannes van der Ven, *Practical Theology*.

같이 서술하였다. 먼저 이슈의 선택(issue selection)이 필요하다. 다음으로 분석(analysis)의 과정이, 그리고 교육(education)과 행동(action)의 과정으로 이어진다. 헷셀은 교회가 이슈를 정하는 과정에 원칙이 있음을 설명하였다.[9] 다음으로 분석의 과정 중엔 신학적이고 윤리적인 반성의 단계가 포함된다. 이후 행동의 실천이 이어지며, 다음 단계로 수행한 실천에 대한 피드백 과정이 계속된다. 그는 이 같은 과정 중에 제기되는 질문들을 그의 책 「사회적 행동입문」에서 설명하고 있다.[10] 먼저 우리가 직면하고 있는 특별한 사회적 문제는 무엇인가라는 질문이 이슈(과제)의 선택 단계에서 제기된다. 다음으로 분석의 단계에선 왜 이런 문제가 존재하는가라는 질문을 할 수 있다. 셋째 단계의 질문은 다음과 같은 것들이 된다. 우리는 그것에 관하여 무엇을 할 수 있는가? 어떠한 처방이 필요하며, 그것을 지원할 수 있는 방안은 무엇인가? 우리는 변화를 위해 어떤 정책과 실천을 수행하여야 하는가? 누가 힘을 가지고 있으며, 누가 힘을 필요로 하는가? 네 번째의 질문은 우리가 그것을 얻기 위해서 어떻게 움직여야 하는가에 대한 것이다. 누가 무엇을 언제 어디서 누구와 같이하여야 하는가 등의 작동 단계들에 대한 구체적인 기획이 필요하다. 마지막 질문은 어떻게 그 행동이 상황을 변화시키는가의 문제이다. 그 결과는 무엇이며, 그러한 해결책에서 새롭게 야기되는 문제는 없는가를 검토하는 것이 다음 단계로 중요하다. 사회적 목회를 위해서는 그와 같이 먼저 사태를 파악하고 사회적 문제에 대한 분석을 수행하여야 한다. 다음으로 그 분석에 따른 성경적이며 신학적인 반성이 요청된다. 그다음 실행이 이어진다. 우리는 헷셀의 방법론을 다음과 같이 간단히 정리할 수 있다 : 사회적 환경 분석(analysis) – 신학적 윤리적 반성(reflection) – 사회적 목회적 실천(practice) – 평가로서의 피드백(feedback)이다.

(1) 사회적 분석

먼저 사회적 분석 문제에 대해 설명하고자 한다.[11] 사회적 분석은 사회적 상황의 역사적이며 구조적인 관계성들을 탐색하여 그 사회적 상황에 대한 더 완전한 모습

---

9) Dieter T. Hessel, *Social Ministry*, revised edition(Louiseville : Westminster/ John Knox Press, 1992), 193–194.
10) Dieter T. Hessel, *A Social Action Premier*(Philadelphia : Westminster Press, 1972), 68.
11) Joe Holland and Peter Henriot, *Social Analysis : Linking Faith and Justice*, revised and enlarged edition(New York : Orbis Books, 1983), 14ff.

을 그려 내기 위한 노력으로 정의될 수 있다.[12] 기독교 사회윤리를 위해서는 이러한 분석의 단계가 선행되어야 한다. 사회적 분석이 없는 신학적인 반성이나 결단은 무비판적 성찰과 근거 없는 긍정으로 그치고 만다. 사회적 분석은 복음을 선포하는 교회의 목회를 보다 원활하게 한다. 사랑은 상황의 분석을 요청한다. 그렇지 않을 경우, 사랑한다는 열정이 남을 파괴하는 행동으로 귀결될 수도 있다. 남을 진정 사랑하는 자는 사랑의 대상이 처한 환경에 무관심할 수 없을 것이다. 또 사회적 분석을 통해, 우리의 이웃이 처한 상황을 분명히 알게 되고, 그로 인하여 남을 사랑할 수 있게 될 것이다. 이그나티우스 전통에 따른 영성적 용어에 "판별하는 사랑"(discreta caritas)이라는 말이 있다.[13] 그 사랑이 충분한 것이라면 사회적 분석을 통한 판별을 게을리하지 않을 것이라는 말이다. 필자는 우리의 목회가 이 같은 사회적 상황에 대한 분석 노력을 통해 진일보할 수 있을 것이라 생각한다. 사회적 분석을 바탕으로 하는 설교나 선교는 더욱 힘 있을 것이라 여긴다. 물론 사회적 분석 자체가 하나의 답변이 되는 것은 아니다. 그것은 답변을 위한 반성에 정보와 사실의 자료들을 제공하는 하나의 도구적인 역할을 하는 것뿐이다. 그러나 이 같은 도구적인 역할이 선행됨이 없는 신학적인 답변은 공허한 것이 되고 말 것이다. 질문을 통해 답변은 더욱 초점을 갖게 된다.

사회적 분석에는 세 가지 차원이 있다. 사회적 이슈(issues)를 다루는 차원,[14] 사회정책(policies)을 다루는 차원,[15] 정치적, 경제적, 사회적, 문화적인 제도들의 체계(systems)를 다루는 차원이다. 특히 이 중에서 마지막 차원인 사회적 체계의 분석에는 시간적인 분석으로서의 역사적 분석(historical analysis)과 공간적인 분석으로서의 구조적 분석(structural analysis)이라는 두 가지 분석이 포함된다. 역사적인 분석은 사회체계의 변동에 대한 분석이다. 구조적 분석은 주어진 시간에 나타난 체계의 틀거리에 대한 단면을 제시한다. 또한 이 사회적 분석 단계에서 고려되어야 할 것은 객관적 분석과 주관적 분석의 구분이다. 객관적 분석은 다양한 조직관계, 행동패턴, 제도 등의 내용분석에 의해 수행되며, 주관적인 분석은 의식, 가

---

12) Joe Holland, Peter Henriot, *Social Analysis*, 14.
13) Fred Kammer, *Salted with Fire : Spirituality for the Faith-justice Journey*(New York : Paulist Press, 1995), 42.
14) 실업이나 광우병 문제 등 오늘의 사회의 구체적인 논점들을 언급한다.
15) 사회정책적 문제라 함은 그런 사회적 논점들을 야기한 국가의 정책적 측면을 언급한다. 예를 들어 오늘의 광우병 문제는, 미국과의 FTA 협정과정이란 정책에서 파생된 문제라는 것이다.

치, 이데올로기 등의 분석을 통해 이루어진다. 그러므로 우리가 어떠한 실상을 분석해 낼 때마다 그에 개입되는 이 같은 주객관적 전제들에 대해 주목할 필요가 있을 것이다.[16]

홀랜드(Joe Holland)는 사회적 분석을 위와 같이 역사적인 면과 구조적인 면으로 구분하였다. 역사적인 분석은 그러한 상황이 생기게 된 과거의 배경과 그에 따른 오늘의 상황 및 미래에 대한 전망을 통해 파악된다. 또한 구조적인 분석을 위해서는 경제적인 구조, 정치적인 구조, 사회적인 구조와 관계성, 문화적인 구조 등 다차원적인 구조에 대한 인식이 요청된다. 이런 사회적 분석은 분석자가 가지고 있는 전망(perspective)과 사실에 대한 기술(description)의 방법 및 그가 사용하는 이론(theory)적 방법 또는 그것의 받침이 되는 가치(value)관에 영향을 받기 마련이다.[17] 사회의 어떤 한 문제를 다룬다고 하여, 사회적 분석을 그 문제에 대한 고찰만으로 마무리하는 것은 무모한 일이 된다. 어떤 한 문제는 다른 차원의 사회제도 및 구조와 긴밀히 연관되어 있다. 그러므로 우리는 한 문제를 다룰 때, 그것을 정치, 경제, 사회, 문화, 종교, 교육, 윤리 등 제반 분야와의 연관 관계에서 서술하여야 할 것이다. 캠머는 사회적 분석의 궁극이 하나의 관계성의 그물망(the web of relationship)을 도출하는 데 있음을 강조한 바 있다.[18] 사회적 분석은 모든 것이 하나로 연결(connection)되는 존재론적 구조(ontological structure)를 하고 있음을 파악하는 데까지 이르러야 한다.[19]

(2) 성경적, 신학적, 윤리적 반성

이 사회적 분석은 다음 과정에서 신학적이며 성경적인 반성(reflection)으로 이어진다. 이에 있어 사회적 분석과 신학적 반성은 서로 엄밀히 구획되는 것은 아니

---

16) 사회적 분석의 구체적인 방법에 대해서는 Joe Holland, Peter Henriot, *Social Analysis*, 98 이하를 참조하시오.
17) Joe Holland, Peter Henriot, *Social Analysis*, 98-100.
18) Fred Kammer, *Salted with Fire*, 44.
19) 일례를 들어 보프(Leonardo Boff)는 그의 책 「생태신학」(*Ecology and Liberation*)에서 생태문제에 대한 신학적인 반성을 하면서, 그 같은 생태문제가 다른 여러 측면들과 연결되어 있음을 언급한다. 생태문제는 과학기술의 문제에서 야기된 것임과 동시에, 정치와 사회적인 측면에서, 윤리적인 면에서, 더 나아가 정신적이며 영성적인 차원에서 야기하는 것임을 말하였다. 그는 그러한 연관성을 생태기술학, 생태정치학, 사회생태학, 생태윤리학, 정신생태학, 우주적 신비의 생태학이라는 용어를 사용하여 표현한다(레오나르도 보프, 김항섭 역, 「생태신학」(서울 : 가톨릭출판사, 1996), 27ff).

다. 사회적 분석에는 이미 신학적인 반성과 성경적인 가치관이 개입되어 있는 것으로, 양자가 서로 무관하게 독립적으로 수행되지는 않는다. 사회적 분석의 과정은 가치중립(value-neutrality)적인 입장에서 수행되는 것이 아니다. 사회과학(social science)을 통한 사실에 대한 분석에는 나름의 사회윤리로서의 사회철학(social philosophy)과 연계되는 것이다.[20] 우리의 신앙과 가치관, 교회의 전통과 가르침은 우리의 사회적 분석을 향한 질문에 방향성을 제시하는 것이 분명하다. 반대로 우리의 신학적인 반성은 내적으로 사회적인 분석에 영향을 받기 마련이다. 신학적인 반성은 그가 속해 있는 전통과 사회구조에 의해 영향을 받는다. 특히 우리는 이러한 신학적인 반성을 진척함에 있어, 그것이 기도와 함께 진행되어야 할 필요가 있음에 유의하여야 할 것이다.[21] 헷셀이 말하는 반성은 일종의 해석학적인 차원을 갖는다. 반성을 위해서, 우리는 현재적 체험을 과거의 기독교적 전승에 비추어 보아야 한다. 오늘의 사회의 문제점을 분석하고, 그에 대한 성경적인 이야기와 전망을 검토하는 일은 변증법적 해석의 과정을 통해 수행된다.

사회적 분석 이후의 반성의 단계는 성경적 반성(biblical reflection), 신학적 반성(theological reflection), 윤리적인 반성(ethical reflection)으로 진행된다. 예를 들어 부의 문제에 대한 반성은 성경적 반성만으로 마무리되지는 않는다. 부의 문제에 대해 기독교회의 교리에는 기나긴 전통이 있다. 초대교회의 급진적인 견해로부터, 부에 대해 허용적인 이후의 견해에 이르기까지, 교회는 부의 문제에 대해 갈등적 견해를 제기하여 왔다. 우리는 이런 문제들을 다룰 때, 역사적 교회의 윤리적인 문제들에 대한 해명에 귀를 기울일 필요가 있을 것이다.

특히 기독교윤리학자들의 사회 문제에 대한 논의에서 많은 반성의 자료들을 얻을 수 있을 것이다. 헷셀은 교회가 공적인 역할을 잘 수행하기 위해서는 윤리학자의 입장과 역사학자의 입장이 서로 만나 어우러질 필요가 있다고 하였다.[22] 윤리학자는 오늘의 현실을 분석하고 그것에서 윤리적인 결단을 이끌어 내려 하는바, 그러

---

20) 깁슨 윈터, 현영학, 손승희 역, 「사회윤리의 기초」(서울 : 대한기독교출판사, 1979), 270-275.
21) Joe Holland, Peter Henriot, *Social Analysis*, 103-104을 참조하시오. 여기서 저자는 신학적 반성의 단계가 하나의 성경묵상 방법과 비슷한 양식으로 진행됨을 말하고 있다.
22) Dieter T. Hessel and James Hudnut-Beumler, "The Public Church in Retrospect and Prospect," Dieter T. Hessel, ed., *The Church's Public Role*(Grand Rapids : Eerdmans, 1993), 296ff.

한 일의 수행을 위해서는 과거를 고찰하는 역사학자의 통찰이 어우러져야 한다는 것이다. 이미 교회는 역사를 통해 우리가 지금 직면하고 있는 비근한 일들을 처리한 경험이 있는바, 우리가 그러한 교회의 대처들을 고찰함으로써 오늘의 현실에서의 교회의 사회적 역할을 보다 원활히 수행할 수 있을 것이다.

(3) 목회적, 사회적 실천

다음으로 실천의 단계가 계속된다. 사회적 목회에 있어 이론과 실천은 하나이다. 실천에는 크게 두 가지의 실천이 있는바, 하나는 목회적 실천이며, 다른 하나는 사회적 실천이다. 물론 이 둘의 구분은 형식상의 구분이며, 실제에 있어 이 둘은 하나로 보아야 할 것이다. 목회적 실천엔 '케리그마', '코이노니아', '디아코니아', '디다케', '레이투르기아'의 제반 요소들이 포함된다. 그것들은 증거, 교제, 봉사, 교육, 예전의 교회 사역을 말한다. 사회적 실천의 일에는 두 가지의 일이 포함된다. 먼저는 사회봉사(social service)이며, 다음은 사회정책(social policy)적인 면의 개선 및 사회적 행동(social action)의 일이다. 사회봉사는 사회에 있어 경쟁에 쳐진 자들을 보호하며 격려하는 사회사업으로서의 일이며, 사회정책의 일이란 그러한 경쟁의 낙오자를 양산한 사회의 구조를 비판하고 정책적인 대안을 제시하고 개선하는 사회적 행동(social action)이다.

사회정책적인 일들은 사회봉사와 병행되는 것이 좋다. 실업을 통해 고통당하는 사람들에 대한 구체적인 도움을 주지 않으면서, 법적인 장치만을 바꾸라는 구호를 외쳐 대는 것은 공허한 일이다. 고통당하는 사람들을 현실적으로 도우면서 바른 법제화의 길을 제시하는 것이 요긴하리라 생각한다. 그러므로 사회구호 없는 법제화의 노력은 공허하며, 법의 개정을 도외시한 일방적인 사회봉사로는 부족한 것이다. 더 나아가 교회는 이런 일들을 위해 분석, 연구, 교육하는 일을 하여야 한다. 사회적 이슈에 대한 교회적인 세미나를 개최하고 교육 및 예배 프로그램을 만드는 것이 필요하리라 생각한다. 사회봉사는 사적이며 시혜적인 것으로 끝나서는 안 된다. 그것은 구조의 문제로서 제도의 개혁은 우리의 책임이며 당위의 문제이다.

(4) 피드백(feedback)

사회적 실천에 대한 평가방법에는 두 가지가 포함된다.[23] 먼저는 우리 노력의 외부 지향적인 효과(the effectiveness)에 대한 질문이며, 두 번째는 우리 노력의 내부 지향적 가치(the value)에 대한 질문이다. 전자는 우리의 실천이 우리 외부에 영향을 미친 바를 탐색하는 것이며, 후자는 우리의 실천을 통한 우리 자신 내의 변화를 평가하는 것이다. 사회적 실천을 통해 우리의 주변이 변하는 것도 중요하지만, 일하는 우리 스스로의 생각과 삶의 스타일이 변화하는 것이 그에 못지않게 중요하다는 말이다.

3) 또 다른 방법론적 근거가 되는 전략기획(strategic planning) 정의와 실효성

인터넷상의 위키피디아(Wikipedia) 사전은 '전략기획'을 다음과 같이 정의한다. "전략기획은 한 조직체가 그것의 전략과 방향성을 정의하고, 이러한 전략을 추구하기 위해 자본이나 인력으로서의 자원을 어떻게 할당할 것인가를 결단하는 과정이다."[24] 이에 있어 전략기획의 구체적인 방법에 대해서는 앞에서 설명하였으므로, 여기서는 그것으로 대치하겠다.

마지막으로 전략기획의 문제와 연결하여 필자가 번역한 책, 데럴 와킨스(Derrel W. Watkins)의 「기독교 사회봉사 입문」(*Christian Social Ministry*)[25]의 마지막 장의 내용을 소개하려 한다. 이 내용은 우리의 전략기획 절차를 다시 한 번 음미하게 할 것이다. 이 책은 기독교 사회복지 분야의 책으로, 사회복지의 프로그래밍 기술을 교회의 사회봉사 측면에 도입하고 있다. 이 책은 교회가 사회봉사 프로그램을 개발함에 있어 다음의 단계를 거쳐야 함을 말한다. (1) 필요를 지닌 사람들을 지정하고 확인하는 단계, (2) 특별한 필요들을 충족시켜 줄 수 있는 계획을 수립하는 단계, (3) 봉사를 위한 자원들을 모으고 장소를 제공하는 단계, (4) 봉사 종사자들을 모집하고 훈련하는 단계, (5) 위와 같은 봉사를 위한 아웃리치 전략을 이행하는 단계의 다섯 단계이다.[26]

위의 1단계는 교회가 봉사의 기준을 수립하는 것으로, 어떤 사람들이 도움이 필

---

23) Dieter T. Hessel and James Hudnut-Beumler, "The Public Church in Retrospect and Prospect," 110-112.
24) "Strategic Planning," From Wikipedia, the free encyclopedia(http://en.wikipedia.org/wiki/Strategic_planning).
25) 데럴 와킨스, 제8장 "기독교 사회봉사 프로그래밍," 「기독교 사회봉사 입문」(서울 : 쿰란출판사, 2003), 310ff.
26) 데럴 와킨스, 「기독교 사회봉사 입문」, 310-311.

요하며, 교회가 도와야 할 가장 시급한 사람이 누구인가를 지정하는 단계이다. 다음으로 두 번째 단계는 계획수립의 중요성을 말해 준다. 앞에서 우리가 강조한 전략기획의 중요성과도 합치되는 내용이다. 3, 4단계에서 구체적인 자원의 문제를 언급한다. 재정적 자원, 인적 자원 그리고 장소의 문제들이 이 단계에서 고려된다. 4단계는 특히 인적 자원을 모으고 그들을 훈련시키는 문제를 강조한다. 일의 성공은 사람에게 달려 있는 것으로, 우리는 적절한 사람을 선발하고 훈련하는 일에 역점을 둘 필요가 있다. 이러한 준비단계를 거친 후, 마지막으로 5단계에서 그러한 계획을 이행하게 되는 것이다.

다음으로 이 책은 이러한 프로그래밍에 있어서의 행정적인 가이드라인에 대해 말한다.[27] (1) 의사결정(과제의 선정 및 자원의 점검), (2) 계획 : 사명, 목적, 구체적인 목표, (3) 이행 전략, (4) 이행, (5) 평가, (6) 감독의 내용들이다. 이 가이드라인은 우리가 앞에서 설명한 전략기획의 구조를 그대로 따르고 있는 것으로, 필자는 이곳에서 그 내용을 다시 부연하여 설명할 필요가 없을 것 같다. 중요한 것은 프로그램의 진행을 감독하는 사람의 필요성을 마지막으로 강조한 것인데, 이에 있어 그 감독은 감시를 말하는 것이 아니라 임무가 잘 수행되도록 조정의 역할을 하는 것임을 언급한다.[28]

필자는 이상과 같이 마을목회 평가보고서의 틀거리를 조율하면서 한 가지 중요한 강조점을 말하며 본 글을 마무리하고자 한다. 계획성 있는 실천을 하여야 한다는 것이다. 오늘의 우리 한국교회의 목회사역은 주먹구구적인 면이 많다. 철저한 분석과 계획을 바탕으로 하여 실천하는 것이 아니라, 일시적인 생각에서 일을 벌일 때가 많다. 오늘 우리에게 필요한 것은 전략기획의 필요성을 목회사역에서 깨닫는 것이다. 본 평가보고서의 전체적인 구조는 이 같은 전략기획의 구조 속에서 수행되는 것으로, 평가보고서를 쓰는 당사자는 이 점에 유의하여야 할 것이라 생각한다. 별 계획 없이 일의 실천으로 들어가는 것이 아니라, 사전에 충분한 준비와 기획을 하고 그 일을 이행하는 과정 전체를 통하여 평가보고서를 쓰는 일이 매우 중요한 일임을 다시 강조하고 싶다.

---

27) 데럴 와킨스, 「기독교 사회봉사 입문」, 316ff.
28) 데럴 와킨스, 「기독교 사회봉사 입문」, 324.

3. 앞에서 제기된 방법론들 간의 상호비교

[방법론들의 상호비교]

기본 틀거리로서 장로회신학대학교 목회학박사 논문작성법	돈 브라우닝의 방법	디터 헷셀의 방법	전략기획의 방법	종합 수정안
1. 상황분석과 과제의 선택	1. 기술적 신학(사회과학을 통한 분석)	1. 사회과학적 분석(analysis)	1. 목회분석 (ministry analysis)	1. 상황분석과 과제 선택
			2. 가치발견 (value discovery)	
			3. 사명개발 (mission development)	
			4. 환경검토 (environmental scan)	
2. 이론적 근거 (반성)	2. 역사신학 (성서신학, 역사신학) 3. 조직신학 (조직신학, 기독교 윤리, 철학)	2. 성서적, 신학적, 윤리적 반성 (reflection)		2. 과제 해결을 위한 이론적 방안
				3. 신학적 반성
3. 변화의 모색 4. 타개책 (기획과 실천)	4. 전략적 실천신학[29] (구체적 실천을 추구)	3. 목회적, 사회적 실천(practice)	5. 비전개발 (vision development)	4. 위원회의 구성과 교육
			6. 목표개발 (goal development)	
			7. 전략개발 (strategy development)	5. 계획과 이행
			8. 전략이행(strategy implementation)	
			9. 목회에 우발적 일들 (ministry contingencies)	
5. 평가와 결론		4. 피드백 (feedback)	10. 목회평가 (ministry evaluation)	6. 평가 및 결론

---

29) 전략적 실천신학은 영어로 'strategic practical theology'로서 '실천신학'(practical theology)과는 구별되는 소위 '응용신학'(applied theology)을 뜻한다.

4. 평가보고서 틀에 대한 제안

위에서 틀거리상의 여러 어려움들을 어느 정도 파악하였다. 이러한 분석을 바탕으로 필자는 아래에 약간의 보정하여야 할 문제들을 포함하여, 수정된 틀거리를 제안하고자 한다. 물론 용어상의 명확성을 주기 위한 노력도 병행했다. 이러한 여러 안들을 종합하여 마을목회 평가보고서의 내용을 아래와 같이 정했다. 이 틀거리에 따라 보고서를 작성하여 총회한국교회연구원에 내면 본 연구원이 수합하여 출판할 것이며, 이런 평가보고서를 바탕으로 더 진전된 실천 매뉴얼을 만들어서 교단 및 한국의 많은 교회들이 이 내용을 쉽게 활용할 수 있도록 할 예정이다.

아래 평가보고서의 내용을 보면, 앞 장의 마을목회 전략기획 방법과 내용이 비슷함을 발견할 수 있을 것이다. 이 말은 앞의 전략기획의 틀거리대로 과제를 수행하여야 좋은 보고서를 쓸 수 있음을 의미한다. 각 교동협의회가 과제를 마치고 제출할 내용은 전략기획 과정의 기록이 아니며, 그것을 바탕으로 한 평가보고서임을 이해하면 좋을 것이다. 최종적으로 평가보고서를 쓸 사람은 처음 기획의 단계부터 시작하여, 이행의 단계, 평가의 단계까지 성실히 참석했던 분이 바람직하다고 생각한다.

[평가보고서 틀거리]

대분류(65쪽)	소분류 및 설명			
1. 평가보고서 서문 (3쪽)	주제(과제) 설명(1쪽)	평가보고서의 주제(주된 사업)에 대한 설명		
	사업 목적(1쪽)	평가보고서의 중심 목적과 전체적 목차에 대한 설명		
	사업의 범위와 한계(1쪽)	평가보고서의 특성(significance) 및 범위와 한계 등에 대해 언급		
2. 전략기획팀, 지역의 목회자협의회 및 교동협의회를 구성 : 수차례에 걸쳐 교육과 회의 유기체적 조직(5쪽)	전략기획팀의 구성(2쪽)	교육과 회의	교육과 회의한 날짜, 교육내용, 회의록, 사진 등을 기재	이 같은 교육과 회의가 가져온 결과 및 결정에 대해 설명
	교동협의회의 구성(3쪽)	교육과 회의	교육과 회의한 날짜, 교육내용, 회의록, 사진 등을 기재	
3. 상황분석과 과제 선정 : 교회의 바람직한 모습에 대해 말하고, 오늘의 상황을 분석한 후 그	교회의 본질과 사명 (mission) 및 교회의 이상적 모습에 대한 설명(2쪽)	교회의 핵심 가치 (value) 간추림	신앙적 가치	세계관과 연결된 것임.
		사명 선언문(mission statement)과 비전 선언문 작성	교회론의 검토	교회의 변치 않는 사명을 설명

이상과 현실 사이의 간극을 파악하여 그 사이를 매울 수 있는 일을 과제로 선택하였음을 보인다. 사회과학적 분석(10쪽)	교회의 현실 상황분석(3쪽)	목회분석, 성장 장애요인 파악	NCD의 목회진단법 등을 사용한다.	이를 위한 설문 조사 가능
	사회의 상황분석(3쪽)	국가(세계) 및 지역사회의 상황분석	사회과학적 분석기술을 사용해도 좋다.	지역의 요구(need)에 대해 검토하는 것이 주목적이다.
	과제(이슈)의 선택과 그 이유 설명(2쪽)	교회의 이상적 상황에 비추어 현실적 상황을 조망하여 목표를 설정하고, 그에 따른 실천할 과제를 정한다.	과제 수행의 결과에 대한 예상	논문의 과제를 선정하게 된 이유에 대한 설명 필요
			과제 수행이 교회성장에 미치는 영향 기술	
4. 과제 해결을 위한 이론적 방안 이론적 틀(5쪽)	실천적 과제를 성취할 방안을 검토하여, 그에 대한 이론적 근거를 제시한다(5쪽).	자신이 제기한 과제를 성취 방안과 이에 대한 이론에 대해 설명, 그러한 이론을 가져오게 된 배경을 설명	예를 들어 마을의 자살률을 줄이려면, 사람들이 자살을 왜 하게 되는지에 대한 연구 검토가 필요할 것이다.	예를 들어 그 마을의 자살률을 줄이는 것을 주제로 정했다면, 성경을 통해 생명의 존엄성에 대해 가르치고, 상담하며, 그를 자살하게 할 수밖에 없게 하는 문제를 해결해 준다.
5. 신학적 반성 : 위 이론의 신학적 타당성 기술 신학적 반성(4쪽)	성서신학적 반성(1쪽)			자살자를 도와주는 방식을 성경에서 찾음.
	역사신학, 교리사적 반성(1쪽)	실천신학적 또는 사회과학적 반성으로 대치될 수 있다.		
	조직신학적 반성(1쪽)			
	기독교 윤리적 반성(1쪽)	필자의 개인적인 경험으로서의 반성을 포함시킬 수도 있다.		자살자의 문제를 윤리적으로 다룸.
6. 계획과 이행 : 계획(planning)과 이행(implementation) 위원회와 함께 구체적 계획과 그에 대한 이행 논의 구체적 개입(intervention)의 문제로 전략기획 단계를 참조하여 진행 전략적 기획(27쪽)	사명에 따른 비전(vision) 제시(3쪽)	일정 기간의 비전이다. 비전의 수렴과정과 공유과정 설명		사명(mission)과 비전(vision)의 구별
	세부목표(goal)들을 세움(3쪽)	비전이나 목적의 내용을 5-6가지로 나누어 세부목표를 설정한다.		예상되는 결과들을 산출해 본다.
	전략(strategy)수립 → 세부계획 수립 → 실행계획(executive plan, tactical plan)표 작성(10쪽)	옆 순서에 따라 기술한다.	전략은 단계적인 사고를 필요로 한다. 3년 계획이라면 1년 단위로 성취할 내용들을 설명해 보는 것도 좋을 것이다.	투입되는 시간, 인력, 재정의 검토
	계획의 이행(implementation)(10쪽)	구체적으로 실행한 내용들을 서술한다.	이행의 과정 중의 모니터링이 중요하다.[30]	
	돌발사태 설명(1쪽)	계획의 이행 중의 돌발적 장애들을 기술	이에 대한 대처 및 계획의 변경	

7. 평가 및 결론 : 평가(evaluation) 및 결론 피드백(9쪽)	변화된 내용(5쪽)	처음 과제를 세우며 도모하고자 했던 변화의 내용이 성취되었음을 보여 줌.	외부 지향적 효과 : 도움을 받은 사람들 및 지역사회에 미친 영향 평가 : 노력(effort), 효과(effectiveness), 효율(efficiency)의 세 측면에서 평가한다.[31]	설문 조사를 하면 효과적이다.
	배운 점(2쪽)	그 일에 참여하였던 사람들이 배운 점을 말하는바, 자신들의 태도 변화 및 의식의 변화 등의 모습에 대한 평가	내부 지향적 효과 : 자기 스스로의 가치관 등에의 변화(지역과 지역주민, 목회자 자신, 당회원, 위원회, 교인 등이 평가로 세분할 수 있다.)	설문조사 필요
	결론 및 제언(2쪽)	논문을 간단히 요약하고 미래적인 연구과제와 제언에 대해 말한다.		
8. 참고문헌 목록 (2쪽 정도)	한글서적과 외국어서적을 구분(2쪽)			

5. 2018~2032년 동안 총회의 마을목회에 대한 구체화 방안

제102회 총회 기간 동안 총회 기획국과 각 부서들은 1년 동안 한두 가지의 프로젝트를 할 수 있을 것이다. 먼저는 총회 내 치화생위원회나 국내선교부서가 활성화되어 있는 3곳의 노회 시찰을 선정하여 동이나 면을 중심으로 하는 마을목회를 기획 실천하는 프로젝트를 실시할 것을 제안한다. 대도시, 중소도시, 농어촌 3곳을 정하여 각 부서와 함께 프로젝트 시작부터 끝까지 시찰회의 목회자들과 논의해 가며 추진하려는 것이다. 각 부서들은 먼저 시찰회원들과 같이 세미나를 하며 마을목회를 왜 하여야 하는가에 대해 의견을 나눌 것이다. 이후 시찰회 회원들과 그 지역에 합당한 과제를 찾아내어 기획하고 실천한 다음, 최종적으로 평가보고서를 작성하려 한다.

---

30) 데럴 와킨스, 노영상 역, 「기독교 사회봉사 입문」, 322.
31) 데럴 와킨스, 「기독교 사회봉사 입문」, 323.

두 번째의 프로젝트는 각 부서가 주도적으로 가이드하는 것은 아니나, 나머지 64개 노회가 한 시찰씩을 정하여 이 같은 마을목회를 실천한 다음 평가보고서를 제출케 하는 기획이다. 이를 위해서는 함께 모여 세미나를 하며 논의하는 시간들이 먼저 필요할 것이다. 총회는 64개 노회가 본 매뉴얼에 맞춰 마을목회를 실시하게 하고, 이를 보고하도록 격려할 필요가 있다. 이를 위해 각 노회에서 선정된 시찰회의 대표 2명씩을 파견하여 3박 4일 동안 교육시간을 갖는 것이 필요한바, 이때 이에 참여한 교수들의 많은 관여가 필요할 것으로 사료된다. 물론 이 일을 위해서는 총회 내의 여러 부서들의 주도적 사역이 요청된다. 기획국, 국내선교부, 농어촌부, 사회봉사부, 세계선교부 등의 역할이 중요할 것이라 생각된다.

이 같은 두 개의 프로젝트가 끝나면 총 67개의 보고서가 제출되게 되는 바, 총회 기획국이 수합하여 분석한 다음 총론적인 보고서를 만들어 총회에 제출토록 하면 좋을 것이다. 앞에서도 말했듯, 마을목회는 어떤 성과를 산출하는 것이 중요한 것이 아니라, 함께 머리를 맞대어 의논하고 협의하는 것이 더 중요하다. 이를 위해 자주 모이고, 주변 관청 및 기타 기관들과 열심히 네트워크하는 것이 필요하다. 우리 교단의 제102회 총회는 '마을교회와 마을목회'의 깃발을 높이 치켜들었다. 이제 이런 운동이 그저 하나의 개념으로만 끝나서는 안 되며, 교회와 사회를 새롭게 하는 데 크게 일조할 수 있는 일이 되어야 할 것이다. 현재 총회 기획국과 한국교회연구원은 '마을교회와 마을목회'에 대한 기획 시리즈물을 계획하고 있는 바, 다 출판되면 10여 권의 책이 될 것이다. 본 교단 많은 신학자들의 참여와 풍성한 신학적 분석, 그리고 반성이 있어야 할 것이다. 2018년부터 2032년까지의 프로젝트 진행을 위해 대강의 일정을 다음과 같이 기획해 보았다.

2017년 10월 중, 충청 지역에서 3박 4일 '마을교회와 마을목회' 세미나를 개최한다. 각 노회는 시찰대표 2인씩 선발하여 참여시킨다. 총 150명 정도 참석, 이 중 세 노회를 마을목회 샘플로 선정한다. 대도시 지역 1곳, 중소도시 지역 1곳, 농어촌 지역 1곳이다. 각 노회가 마을목회의 과제들을 제출토록 한다. 총회는 마을목회 웹사이트를 개설한다. 마을목회에 관련된 모든 자료들을 정리하여 올린다.

2017년 10~11월, 샘플로 선정된 시찰들과 회의를 통해 소통한다. 그리고 각 노회는 마을목회 전략기획팀을 구성하여 노회에 보고한다. 마을목회 전담 직원 1명을 배치하여 웹사이트상의 질문 등에 대해 답변하게 하고, 각종 서식을 개발하여 수시로 보고케 한다. 질문들이 많을 경우 각 지역 단위로 모여 연찬회를 갖는다.

2017년 12월 중, 각 지역의 교동협의회를 구성하여 총회에 웹사이트로 보고한다. 교동협의회의 임원진을 구성한다.

2018년부터, 각 방송사들과 연합하여 '마을목회'에 대한 강좌, 사례 소개, 책 소개 프로그램들을 방영하도록 한다. 각 채널의 고정 프로그램으로 기획하면 좋을 것이다.

2018년 1월 중, 지역과 지역 내 교회들의 상황분석, 마을목회 자료모음, 설문 조사 등을 통해 마을을 조사하여 보고서를 작성하여 보낸다. 이후 그 협의회에서 마을을 위한 과제를 선정한다.

2018년 2월 중, 그 과제를 수행하기 위한 기획안을 만든다.

2018년 3~5월, 그 과제를 이행 실천한다.

2018년 6~7월, 각 노회에선 앞에서와 같이 실천한 마을목회의 내용에 대한 65쪽 정도의 평가보고서를 작성하여 총회 기획국으로 보낸다.

2018년 7~8월, 위의 67개 보고서를 종합 검토하여 하나의 보고서로 정리한다.

2018년 8월 말, 위의 종합보고서를 가지고 참여한 모든 시찰위원들이 모여 평가회를 갖는다. 총회는 이러한 마을목회를 치화생 운동 10년('치유와 화해의 생명공동체 운동 10년, 2012-2022') 동안의 후반기 5년의 중점사업으로 제안한다. 생명공동체 운동은 마을공동체를 세우는 마을목회와 직결되어 있기 때문이다.

2032년까지 매해 15년 동안, 매해 같은 형식으로 67개 노회에 마을목회 프로젝트를 실시한다. 각 노회는 매해 시찰들을 돌려 가며 이 프로젝트를 같은 일정을 잡아 실시한다. 물론 각 시찰회들이 하는 사업과제들이 노회 내의 다른 시찰회들이 하였던 과제들과 같은 과제여도 좋을 것이다. 이 프로젝트를 15년 동안 시행할 경우 약 천 개 가까이 보고서가 축적될 것이다.

2018년부터 매년, 매년 마을목회 종료 시점에서 총회는 총회 소강당에서 연 1회 마을목회 성공 사례들을 발표하는 컨퍼런스를 갖는다. 마을목회를 가장 잘 수행한 시찰회 1곳을 정하여 CWM 펀드 등을 활용하여 매년 1,000만 원의 시상을 한다.

2018년 8월~2020년 8월, 2년 동안 선교지 중 3곳을 정하여 마을목회 프로젝트를 실시한다. 캄보디아, 베트남, 미얀마 등 동남아시아나 아프리카 지역이 좋을 것 같다.

2019년, 신학교 교재용으로 두 권의 교과서를 기획한다. 7개 신학대학교에서 각 1명씩 교수들이 참여한다.

2020년부터, '마을교회와 마을목회'를 본 교단 신학대학원의 2학점 팀티칭 과목으로 개설한다. 이를 위한 두 권의 교과서를 2019년까지 만든다.

2017~2022년, 5개년 동안 5번에 걸친, 67개 노회들의 마을목회 실천 사업을 정리한 다음 하나의 보고서를 만들어 출판하고, 이를 영어로 번역하여 한국의 대표적 목회 사례로 세계교회 앞에 제시한다.

2020~2032년, 매년 선교지 한 곳씩을 정하여 마을목회나 CHE 프로젝트를 실시한 다음 평가보고서를 작성한다. 마을목회를 잘 수행하고 있는 동남아시아 지역들을 탐방하는 프로그램을 만들어 순방하게 한다.

2022~2027년, 마을목회의 국제화 프로젝트를 시동하여 여러 나라에 맞는 나름의 마을목회 매뉴얼들을 개발한다. 이 일에는 외국에 있는 한인 신학자들의 참여가 필요하다.

2022~2032년, 2022년부터 2032년까지 10년 동안 총회는 '생명 살리기 운동 10년', '치화생 운동 10년'에 이어 '마을목회 10년 운동(2022-2032)'을 전개할 것을 제안하여 본다. 한국교회사에 있어 가장 장기간의 총회적 프로젝트가 될 것이라 생각한다.

2022년, 2027년, 2032년 중, 세 번째에 걸친 국제 신학포럼을 한국, 영국, 미국에서 개최한다.

2032~2042년, 전체적인 일이 완수된 다음, 총회는 차후 10년 기획으로 '마을교회 개척 운동 10년(2032-2042)'을 시행할 수도 있을 것 같다. 마을교회의 개념과 교회개척의 개념이 결합된 운동이다. 이 운동은 우리에게 교회개척의 새로운 면모를 보여 줄 것이라 생각한다. 이에 대한 연구도 2020년부터 차분히 정리해 나가면 좋을 것이다.

마을목회 매뉴얼

인쇄 · 2018년 2월 22일 / 2018년 3월 2일 · 발행

편 집
대한예수교장로회 총회한국교회연구원
원장 노영상 목사

발 행
발행인 · 채 형 욱
발행소 · 한국장로교출판사
주소 · 03129 / 서울특별시 종로구 대학로 19, 409호
(연지동, 한국기독교회관)
전화 · (02)741-4381/(F) 741-7886
등록 · No.1-84(1951. 8. 3.)
Printed in Korea
ISBN 978-89-398-4305-9

값 12,000원